该书出版得到天津市教育科学研究院科研出版资助

解码阅读障碍中的
视觉拥挤

郭志英　著

Decoding the Visual Crowding
Effect of Chinese-Speaking Children with
Developmental Dyslexia

中国社会科学出版社

图书在版编目（CIP）数据

解码阅读障碍中的视觉拥挤／郭志英著 . —北京：中国社会科学出版社，2024. 7
ISBN 978 - 7 - 5227 - 3489 - 7

Ⅰ. ①解… Ⅱ. ①郭… Ⅲ. ①儿童—阅读—学习障碍—研究 Ⅳ. ①G442

中国国家版本馆 CIP 数据核字（2024）第 085374 号

出 版 人	赵剑英
责任编辑	喻 苗
责任校对	胡新芳
责任印制	王 超

出 版	中国社会科学出版社
社 址	北京鼓楼西大街甲 158 号
邮 编	100720
网 址	http://www.csspw.cn
发 行 部	010 - 84083685
门 市 部	010 - 84029450
经 销	新华书店及其他书店

印 刷	北京明恒达印务有限公司
装 订	廊坊市广阳区广增装订厂
版 次	2024 年 7 月第 1 版
印 次	2024 年 7 月第 1 次印刷

开 本	710 × 1000 1/16
印 张	18. 5
插 页	2
字 数	285 千字
定 价	98.00 元

序

　　阅读是人类社会生活的一项重要活动，是必备的认知技能。"倡导全民阅读"是国家重要的发展战略，每年 4 月 23 日是世界读书日。习近平总书记在致首届全民阅读大会举办的贺信中指出，希望全社会都参与到阅读中来，形成爱读书、读好书、善读书的浓厚氛围。根据第七次全国人口普查结果，全国人口共 141178 万人，倡导全民阅读可以有效提升全国人民的幸福感。

　　子曰：知之者不如好之者，好之者不如乐之者（《论语·雍也》）。孔子这句话的意思是说，懂得学习的人不如喜爱学习的人，而喜爱学习的人不如以学习为乐趣的人。向书本学习，是丰富知识、增长才干的重要途径。阅读是人类获取知识和智慧的重要渠道。乐读书对阅读者有很高的要求，需要具备一定的阅读技能，而大多数人通过系统学习就可以总结并掌握科学的阅读技能。

　　然而，还有这样一个群体，尽管他们努力学习、认真阅读，与同龄人接受相同的教育条件，但依旧表现出不同程度的阅读困难，即阅读障碍者，这个群体在人群中大约占 5%—10%。如何帮助阅读障碍者提高阅读效率并进行高效率学习，最终达到乐读书，一直是国内外研究者关注的焦点。

　　阅读障碍通常有两类：一类称为获得性阅读障碍；另一类称为发展性阅读障碍。其中，获得性阅读障碍是指个体由于后天脑损伤所造成的阅读困难；而发展性阅读障碍是指个体既不存在脑损伤也不存在精神或智力障碍等器质性损伤，但是在与同龄人接受相同的教育条件下，个体依旧表现出不同程度的阅读困难。本书中的阅读障碍专指发展性阅读障碍。

　　相比于英语阅读障碍研究，汉语阅读障碍研究起步较晚。关于阅读障碍的成因还存在激烈的争论，然而如何让阅读障碍读者在较短时间内阅读的内容更多、效果更好，最终提高他们的阅读绩效，这已是研究者们达成的共识。以拼音文字为对象的研究发现，视觉拥挤效应是影响阅读障碍阅读低的重要原因之一。汉字的特性，尤其是不同的笔画数（有的一画，有的几十画）使得汉语的视觉复杂性引起的视觉拥挤效应可能更大。因而，降低汉语阅读障碍者汉语文本阅读中的视觉拥挤效应成为越来越多心理语言学领域研究者关注的热点。随着研究的深入，老年人阅读、双语者阅读等也可以通过变化文本呈现形式的操纵方式达到降低视觉拥挤效应的效果，进而提升阅读绩效。

　　郭志英博士将提高不同阅读群体的阅读绩效作为主攻方向，利用眼动追踪技术开展了一系列阅读心理研究。主持完成阅读心理的相关课题，发表多篇高水平研究论文。

　　该书内容丰富而充实，系统性强，结构合理，注重理论联系实际。全书以阅读中的视觉拥挤效应为主线，通过巧妙的实验设计，采用生态效度极高的眼动追踪技术记录不同群体阅读情况，进而考察视觉拥挤效应对阅读的影响。全书分为三个主题：上篇介绍了阅读、阅读障碍与视觉拥挤效应的关系；中篇解码汉语阅读障碍的视觉拥挤效应；下篇探讨了不同群体多种语言阅读中的视觉拥挤效应。尝试厘清视觉拥挤效应对阅读的影响，通过设计不同文本呈现形式改善特殊群体（阅读障碍、老年读者、双语者）的阅读绩效。期待本书可以为对阅读领域感兴趣的研究者、实践者和读者提供一定帮助。

　　作为郭志英的导师，我对郭志英博士取得的进步感到欣慰。她攻读硕士、博士期间，勤奋努力、治学严谨，围绕汉语阅读障碍儿童、老年人、双语者阅读认知机制开展系列研究。这本《解码阅读障碍中的视觉拥挤效应》是对这些研究成果的系统总结。作为一名正在成长的青年心理学科研工作者，她的著作中难免还存在需要提高和改进的地方，敬请同行专家和读者批评指正。

白学军

天津师范大学副校长、教授、博士生导师

原中国心理学会理事长

教育部长江学者特聘教授

2024 年 3 月

目　录

上 篇

阅读、阅读障碍与视觉拥挤效应之间的关系

第 一 章

发展性阅读障碍

第一节 发展性阅读障碍理论

阅读是一项复杂而重要的认知活动。从低级到高级包括不同的认知水平，由较低级水平的眼球的运动，到高级水平词的识别、加工等。阅读活动也是个体发展的一项基本技能，在儿童的认知发展中具有非常重要的作用。然而，在现实生活中有许多儿童这项技能的获得受到阻碍，即出现了阅读障碍（Dyslexia）。"阅读障碍"一词是由德国眼科医生 Berlin 于 1887 年根据医学命名法创造的，原文为德语 dyslexia。[1]

学龄儿童阅读障碍的发生率为 5%—10%。[2][3][4] 根据最新统计数据，中国小学生在读人数为 9451 万。[5] 按照这一比例，阅读障碍儿童已达 473 万—945 万，他们应受到社会各界更多的重视。

阅读障碍有其内在的神经和遗传机制，但后天环境的作用可以改善阅读障碍者的阅读成绩。[6] 视觉认知在阅读障碍的成因中起着重要作用，

① Wagner, R. F., "Rudolf Berlin: Originator of the Term Dyslexia", *Annals of Dyslexia*, Vol. 25, No. 1, 1973, pp. 57 – 63.

② Stevenson, H. W., Stigler, J. W., Lucker, G. W., Lee, S. Y., Kitamura, H. S., "Reading Disabilities: The Case of Chinese, Japanese, and English", *Child Development*, Vol. 53, No. 5, 1982, p. 1165.

③ 张承芬、张景焕、常淑敏、周晶：《汉语阅读困难儿童认知特征研究》，《心理学报》1998 年第 1 期。

④ 周晓林、孟祥芝：《中文发展性阅读障碍研究》，《应用心理学》2001 年第 1 期。

⑤ 中华人民共和国国家统计局编：《中国统计年鉴 2015》，中国统计出版社 2015 年版。

⑥ 沙淑颖、周晓林：《发展性阅读障碍的康复及其神经基础》，《中国临床康复》2003 年第 27 期。

而在全部与阅读障碍相关的因素中，一个最重要却常常被研究者忽视的因素是：视觉拥挤效应。[①] 本书试图探讨汉语阅读中视觉拥挤效应与阅读障碍关系的一系列问题。阅读是一项重要的认知活动，个体的认知发展水平取决于阅读能力，因此阅读障碍会抑制个体认知发展。总结近百年来关于阅读障碍的研究发现，阅读障碍的成因依旧存在争议。研究者达成共识的是视觉因素在阅读障碍的成因中起着非常重要的作用，其中视觉拥挤效应作用尤其明显。基于拼音文字的研究发现，阅读障碍儿童受视觉拥挤效应的影响比正常儿童大。由于汉语是由汉字与汉字紧密排列组成的密集文本，读者阅读时需要依赖更多的视觉认知资源。因此，汉语阅读中视觉拥挤效应是否更强，汉语阅读障碍儿童受视觉拥挤的影响是否更大？视觉拥挤效应是否也是汉语阅读障碍的成因呢？汉语阅读障碍的研究才刚起步，其机制问题更有待研究者去深入探讨。在已有研究的基础上，本书试图对汉语发展性阅读障碍儿童视觉拥挤效应影响因素进行探讨，并对其形成机制进行初步探索。

一 发展性阅读障碍

目前阅读障碍通常有两类：一类称为获得性阅读障碍（Acquired Dyslexia，AD）；另一类称为发展性阅读障碍（Developmental Dyslexia，DD）。其中获得性阅读障碍是指个体由于后天脑损伤所造成的阅读困难；[②][③][④]而发展性阅读障碍是指个体既不存在脑损伤也不存在精神或智力障碍等器质性损伤，但是在与同龄人接受相同的教育条件下，个体依旧表现出不同程度的阅读困难。[⑤] 此外，相比于正常儿童，具有发展性阅读障碍的儿

---

① Gori, S., Facoetti, A., "How the Visual Aspects Can be Crucial in Reading Acquisition? The Intriguing Case of Crowding and Developmental Dyslexia", *Journal of Vision*, Vol. 5, No. 1, 2015, p. 10.

② 孟祥芝、舒华：《汉语儿童阅读障碍研究》，《心理发展与教育》1999 年第 4 期。

③ Ablinger, I., Heyden, K., Vorstius, C., Halm, K., Huber, W., Radach, R., "An Eye Movement Based Reading Intervention in Lexical and Segmental Readers with Acquired Dyslexia", *Neuropsychological Rehabilitation*, Vol. 24, No. 6, 2014, p. 834.

④ Coslett, H. B., "Acquired Dyslexia", *Seminars in Neurology*, Vol. 20, No. 4, 2000, p. 419.

⑤ Lyon, G. R., Shaywitz, S. E., "A Definition of Dyslexia", *Annals of Dyslexia*, No. 53, 2003, p. 1.

童阅读速度较慢、拼写能力的发展水平较低，而且对字、词识别的正确率低。在西方发达国家，发展性阅读障碍被认为是最常见的学习障碍之一。①②

　　本书中，我们关注的是发展性阅读障碍儿童，因此为了方便描述，以下统一用"阅读障碍"来代替"发展性阅读障碍"。

　　关于发展性阅读障碍的研究，迄今已有一个多世纪。1896 年，Morgan 所报告的一个 14 岁男孩阅读困难的案例被认为是首例关于发展性阅读障碍的研究，大量关于阅读障碍的研究主要围绕阅读障碍的成因、诊断、症状、临床矫治等各个方面进行了深入的研究，并且已经取得了很多成果。但是最受研究者关注且还在激烈争论的问题仍是阅读障碍形成的机制问题。③④

二　发展性阅读障碍的理论

　　目前关于发展性阅读障碍有两种理论观点：一种观点认为阅读障碍与语言学因素有关，主要是语音加工缺陷假说；另一种观点认为阅读障碍与非语言学因素有关，主要包括基本知觉加工缺陷假说。⑤⑥⑦

（一）语音加工缺陷理论

　　语音加工缺陷理论认为，导致阅读障碍的核心缺陷是语音意识

---

　　① Gori, S., Facoetti, A., "Perceptual Learning as a Possible New Approach for Remediation and Prevention of Developmental Dyslexia", *Vision Research*, Vol. 34, No. 99, 2014a, p. 78.

　　② Vidyasagar, T. R., Pammer, K., "Dyslexia: A Deficit in Visuo-spatial Attention, Not in Phonological Processing", *Trends in Cognitive Sciences*, Vol. 14, No. 2, 2010, p. 57.

　　③ Vellutino, F. R., Fletcher, J. M., Snowling, M. J., Scanlon, D. M., "Specific Reading Disability (dyslexia): What Have We Learned in the Past Four Decades?", *Journal of Child Psychology and Psychiatry*, Vol. 45, No. 1, 2004, p. 2.

　　④ Ramus, F., Ahissar, M., "Developmental Dyslexia: The Difficulties of Interpreting Poor Performance, and the Importance of Normal Performance", *Cognitive Neuropsychology*, No. 29, 2012, p. 104.

　　⑤ Goswami, U., "Sensory Theories of Developmental Dyslexia: Three Challenges for Research", *Nature Publishing Group*, No. 16, 2015, p. 43.

　　⑥ Vidyasagar, T. R., Pammer, K., "Dyslexia: A Deficit in visuo-spatial Attention, Not in Phonological Processing", *Trends in Cognitive Sciences*, Vol. 14, No. 2, 2010, p. 57.

　　⑦ 周晓林、孟祥芝、陈宜张：《发展性阅读障碍的脑功能成像研究》，《中国神经科学杂志》2002 年第 2 期。

（Phonological Awareness）缺陷。[①] 该理论强调语音认知与阅读行为间存在直接的联系。语音意识是语音加工中的重要概念。语音加工是指个体对口语和书面语中语音信息（如：语言的发音）加工的能力，[②] 它包括语音意识、词汇提取、口语工作记忆、语音编码等，其中语音意识是最重要的成分。语音意识是指感知和操纵口语声音的能力，[③] 不仅包括辨别语音，还包括对语音的精确加工。[④] 可以增加语音信息的心理操作通道并执行心理操作。[⑤] 拼音文字系统存在强烈的"音素—音位"的对应关系，即"形—音"转换规则，掌握这一规则是言语阅读的基础。如果个体不能对语言信息进行正确表征和加工，即出现语言加工困难，则很难掌握这种规则，于是就形成了阅读障碍。

早在 1983 年，Bradley 和 Bryant 研究发现，儿童的语音技能与阅读能力间有密切联系。随后很多研究者发现，阅读障碍者存在语音意识缺陷，并且这种缺陷是造成发展性阅读障碍的核心因素。[⑥][⑦] 所以，在很长一段时间内，关于阅读障碍者成因比较盛行的观点就是语音核心缺陷假说。Castles 和 Coltheart 发现对阅读障碍儿童进行语音意识训练是目前对阅读障碍儿童矫治所使用的最普遍的方法。[⑧] 既然语音核心缺陷假说如此盛

① Melby-Lervåg, M., Lyster, S. A. H., Hulme, C., "Phonological Skills and Their Role in Learning to Read: A Meta-Analytic Review", *Psychological Bulletin*, No. 138, 2012, p. 323.

② Wagner, R. K., Torgesen, J. K., "The Nature of Phonological Processing and Its Causal Role in the Acquisition of Reading Skills", *Psychological Bulletin*, Vol. 101, No. 2, 1987, p. 192.

③ Liberman, I. Y., Shankweiler, D. P., "Phonology and the Problems of Learningto Read and Write", *Remedial and Special Education*, Vol. 6, No. 6, 1985, pp. 8 – 17.

④ Castles, A., Coltheart, M., "Is There a Causal Link from Phonological Awareness to Success in Learning to Read?", *Cognition*, Vol. 99, No. 1, 2004, pp. 77 – 111.

⑤ Wagner, R. K., Torgesen, J. K., Rashotte, C. A., Hecht, S. A., Barker, T. A., Burgess, S. R., et al., "Changing Relations between Phonological Processing Abilities and Word-level Reading as Children Develop from Beginning to Skilled Readers: A 5 – year Longitudinal Study", *Developmental Psychology*, Vol. 33, No. 3, 1997, p. 468.

⑥ Castles, A., Coltheart, M., "Varieties of Developmental Dyslexia", *Cognition*, Vol. 47, No. 2, 1993, pp. 149 – 180.

⑦ Gabrieli, J. D., "Dyslexia: A New Synergy between Education and Cognitive Neuroscience", *Science*, Vol. 325, No. 5938, 2009, p. 280.

⑧ Castles, A., Coltheart, M., "Is There a Causal Link from Phonological Awareness to Success in Learning to Read?", *Cognition*, Vol. 99, No. 1, 2004, p. 92.

行，那么该假说是否阅读障碍形成的唯一成因呢？研究者对此展开激烈的争论。研究表明语音核心缺陷理论具有其局限性，并不能解释所有阅读障碍者所表现出来的症状。Share 认为已有研究对英语的研究可能夸大了语音的作用。[1] Ramus 等研究发现，阅读障碍者存在的感知缺陷、运动缺陷等是单一的语音缺陷所不能解释的。[2] 因此，语音加工只是阅读的一个环节，单纯提高语音技能未必能大幅提高阅读障碍者的阅读能力，因为阅读障碍本身就是一个异质性群体。因此，语音加工缺陷可能并不是唯一的原因。

　　语音加工缺陷假说是最早用于解释阅读障碍的假说之一，至今仍得到很多研究者的认同，但是关于阅读障碍与语音缺陷之间是否存在因果关系，目前还存在争议。[3] 此外，阅读障碍存在多种亚类型，因此研究者更加坚定地认为阅读障碍可能不是单一的某种缺陷造成的，而是由几种甚至多种因素共同作用的结果，[4][5][6] 目前关注相对较少的低水平（视听）的缺陷可能与语音缺陷共同对阅读障碍起作用，[7] 这一观点需要研究者从多理论视角开展更多的研究来验证。

---

[1]　Share, D. L., "On the Anglocentricities of Current Reading Research and Practice: The Perils of Overreliance on an 'Outlier' Orthography", *Psychological Bulletin*, No. 134, 2008, pp. 584 – 615.

[2]　Ramus, F., Ahissar, M., "Developmental Dyslexia: The Difficulties of Interpreting Poor Performance, and the Importance of Normal Performance", *Cognitive Neuropsychology*, No. 29, 2012, pp. 104 – 122.

[3]　Gori, S., Facoetti, A., "How the Visual Aspectscan be Crucial in Reading Acquisition? The Intriguing Case of Crowding and Developmental Dyslexia", *Journal of Vision*, Vol. 5, No. 1, 2015, p. 2.

[4]　Callens, M., Whitney, C., Tops, W., Brysbaert, M., "No Deficiency in Left-to-right Processing of Words in Dyslexia but Evidence for Enhanced Visual Crowding", *The Quarterly Journal of Experimental Psychology*, Vol. 6, No. 99, 2013, pp. 1803 – 1804.

[5]　Bolzani, R., Benassi, M., Facoetti, A., Giovagnoli, S. Gummel, K. K., Vicari, S., "Developmental Dyslexia is a Multifactor Disorder: The Neuropsychological Approach", *Perception*, No. 35, 2006, pp. 91 – 92.

[6]　Goswami, U., "Sensory Theories of Developmental Dyslexia: Three Challenges for Research", *Nature Publishing Group*, No. 16, 2015, p. 43.

[7]　Goswami, U., Power, A. J., Lallier, M., Facoetti, A., "Oscillatory 'Temporal Sampling' and Development Dyslexia: Toward an Over-archid Theoretical Framework", *Frontiers in Human Neuroscience*, No. 8, 2014, pp. 1 – 3.

（二）基本知觉加工理论

1. 听觉加工理论（Auditory Processing Theory）

早在1980年，Tallal 提出个体的阅读水平的高低与听觉加工存在正相关关系。[①] 之后，研究者开展一系列关于阅读障碍听知觉的研究。他们发现，阅读障碍者在音调辨别、时间序列判断、音位对比和反向掩蔽等一系列听觉任务上的表现比正常控制组差、[②] 神经反应模式异常[③]。

听觉加工理论认为，阅读障碍是听觉加工缺陷造成的，主要表现在对短或快速转换的音流（如/ba/和/da/）难以辨别。[④][⑤] 由于阅读障碍者的听觉系统不能对随时间变化的声音信息进行精确加工、不能准确加工快速呈现的两个音节，因此直接导致阅读障碍。[⑥][⑦] 有研究者对阅读障碍儿童进行有关听知觉的言语训练，通过训练他们的听觉加工能力提高了阅读障碍儿童的阅读能力。[⑧]

但是听觉加工理论存在争议。首先，Ramus 等认为，并不是所有的阅读障碍群体都存在听觉加工困难，存在听觉加工缺陷的阅读障碍者在

---

① Tallal, P., "Language and Reading: Some Perceptual Prerequisites", *Bulletin of the Orton Society*, Vol. 30, No. 1, 1980, p. 172.

② Kujala, T., Myllyviita, K., Tervaniemi, M., Alho, K., Kallio, J., Näätänen, R., "Basic Auditory Dysfunction in Dyslexia as Demonstrated by Brain Activity Measurements", *Psychophysiology*, Vol. 37, No. 3, 2000, p. 265.

③ Ruff, S., CArdebat, D., Marie, N., Demonet, J. F., "Enhanced Response of the Left Frontal Cortex to Slow Down Speech in Dyslexia: An FMRI Study", *Neuroreport*, Vol. 13, No. 10, 2002, p. 1288.

④ Tallal, P., "Language and Reading: Some Perceptual Prerequisites", *Bulletin of the Orton Society*, Vol. 30, No. 1, 1980, p. 176.

⑤ Tallal, P., "Improving Language and Literacy is a Matter of Time", *Nature Reviews Neuroscience*, Vol. 5, No. 9, 2004, p. 722.

⑥ Benasich, A. A., Thomas, J. J., Choudhury, N., Leppänen, P. H. T., "The Importance of Rapid Auditory Processing Abilities to Early Language Development: Evidence from Converging Methodologies", *Developmental Psychobiology*, Vol. 40, No. 3, 2002, p. 278.

⑦ Benasich, A. A., Tallal, P., "Infant Discrimination of Rapid Auditory Cues Predicts Later Language Impairment", *Behavioural Brain Research*, Vol. 136, No. 1, 2002, p. 32.

⑧ Tallal, P., "The Science of Literacy: From the Laboratory to the Classroom", *Proceedings of the National Academy of Sciences*, Vol. 97, No. 6, 2000, p. 2404.

人群中只占很少的比例。① 其次，听觉障碍可能是伴随因素，因为听觉加工缺陷导致快速变化的音流难以辨别，直接导致语音加工缺陷。可能的解释就是语音加工缺陷是主导的缺陷，而听觉加工缺陷作为基本的认知觉缺陷阻碍了阅读障碍者对语音的加工，因而导致了阅读障碍。因此，通过简单的听知觉能力训练不能使阅读障碍者的阅读技能自动提高，多种手段同时进行可能是一种可借鉴的策略。②③

2. 视觉加工理论

视觉加工理论的代表理论是背侧大细胞假说（Magnocellular-Dorsal Theory）。该假说是从视觉生理层面对阅读障碍形成机制进行解释。

Rauschecker 和 Bowen 等人认为，个体在阅读和书写时第一步是对视觉刺激进行的视觉加工，因此视觉加工先于发音和语音通达。④ 人类的视觉系统包括背侧大细胞通路和腹侧小细胞通路。其中背侧大细胞是初级视觉系统中最主要的平行加工系统之一。⑤⑥

该假说认为，大细胞通道缺陷是导致阅读障碍最主要的原因。⑦ Liv-

① Ramus, F., Rosen, S., Dakin, S. C., Day, B. L., Castellote, J. M., White, S., Frith, U., "Theories of Developmental Dyslexia: Insights from Theories of Developmental Dyslexia: Insights from a Multiple Case Study of Dyslexic Adults", *Brain*, No. 126, 2003, p. 843.

② Galuschka, K., Ise, E., Krick, K., Schulte-Körne, G., "Effectiveness of Treatment Approaches for Children and Adolescents with Reading Disabilities: A Meta-analysis of Randomized Controlled Trials", *PLOS One*, Vol. 9, No. 2, 2014, e8990.

③ Strong, G. K., Torgerson, C. J., Torgerson, D., Hulme, C., "A Systematic Metaanalytic Review of Evidence for the Effectiveness of the 'Fast For Word' Language Intervention Program", *Journal of Child Psychology and Psychiatry*, Vol. 52, No. 3, 2011, pp. 224 – 235.

④ Rauschecker, A. M., Bowen, R. F., et al., "Visual Feature-Tolerance in the Reading Network", *Neuron*, Vol. 71, No. 5, 2011, p. 941.

⑤ Bar, M., Kassam, K. S., Ghuman, A. S., Boshyan, J., Schmid, A. M., Dale, A. M., Hämäläinen, M. S., Marinkovic, K., Schacter, D. L., Rosen, B. R., and Halgren, E., "Top-down Facilitation of Visual Recognition", *Proceedings of the National Academy of Sciences of the United States of America*, Vol. 103, No. 2, 2006, pp. 449 – 454.

⑥ Livingstone, M. S., Rosen, G. D., Drislane, F. W., Galaburda, A. M., "Physiological and Anatomical Evidence for a Magnocellular Defect in Dyslexia", *Proceedings of the National Academy of Sciences of the United States of America*, Vol. 88, No. 18, 1991, pp. 7943 – 7947.

⑦ Harrar, V., Tammam, J., Pérez-Bellido, A., Pitt, A., Stein, J., Spence, C., "Multisensory Integration and Attention in Developmental Dyslexia", *Current Biology*, Vol. 24, No. 5, 2014, pp. 531 – 535 .

ingstone 等对阅读障碍患者的脑解剖发现，该患者的大细胞排列错乱，大细胞的数量比常人少 27%，细胞间的传导速度慢，这些导致了阅读障碍者的视觉加工模式异常。① Stein 研究发现，背侧大细胞通路能迅速加工模糊或快速变化的刺激，该通路主要对低空间频率、低对比度、高时间频率的刺激敏感。② 其他研究发现，阅读障碍患者的背侧大细胞通道对刺激的敏感性受损，③ 尤其在处理快速变化的、低对比度的刺激时，他们的行为表现差、神经模式特别异常。④ 此外，有研究通过对腹侧小细胞相关任务的研究从另一个角度得到了同样的结果。研究者发现，阅读障碍者虽然存在明显的大细胞功能缺陷，但是他们在完成与小细胞通道相关的任务上表现并不受影响。⑤⑥ 与其他理论相比，背侧大细胞假说与其他假说并不冲突，似乎可以较全面地解释全部类型的阅读障碍群体。阅读障碍的成因非常复杂，有研究者采用多因子概率模型对其进行了详细描述，他们发现这个模型中视觉因素在其中起着至关重要的作用。⑦

此外，Frith 总结了发展性阅读障者在生物学、认知和行为三个层次

① Livingstone, M. S., Rosen, G. D., Drislane, F. W., Galaburda, A. M., "Physiological and Anatomical Evidence for a Magnocellular Defect in Dyslexia", *Proceedings of the National Academy of Sciences of the United States of America*, Vol. 88, No. 18, 1991, pp. 7943 –7947.

② Stein, J., "Visual Contributions to Reading Difficulties: The Magnocellular Theory", in Stein, J. and Kapoula, Z., eds., *Visual Aspects of Dyslexia*, Oxford, CO: Oxford University Press, 2012, pp. 405 –464.

③ Gori, S., Cecchini, P., Bigoni, A., Molteni, M., Facoetti, A., "Magnocellular-Dorsal Pathway and Sub-Lexical Route in Developmental Dyslexia", *Frontiers in Human Neuroscience*, No. 8, 2014b, p. 460.

④ Conlon, E. G., Sanders, M. A., Wright, C. M., "Relationships between Global Motion and Global form Processing, Practice, Cognitive and Visual Processing in Adults with Dyslexia or Visual Discomfort", *Neuropsychologia*, Vol. 47, No. 3, 2009, pp. 907 –915.

⑤ Boden, C., Giaschi, D., "M-Stream Deficits and Reading-Related Visual Processes in Developmental Dyslexia", *Psychological Bulletin*, Vol. 133, No. 2, 2007, pp. 346 –366.

⑥ Gori, S., Cecchini, P., Bigoni, A., Molteni, M., Facoetti, A., "Magnocellular-Dorsal Pathway and Sub-Lexical Route in Developmental Dyslexia", *Frontiers in Human Neuroscience*, No. 8, 2014b, p. 460.

⑦ Menghini, D., Finzi, A., Benassi, M., Bolzani, R., Facoetti, A., Giovagnoli, S., Vicari, S., "Different Underlying Neurocognitive Deficits Indevelopmental Dyslexia: A Comparative Study", *Neuropsychologia*, Vol. 48, No. 4, 2010, pp. 863 –872.

的表现，提出了阅读障碍视觉和语音双重缺陷模型（A causal model of dyslexia as a deficit in both visual and phonological systems），① 如图 1 - 1 所示。该模型认为，发展性阅读障碍不仅与先天遗传因素有关，还与环境刺激有关。模型假设，阅读障碍的产生是由于大脑同时存在遗传因素和异常的神经结构，这些异常使得负责言语加工的神经系统和视觉加工通路出现阻碍，因而使阅读者在对语言进行视觉加工、语音和阅读加工过程中形成障碍。基于视觉加工和语音加工通路的异常形成阅读障碍的两种理论倾向。

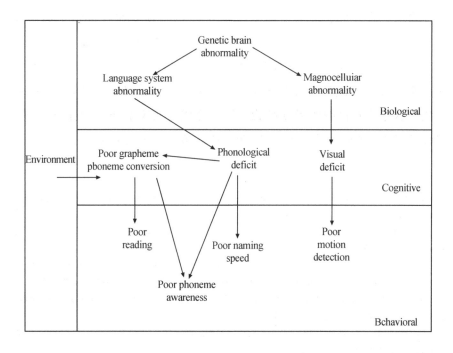

图 1 - 1　阅读障碍视觉和语音双重缺陷模型②

①　Frith U. , "Brain, Mind and Behaviour in Dyslexia", in C. Hulme & M. Snowling, eds. , *Dyslexia: Biology, Cognition and Intervention*, UK, CO: Whurr Publishers, 1997, pp. 1 - 19.

第二节 汉语阅读障碍的研究

一 汉语阅读障碍的特点

大量以英文为代表的西方拼音文字的研究认为，语音意识缺陷是造成发展性阅读障碍的核心因素。[1][2][3] 与拼音文字不同，汉语是一种完全的视觉语言，汉语书写系统具有高信息密度的特点，[4] 汉语以几千个方块字形为核心单位，更强调对汉字形状的感知。[5] 汉字是由方形结构组成的，具有很深的正字法。[6][7] 相比拼音文字，汉语受语音作用影响比较小。

很长一段时间，研究者否认汉语中存在阅读障碍。直到 1982 年，Stevenson 等人使用标准化的阅读测验和十个认知测验进行的一项跨文化研究才发现，中国台湾地区存在发展性阅读障碍发生率为 7.5%，并不比拼音文字的发生率低。[8] 中国大陆最早开始研究阅读障碍的是 20 世纪 90 年代张承芬等人自编的阅读测验，使用低成就定义和不一致定义发现，阅读障碍儿童的筛查率分别是 4.55% 和 7.96%，并且发现，阅读障碍发

---

① Gori, S., Facoetti, A., "How the Visual Aspects Can be Crucial in Reading Acquisition? The Intriguing Case of Crowding and Developmental Dyslexia", *Journal of Vision*, Vol. 5, No. 1, 2015, p. 2.

② Gabrieli, J. D., "Dyslexia: A New Synergy between Education and Cognitive Neuroscience", *Science*, Vol. 325, No. 5938, 2009, p. 283.

③ Melby-Lervåg, M., Lyster, S. A. H., Hulme, C., "Phonological Skills and Their Role in Learning to Read: A Meta-Analytic Review", *Psychological Bulletin*, No. 138, 2012, pp. 323 – 324.

④ 闫国利、刘妮娜、梁菲菲、刘志方、白学军：《中文读者词汇视觉信息获取速度的发展——来自消失文本的证据》，《心理学报》2015 年第 3 期。

⑤ 张学新：《汉字拼义理论：心理学对汉字本质的新定性》，《华南师范大学学报》（社会科学版）2011 年第 4 期。

⑥ Ho, C. S. H., Chan, D. W. O., Lee, S. H., Tsang, S. M., Luan, V. H., "Cognitive Profiling and Preliminary Subtyping in Chinese Developmental Dyslexia", *Cognition*, Vol. 91, No. 1, 2004, p. 48.

⑦ Zhao, J., Qian, Y., Bi, H. Y., Coltheart, M., "The Visual Magnocellular-dorsal Dysfunction in Chinese Children with Developmental Dyslexia Impedes Chinese Character Recognition", *Scientific reports*, No. 4, 2014, 7068.

⑧ Stevenson, H. W., Stigler, J. W., Lucker, G. W., Lee, S. Y., Kitamura, H. S., "Reading Disabilities: The Case of Chinese, Japanese, and English", *Child Development*, Vol. 53, No. 5, 1982, p. 1173.

生存在性别差异。[①] 随后，舒华和孟祥芝采用问卷调查和个案研究法发现，汉语阅读障碍儿童存在语音障碍和单个汉字加工障碍。因此，发展性阅读障碍在汉语中同样存在，并且阅读障碍的发病率很高。[②]

几个需要澄清的问题：（1）与拼音文字不同，汉语的正字法深度（由形知音的程度）较深，那么盛行于拼音文字的语音缺陷是否在汉语阅读障碍儿童中同样存在呢？（2）如果汉语阅读障碍者也存在语音缺陷，那么语音缺陷是唯一缺陷还是伴随其他因素共同作用？（3）如果汉语阅读障碍者不存在语音缺陷，那么导致汉语阅读障碍的原因有可能是什么？随后，研究者们围绕这些问题展开一系列的研究。

关于西方文字阅读障碍的大量研究发现，语音缺陷理论是目前较为盛行的观点；同时有研究者发现，作为非表音语言的汉语中，阅读障碍群体中也发现了该缺陷，[③] 但语音意识在汉语阅读中的作用似乎并不显著。已有研究表明，语音缺陷并不会显著降低个体的语音意识、命名速度和记忆效果。[④] 更有趣的是，在 Woo 和 Hoosain 的研究中，他们发现香港汉语发展性阅读障碍者在汉字识别任务中并没有出现语音错误，而是出现了大量的视觉错误。[⑤] 此外，还有研究者发现阅读障碍儿童在语素意识、语音意识和正字法意识上都存在缺陷。[⑥] 周晓林等关于汉语阅读障碍的研究认为，汉语阅读障碍儿童的视知觉加工在阅读中有重要的作用。[⑦] 因此，单一的语音意识缺陷难以解释汉语发展性阅读障碍，相比于拼音

---

① 张承芬、张景焕、殷荣生、周静、常淑敏：《关于我国学生汉语阅读困难的研究》，《心理科学》1996 年第 4 期。

② 舒华、孟祥芝：《汉语儿童阅读困难初探——来自阅读困难儿童的统计数据》，《语言文字应用》2000 年第 3 期。

③ Chan, C. K. K., Siegel, L., "Phonological Processing in Reading Chinese Among Normally A-chieving and Readers", *Journal of Experimental Child Psychology*, Vol. 80, No. 1, 2001, p. 23.

④ Ho, C. S. H., Chan, D. W. O., Lee, S. H., Tsang, S. M., Luan, V. H., "Cognitive Profi-ling and Preliminary Subtyping in Chinese Developmental Dyslexia", *Cognition*, Vol. 91, No. 1, 2004, p. 68.

⑤ Woo, E. Y. C., Hoosain, R., "Visual and Auditory Functions of Chinese Dyslexics", *Psycho-logia*, No. 27, 1984, pp. 164 – 170.

⑥ 隋雪、姜娜、钱丽：《汉语发展性阅读障碍儿童词汇阅读的眼动研究》，《中国特殊教育》2010 年第 3 期。

⑦ 周晓林、孟祥芝：《中文发展性阅读障碍研究》，《应用心理学》2001 年第 1 期。

文字，汉语的书写和语言特点使得视觉因素在其中起着更重要的作用。汉语阅读障碍的成因仍需要大量的研究。

二 汉语阅读障碍影响因素

阅读障碍与文字的特点有很大关系，拼音文字阅读障碍的产生机制与汉语阅读障碍存在很大的差别。汉字是表意文字，具有复杂的视觉特征，不存在字素—音位对应规则，形—音之间的对应关系比较随意，在儿童记忆学习过程中更强调形—义连接的重要性。[①] 随着汉语研究的深入，相比于英语等拼音文字，也有人将汉语称为意音文字。中文是具有正字法规则的意音文字，每个汉字对应一个语素。其独特的文字特点让读者可以从不同文本方向进行阅读，包括从右到左和从上到下。[②] 汉字是表意文字是传统看法，现在一般说是意音文字，对应的英文等是拼音文字。周晓林等研究发现，在视觉词汇语义通达过程中，阅读障碍儿童的语义通达需要借助语音编码，即形—音—义的通路；而正常儿童则可以直接实现字形到字义，较少依赖语音编码。结果说明阅读障碍儿童形—义直接联结非常弱。[③] 已有研究发现，汉语阅读障碍儿童存在语音缺陷和字形识别缺陷。[④]

众所周知，我们在阅读过程中，首先是对字词视觉认知，语句是由字词组成的，字词认知先于语句理解，所以字词视觉认知是首要任务。视觉因素在阅读障碍的成因中起着重要作用。研究发现，所有与阅读障碍存在相关的因素中，视觉拥挤效应是最重要的。[⑤] 相比拼音文字系统，

---

① 张学新：《汉字拼义理论：心理学对汉字本质的新定性》，《华南师范大学学报》（社会科学版）2011 年第 4 期。

② Chung, H. K. S., Liu, J. Y. W., Hsiao, J. H., "How does Reading Direction Modulate Perceptual Asymmetry Effects?", *Quarterly Journal of Experimental Psychology*, Vol. 70, No. 8, 2017, pp. 1559 – 1574.

③ 周晓林、孟祥芝：《中文发展性阅读障碍研究》，《应用心理学》2001 年第 1 期。

④ 周晓林、孟祥芝、陈宜张：《发展性阅读障碍的脑功能成像研究》，《中国神经科学杂志》2002 年第 2 期。

⑤ Gori, S., Facoetti, A., "How the Visual Aspectscan be Crucial in Reading Acquisition? The Intriguing Case of Crowding and Developmental Dyslexia", *Journal of Vision*, Vol. 5, No. 1, 2015, p. 1.

汉字的特点（笔画、部件等）决定了汉语文本是一种高视觉复杂性的文本，包含了更多的视觉信息（高低复杂性）。研究发现，汉语阅读中也存在拥挤效应。而且，由于汉语文本中没有空格，阅读的过程中个体需在副中央凹中进行词切分，因此，汉语文本阅读相比拼音文字会产生更多的视觉拥挤。[1] 基于拼音文字的研究发现，阅读障碍儿童受视觉拥挤效应的影响比正常儿童大。由于汉语是由汉字与汉字紧密排列组成的密集文本，读者阅读时需要依赖更多的视觉认知资源，作为语言加工能力较弱的阅读障碍儿童，笔者预测相比于正常儿童，汉语发展性阅读障碍儿童的视觉拥挤效应更大。

---

① Zhang, J., Zhang, T., Xue, F., Liu, L., Yu, C., "Legibility of Chinese Characters in Peripheral Vision and the Top-down Influences on Crowding", *Vision Research*, Vol. 49, No. 1, 2009, pp. 44 – 53.

第 二 章

视觉拥挤效应

第一节　视觉拥挤效应

一　视觉拥挤的概念

首先介绍几个视觉区域的基本概念：中央凹、副中央凹和外周区域。众所周知，我们眼睛可以有效获得视觉信息的范围取决于视网膜区的视敏度（visual acuity）分布。视网膜可以分为三个主要区域：以眼睛的当前注视点为圆心，1°视角为半径的区域为中央凹（foveal）、5°视角半径内且在中央凹外的区域为副中央凹（parafoveal）、5°半径以外的视野为外周（peripheral）区域。由于视网膜的中央凹区域存在大量的视锥细胞，而该细胞主要负责精细视知觉加工。我们在阅读的过程中，对当前注视的字母或汉字识别最好，因为当前注视处于我们的中央凹视野，在当前注视的左右两边，随着距离中央凹区域越来越远，对处于这些区域的字母或汉字的识别能力越来越低。这是因为中央凹是视敏度最高的区域，从中央凹到副中央凹再到外周视野视敏度逐渐下降。

1923 年，Korte 发现了一个有趣的现象：当同时呈现多个字母时，位于两边的字母对于中间的字母似乎存在"压迫"，而个体对于视觉特征显著的文字信息成功识别，对那些视觉信息不显著的文字由于"压迫"而不能成功识别，这种现象被认为是对视觉拥挤效应最早的描述。①

---

① Korte, W. , "Uber die Gestaltauffassung im Indirekten Sehen", *Zeitschrift fuer Psychologie*, Vol. 107, No. 93, 1923, pp. 17 – 82.

视觉拥挤效应（Visual Crowding Effect）是指由于周围其他刺激的存在，使得我们对副中央凹及外周视觉区域内目标刺激的识别受损的现象。[1][2][3]

我们以字母识别为例进一步解释视觉拥挤的定义，视觉拥挤效应的典型刺激如图 2 - 1 所示，图中眼睛即为当前注视点，R 是目标刺激（target），S 和 Z 为干扰刺激（flanker），眼睛到目标刺激（R）之间的距离是离心率（eccentricity），目标与干扰刺激之间的距离（R-S、R-Z）是间距（gap）。目标刺激刚好不受干扰刺激影响的空间距离被称为临界间距（critical spacing）。Bouma 发现，可以产生拥挤效应的目标刺激与干扰刺激的最大间距与离心率的比例约为 0.5，这个发现被称为 Bouma 定律（Bouma'law）。[4][5] 因此，临界间距的大小与目标刺激的离心率约等于 0.5。[6] 许多研究结果发现，视觉拥挤效应符合 Bouma 定律。[7][8]

个体识别边缘视觉区上的目标字母（如"R"）。如果当该目标字母呈现时其周边位置还有其他字母（如"S"和"Z"），那么个体对目标字母 R 的识别会难于该目标单独呈现（即对目标"R"在字母串"SRZ"呈现条件下的识别正确率低于单独呈现"R"时），同时目标字母识别的反应时也可能受损。

---

① Bouma, H. , "Interaction Effects in Parafoveal Letter Recognition", *Nature*, No. 226, 1970, pp. 177 – 178.

② Levi, D. M. , "Crowding-an Essential Bottleneck for Object Recognition: A Mini-review", *Vision Research*, No. 48, 2008, p. 635.

③ Whitney, D. , Levi, D. M. , "Visual Crowding: A Fundamental Limit on Conscious Perception and Object Recognition", *Trends in cognitive sciences*, Vol. 15, No. 4, 2011, p. 160.

④ Bouma, H. , "Interaction Effects in Parafoveal Letter Recognition", *Nature*, No. 226, 1970, pp. 177 – 178.

⑤ Bouma, H. , "Visual Interference in the Parafoveal Recognition of Initial and Final Letters of Words", *Vision Research*, Vol. 13, No. 4, 1973, p. 771.

⑥ Bouma, H. , "Interaction Effects in Parafoveal Letter Recognition", *Nature*, No. 226, 1970, pp. 177 – 178.

⑦ Ronald, V. D. B. , Roerdink, J. B. T. M. , Cornelissen, F. W. , "On the Generality of Crowding: Visual Crowding in Size, Saturation, and Hue Compared to Orientation", *Journal of Vision*, Vol. 7, No. 2, 2007, 14, p. 10.

⑧ Pelli, D. G. , Tillman, K. A. , "The Uncrowded Window of Object Recognition", *Nature Neuroscience*, Vol. 11, No. 10, 2008, p. 1129.

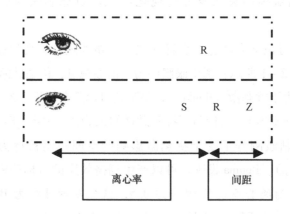

图 2 - 1　视觉拥挤效应示意图

二　视觉拥挤效应的相关因素

视觉拥挤效应是一种知觉现象，广泛存在于具有正常视力人群的周边视野。①② 该效应在视觉认知中广泛地影响各种视觉功能，如视觉搜索、词汇识别、面孔识别、阅读等。③④⑤⑥⑦ 除了静态的刺激存在视觉拥挤，

① Levi, D. M., "Crowding-an Essential Bottleneck for Object Recognition: A Mini-review", *Vision Research*, No. 48, 2008, p. 635.

② Whitney, D., Levi, D. M., "Visual Crowding: A Fundamental Limit on Conscious Perception and Object Recognition", *Trends in Cognitive Sciences*, Vol. 15, No. 4, 2011, pp. 160 - 168.

③ Bouma, H., "Visual Interference in the Parafoveal Recognition of Initial and Final Letters of Words", *Vision Research*, Vol. 13, No. 4, 1973, pp. 767 - 782.

④ Martelli, M., Majaj, N. J., Pelli, D. G., "Are Faces Processed Like Words? A Diagnostic Test for Recognition by Parts", *Journal of Vision*, Vol. 5, No. 1, 2005, pp. 58 - 70.

⑤ Reddy, L., Van Rullen, R., "Spacing Affects Some, but not all, Visual Searches: Implications for Theories of Attention and Crowding", *Journal of Vision*, Vol. 7, No. 2, 2007, pp. 1 - 17.

⑥ Toet, A., Levi, D. M., "The Two-dimensional Shape of Spatial interaction Zones in the Parafovea", *Vision Research*, Vol. 32, No. 7, 1992, pp. 1349 - 1357.

⑦ Pelli, D. G., Burns, C. W., Farell, B., Moore-Page, D. C., "Feature Detection and Letter Identification", *Vision Research*, Vol. 46, No. 26, 2006, pp. 4646 - 4674.

对于动态的刺激，该效应同样存在。[①] 视觉拥挤效应是视觉系统中物体识别的"瓶颈"。尽管意识上的识别受损，被拥挤物体的特性仍被加工。例如，方位、[②③] 运动方向、[④⑤] 结构、[⑥⑦] 甚至可以激活语义。[⑧⑨] 最新一项关于汉字视觉拥挤的研究发现，视觉拥挤条件下，虽然不能在意识层面上报告目标是什么，但其语义仍被激活。[⑩]

视觉拥挤效应具有发展性，对于正常儿童而言，随着儿童年龄的增加，该效应会逐渐降低。但是该效应与视觉系统的视敏度水平发展并不同步。[⑪] 视觉拥挤效应还被认为与阅读困难疾病有关。[⑫] 本书重点关注汉语阅读中的视觉拥挤效应。

---

① Bex, P. J. , Dakin, S. C. , Simmers, A. J. , "The Shape and Size of Crowding for Moving Targets" *Vision Research*, Vol. 43 , No. 27 , 2003 , pp. 2895 – 2904.

② Bi, T. Y. , Cai, P. , Zhou, T. G. , Fang, F. , "The Effect of Crowding on Orientation-selective Adaptation in Human Early Visual Cortex", *Journal of Vision*, Vol. 9 , No. 11 , 2009 , pp. 1 – 10.

③ He, S. , Cavanagh, P. , Intriligator, J. , "Attentional Resolution and the Locus of Visual Awareness", *Nature*, No. 383 , 1996 , pp. 334 – 337.

④ Aghdaee, S. M. , "Adaptation to Spiral Motion in Crowding Condition", *Perception*, Vol. 34 , No. 2 , 2005 , pp. 155 – 162.

⑤ Rajimehr, R. , Vaziri-Pashkam, M. , Afraz, S. R. , Esteky, H. , "Adaptation to Apparent Motion in Crowding Condition", *Vision Research*, Vol. 44 , No. 44 , 2004 , pp. 925 – 931.

⑥ Livne, T. , Sagi, D. , "Configuration Influence on Crowding", *Journal of Vision*, Vol. 7 , No. 2 , 2007 , pp. 1 – 12.

⑦ Louie, E. G. , Bressler, D. W. , David, W. , "Holistic Crowding: Selective Interference Between Configural Representations of Faces in Crowded Scenes", *Journal of Vision*, Vol. 7 , No. 2 , 2007 , pp. 102 – 104.

⑧ Yeh, S. L. , Cavanagh, P. , "Semantic Priming from Crowded Words", *Psychological Science*, Vol. 23 , No. 6 , 2012 , pp. 608 – 616.

⑨ Peng, C. , Zhang, Y. , Chen, Y. , Zhang, M. , "Crowded Words Can be Processed Semantically: Evidence from an Erp Study", *International Journal of Psychophysiology Official Journal of the International Organization of Psychophysiology*, Vol. 88 , No. 1 , 2013 , pp. 91 – 95.

⑩ Zhou, J. , Lee, C. L, Li, K. A. , Tien, Y. H. , Yeh, S. L. , "Does Temporal Integration Occur for Unrecognizable Words in Visual Crowding?", *PLOS ONE*, No. 11 , 2016 , e0149355.

⑪ 刘婷婷:《视觉拥挤效应神经机制的研究》，博士学位论文，复旦大学，2009 年，第 32 页。

⑫ Korte, W. , "Uber die Gestaltauffassung im Indirekten Sehen", *Zeitschrift fuer Psychologie*, Vol. 107 , No. 93 , 1923 , pp. 17 – 82.

第二节　视觉拥挤效应的机制

视觉拥挤是周边视野一个非常重要的特征，对多种视觉认知具有广泛而重要的影响。Levi 认为，我们对物体识别时存在一种"瓶颈"——视觉拥挤。① 视觉拥挤是怎样产生的？各相关领域的研究者们对此展开了激烈的争论，从低水平的视网膜感受野机制到高水平的注意机制。具体包括，从生理学层面来说，拥挤效应源于刺激的物理属性，眼睛的构造和光学原理；② 从知觉和注意层面来说，视觉拥挤效应在这两种阶段都有可能发生，在知觉加工阶段，视觉拥挤的产生是由于个体在提取刺激特征后对其整合时出现错误，进而不能正确识别目标。③ 在注意水平上，因为边缘视觉区的注意分辨率较低，所以个体对物体识别时才会产生视觉拥挤。④⑤ 从神经科学层面来说，个体识别物体时，对于刺激加工需要神经元参与，如果目标刺激和干扰刺激落入不同的神经单元，干扰刺激和目标刺激的识别相互不受影响，但是两者同时落入同一神经单元，于是视觉拥挤就发生了，因此视觉拥挤效应发生在大脑皮层。⑥ 然而，当前更多的研究者倾向于认为，在视觉加工的最初阶段，即视觉编码阶段时视觉拥挤效应就产生了，这是由于在视觉编码阶段刺激特征间相互干扰引

---

① Levi, D. M., "Crowding-an Essential Bottleneck for Object Recognition: A Mini-review", *Vision Research*, No. 48, 2008, pp. 635 – 354.

② Hess, R. S., Dakin, S. C., Kapoor, N., "The Foveal 'Crowding' Effect: Physics or Physiology?", *Vision Research*, Vol. 40, No. 4, 2000, pp. 365 – 370.

③ Pelli, D. G., Burns, C. W., Farell, B., Moore-Page, D. C., "Feature Detection and Letter Identification", *Vision Research*, Vol. 46, No. 26, 2006, pp. 4646 – 4674.

④ He, S., Cavanagh, P., Intriligator, J., "Attentional Resolution and the Locus of Visual Awareness", *Nature*, No. 383, 1996, pp. 334 – 337.

⑤ Intriligator, J., Cavanagh, P., "The Spatial Resolution of Visual Attention", *Cognit Psychol*, Vol. 43, No. 3, 2001, pp. 171 – 216.

⑥ Levi, D. M., Klein, S. A., Aitsebaomo, A. P., "Vernier Acuity, Crowding and Cortical Magnification", *Vision Research*, No. 25, 1985, pp. 963 – 977.

起的，并基于特征加工过程提出多种机制假设。①② 因此本研究从视觉认知角度对视觉拥挤效应产生的特征整合机制进行探讨。目前关于特征整合理论主要有四种：错误整合模型（faulty-integration model）、重心模型（centroid model）、强制平均模型（compulsory averaging model）、量化模型（quantitative model）。由于强制模型是根据空间特征刺激（如朝向、位置等）判断任务提出的模型、量化模型只解释部分研究结果，所以本研究重点关注基于非空间特征刺激（如字母等）提出的错误整合模型和重心模型。

一 错误整合模型

关于视觉拥挤的机制研究，首先是 Pelli 等提出的错误整合模型。③该模型假设，个体成功识别物体需要经过特征检测和特征整合两个步骤；首先是发生在初级视觉皮层（V1 区）的特征检测阶段，该阶段是对干扰刺激和目标刺激的特征的检测，并且对干扰刺激和目标刺激的加工分别独立、完整地进行；其次是发生在高级视觉皮层（如 V4 区）的特征整合阶段，个体将来自 V1 区的特征进行整合加工，如果干扰刺激与目标刺激间距大于或等于临界间距，视觉系统将目标与干扰有效加工，进而对目标刺激成功识别；如果干扰刺激与目标刺激间距小于临界间距，视觉系统对干扰刺激与目标刺激的特征的整合会发生错误即错觉联合，形成混乱知觉，使得个体不能识别目标刺激，视觉拥挤效应也就因此产生了。我们以前文提到的字母串"SRZ"为例进行说明，当边缘视觉区同时出现字母"R"时我们很容易识别出目标，当字母串"SRZ"出现时，我们很难识别出目标 R。但是遮挡住字母串中的 S 和 Z 时，我们又可以很容易地

---

① Levi, D. M., Hariharan, S. H., Klein, S. A., "Suppressive and Facilitatory Spatial Interactions in Peripheral Vision: Peripheral Crowding is Neither Size Invariant nor Simple Contrast Masking", *Journal of Vision*, Vol. 2, No. 2, 2002, pp. 167 – 177.

② Yu, D., Akau, M. M. U., Chung, S. T. L., "The Mechanism of Word Crowding", *Vision Research*, Vol. 52, No. 1, 2012, pp. 61 – 69.

③ Pelli, D. G., Palomares, M., Majaj, N. J., "Crowding is Unlike Ordinary Masking: Distinguishing Feature Integration from Detection", *Journal of Vision*, Vol. 4, No. 12, 2004, pp. 1136 – 1169.

识别出 R,因此个体对于物体特征的觉察能力并未受损。由于对边缘视野的字母串"SRZ"进行过度整合,即将目标"R"的特征信息和周边刺激 S、Z 的特征也整合到一起,形成混乱的知觉,因此发生视觉拥挤。如果将目标 R 和邻近刺激 SZ 各自能独立整合,拥挤便不存在了。为什么中央凹位置很少出现视觉拥挤呢?研究者发现,对于中央凹视觉区内要整合的区域小,能将各个刺激与其他刺激区分开来,各自的特征能独立整合。[①] 错误整合模型认为,视觉拥挤不是发生在物体识别的特征检测阶段,而是发生在视觉特征整合阶段。

研究发现,对于目标刺激和干扰刺激视觉特征的错误整合是不可或缺的加工过程,[②③] 并且还带有强制性。[④] 此外,视觉拥挤效应受目标—干扰刺激间距的影响。拥挤效应会随着干扰刺激增大而增强。

一些研究为该模型提供了支持证据。研究者采用光栅刺激考察视觉拥挤,研究发现,即使高度视觉拥挤条件下,目标刺激仍可以被成功地检测到,[⑤] 说明视觉拥挤不影响刺激的特征检测。Pelli 等结合前人研究结果指出,即使个体在实验中能觉察到干扰刺激的视觉特征,视觉拥挤效应还是发生了,所以拥挤效应只存在于物体辨别任务中。[⑥]

但是有研究对错误整合模型的合理性提出了质疑。研究以光栅作为刺激材料,以位于圆环中央的光栅为目标刺激,干扰刺激是目标周围排列成圆环状的光栅,通过改变干扰刺激中每个光栅相对于目标光栅的位

① Malania, M. , Herzong, M. H. , Westheimer, G. , "Grouping of Contextual Elements that Affect Vernier Thresholds", *Journal of Vision*, Vol. 7, No. 2, 2007, pp. 1 – 7.

② Pelli, D. G. , Palomares, M. , Majaj, N. J. , "Crowding is Unlike Ordinary Masking: Distinguishing Feature Integration from Detection", *Journal of vision*, Vol. 4, No. 12, 2004, pp. 1136 – 1169.

③ Chung, S. T. L. , Li, R. W. , Levi, D. M. , "Crowding between first-and Second-order Letters in Amblyopia", *Vision Research*, Vol. 48, 2008, pp. 788 – 798.

④ Pelli, D. G. , Tillman, K. A. , "The Uncrowded Window of Object Recognition", *Nature Neuroscience*, Vol. 11, No. 10, 2008, pp. 1129 – 1135.

⑤ Levi, D. M. , Hariharan, S. H. , Klein, S. A. , "Suppressive and Facilitatory Spatial Interactions in Peripheral Vision: Peripheral Crowding is Neither Size Invariant nor Simple Contrast Masking", *Journal of Vision*, Vol. 2, No. 2, 2002, pp. 167 – 177.

⑥ Pelli, D. G. , Palomares, M. , Majaj, N. J. , "Crowding is Unlike Ordinary Masking: Distinguishing Feature Integration from Detection", *Journal of Vision*, Vol. 4, No. 12, 2004, pp. 1136 – 1169.

置，使其形成不同的结构（见图2－2）来考察干扰刺激的结构性对目标刺激识别的影响。研究发现，干扰刺激结构影响视觉拥挤效应的强度。在图2－2中，a 部分结构的干扰刺激对目标刺激产生拥挤效应极小；b 和 c 结构的干扰刺激对目标识别产生强烈拥挤效应。根据错误整合模型，拥挤效应只受目标—干扰刺激间距的影响，可以推测 a、b、c 三种条件下，干扰刺激对目标刺激的影响应该是等同的。因此该模型不能解释刺激结构性在拥挤效应中的作用。[①]

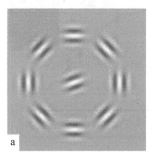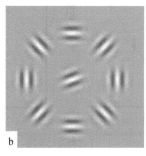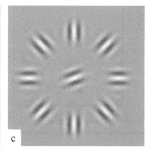

图2－2　干扰刺激的结构性对目标刺激识别的影响

二　重心模型

视觉拥挤的重心模型认为，拥挤效应的强度受目标刺激和干扰刺激重心间距离的影响，假设的前提是重心间的距离在目标—干扰刺激临界间距范围内。[②] 目标和干扰刺激间的重心距离与视觉拥挤的关系如图2－3所示，干扰刺激外侧边缘保持不变，逐渐增大干扰刺激（干扰刺激内侧边缘变化），会减小目标与干扰刺激重心间的距离，使得视觉拥挤效应增大（见图2－3A）；即随着干扰刺激的增大，视觉拥挤效应也增大。这一假设与错误整合模型的观点一致。而当干扰刺激内侧边缘保持不变，逐渐增大干扰刺激（外侧边缘变化），会增大目标与干扰刺激的重心间距，

---

① Livne, T., Sagi, D., "Configuration Influence on Crowding", *Journal of Vision*, Vol. 7, No. 2, 2007, pp. 1 – 12.

② Levi, D. M., Carney, T., "Crowding in Peripheral Vision: Why Bigger is Better", *Current Biology*, No. 19, 2009, pp. 1988 – 1993.

使得视觉拥挤效应减小（见图 2 - 3B）。刺激数量与视觉拥挤大小也有关：当同时出现不同数量的干扰刺激环时，我们的外周视觉系统往往倾向于将这些独立的干扰刺激环整合为一个整体，因此会增加干扰刺激环与目标刺激的重心间距，所以视觉拥挤效应会随之减小（见图 2 - 3C）。

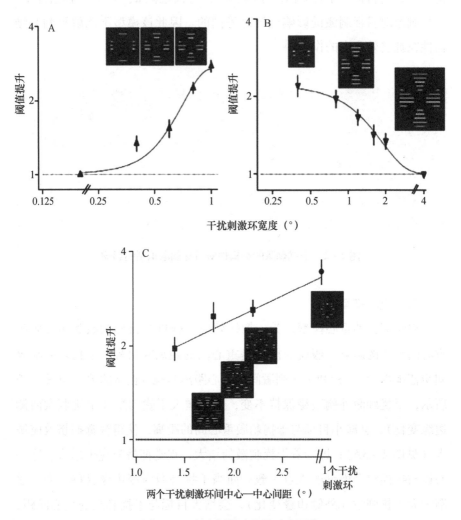

图 2 - 3 实验刺激及结果示意图①

----

① 彭春花、张明：《拥挤效应的特征加工机制》，《心理科学进展》2011 年第 6 期。

与错误整合模型一样，重心模型着重强调刺激间间距对拥挤效应强度的影响，不同之处在于重心模型强调干扰刺激结构性的作用，填补了错误整合模型不能解释刺激结构性对视觉拥挤效应中的缺陷。重心模型也存在不足，因为该模型虽然也强调视觉拥挤是发生在视觉特征整合阶段，但是没有明确提出被错误整合的干扰刺激对目标刺激是怎样发生作用的。① 此外，也未对那些不能整合的干扰刺激的视觉特征对目标识别的影响进行假设。

总之，重心模型虽然有其局限性，但也可以看作是对错误整合模型的补充，该模型强调视觉拥挤强度受目标刺激和干扰刺激结构的影响，当干扰刺激的结构性较强时，个体对同时呈现的多个干扰刺激则倾向于知觉为一个连贯性的整体，然后再与目标刺激产生特征结合；而当干扰刺激间结构性较弱时，个体对干扰刺激的加工则独立进行，然后作为独立的个体与目标刺激发生特征结合可能产生更大的干扰。而视觉拥挤的大小取决于初步整合后的干扰刺激与目标刺激间的整合程度。

第三节　影响视觉拥挤效应大小的因素

如上文所述，当物体单独出现在边缘视野时，个体很容易识别到该物体，当物体周围出现其他物体时，其他物体对该物体的识别造成干扰，使得物体识别的难度增加，这种难度越大，表示影响该物体成功识别的视觉拥挤程度越大，即视觉拥挤效应越大。影响视觉拥挤效应的因素很多，主要从以下几方面进行阐述。

一　视觉拥挤与目标刺激—干扰刺激本身属性有关

目标刺激与干扰刺激视觉属性关系：结构、物理大小。

刺激的结构特征影响视觉拥挤效应。如前文所述 Livne 等的研究以光

---

① Peng, C., Zhang, Y., Chen, Y., Zhang, M., "Crowded Words Can be Processed Semantically: Evidence from an Erp Study", *International Journal of Psychophysiology Official Journal of the International Organization of Psychophysiology*, Vol. 88, No. 1, 2013, pp. 91–95.

栅作为刺激材料,① 采用 8 个排列成圆环状的光栅作为干扰刺激,以位于圆环中央的光栅为目标刺激,通过改变干扰刺激中每个光栅相对于目标光栅的位置,使其形成不同的结构（如第二节中图 2 – 2 所示）来考察干扰刺激的结构性对目标刺激的识别的影响。研究发现,视觉拥挤效应的强度受干扰刺激结构的影响。

视觉拥挤与干扰刺激的数量和大小有关。Levi 等研究发现,目标刺激和干扰刺激的重心距离决定拥挤效应的大小,重心间距越大视觉拥挤越小,反之亦然。② 随着干扰刺激增大,目标与干扰刺激的重心间距变大,因而视觉拥挤效应减小。随着干扰刺激数量增多,目标与干扰刺激的重心间距也会变大,因而视觉拥挤效应也随之减小。还有研究从其他角度解释了这一结果。研究者认为,当干扰刺激个数较多时,目标刺激的相对显著性较大,视觉特征更容易捕获注意,因此可以降低视觉拥挤程度。③

Felisbert、Solomon 和 Morgan 研究发现,视觉拥挤强度和目标刺激与干扰刺激的视觉属性有关。④ 两者的视觉属性差别越大,视觉拥挤效应越弱;两者的视觉属性差别越小,视觉拥挤越强。

二　视觉拥挤与视野范围有关

如上文所述,根据 Bouma 定律,如果避免视觉拥挤的发生,可以将目标刺激与干扰刺激之间的距离保持在临界间距,即距离为目标刺激离心率的一半。⑤ 因此,影响视觉拥挤效应强度相关的因素还包括离心率、

---

① Livne, T., Sagi, D., "Configuration Influence on Crowding", *Journal of Vision*, Vol. 7, No. 2, 2007, pp. 1 – 12.

② Levi, D. M., Carney, T., "Crowding in Peripheral Vision: Why Bigger is Better", *Current Biology*, No. 19, 2009, pp. 1988 – 1993.

③ Põder, E., "Crowding, Feature Integration and Two Kinds of 'Attention'", *Journal of Vision*, Vol. 6, No. 2, 2006, pp. 163 – 169.

④ Felisbert, F. M., J. A. Solomon, and M. J. Morgan, "The Role of Target Salience in Crowding", *Perception*, Vol. 34, No. 7, 2005, pp. 823 – 833.

⑤ Bouma, H., "Interaction Effects in Parafoveal Letter Recognition", *Nature*, No. 226, 1970, pp. 177 – 178.

间距以及二者间的关系。

视觉拥挤效应强度和目标刺激在周边视野的位置有关。目标刺激的离心率越小，视觉拥挤效应越小；离心率越大，视觉拥挤效应越大。

如果保持目标刺激在视野中的位置不变，则干扰刺激距离目标刺激越近（间距越小），视觉拥挤效应越强。保持干扰刺激与目标刺激的距离不变，干扰刺激与目标刺激的空间关系不同，视觉拥挤效应的强度也不同。

目标刺激与干扰刺激间的距离一旦小于临界距离就会产生拥挤。临界间距与物体在视觉区的位置以及其邻近物在该物体的方向有关，而与该物体本身是什么无关。通常我们认为越大的物体，识别起来越容易。但实际上，越大的客体，它与邻近物之间的间距，及它内部各部分之间的间距也相应更大了。因此，物体的临界间距与物体大小无关。还是以上文中提到的字母串"SRZ"为例。当它们呈现在边缘视觉区时，离注视点越远，离心率越大，要避免视觉拥挤的临界间距也越大，故目标识别受到拥挤效应的影响。而如果眼睛注视在第一个字母"S"上，此时字母间的距离到达或大于了临界间距，避免了拥挤效应的产生，因此可以迅速识别出字母"S"。

第三章

视觉拥挤效应与阅读

大量研究表明，视觉拥挤效应是限制阅读的"瓶颈"。①②③ 众所周知，无论单词间是否存在空格，组成单词的字母间的空间都是等距的。我们所阅读的文本中字与字之间的间距通常也是固定不变。阅读过程是由注视和眼跳组成的。眼睛的每一次注视，中央凹的视觉范围是有限的，更多的字词都落入副中央凹及边缘视觉区。

第一节 拼音文字中视觉拥挤效应与阅读

大量研究表明，视觉拥挤效应和黄斑病变、弱视、阅读速度和阅读障碍有关。④⑤⑥⑦ 阅读过程中，那些离中央凹越远的文本，对字词间距需

---

① Gori, S., Facoetti, A., "How the Visual Aspectscan be Crucial in Reading Acquisition? The Intriguing Case of Crowding and Developmental Dyslexia", *Journal of Vision*, Vol. 5, No. 1, 2015, pp. 1 – 20.

② Pelli, D. G., Tillman, K. A., Freeman, J., Su, M., Berger, T. D., Majaj, N. J., "Crowding and Eccentricity Determine Reading Rate", *Journal of Vision*, Vol. 7, No. 2, 2007, pp. 1 – 36.

③ Yu, D., Cheung, S. H., Legge, G. E., Chung, S. T. L., "Effect of Letter Spacing on Visual Span and Reading Speed", *Journal of Vision*, Vol. 7, No. 2, 2007, pp. 1 – 10.

④ Bouma, H., "Visual Interference in the Parafoveal Recognition of Initial and Final Letters of Words", *Vision Research*, Vol. 13, No. 4, 1973, pp. 767 – 782.

⑤ Chung, S. T. L., Li, R. W., Levi, D. M., "Crowding between First-and Second-order Letter Stimuli in Normal Foveal and Peripheral Vision", *Journal of Vision*, Vol. 7, No. 2, 2007, pp. 1 – 13.

⑥ Pelli, D. G., Tillman, K. A., Freeman, J., Su, M., Berger, T. D., Majaj, N. J., "Crowding and Eccentricity Determine Reading Rate", *Journal of Vision*, Vol. 7, No. 2, 2007, pp. 1 – 36.

⑦ Zhang, J., Zhang, T., Xue, F., Liu, L., Yu, C., "Legibility of Chinese Characters in Peripheral Vision and the Top-down Influences on Crowding", *Vision Research*, Vol. 49, No. 1, 2009, pp. 44 – 53.

求也越大，而正常文本的字间距是不变的。因此，个体对离注视点越远即越靠近边缘视觉区的文本的识别就越受限。Pelli 等人将字词间距大于临界距离的区域称为"非拥挤窗口"（Uncrowded Window）。[①] 在"非拥挤窗口"内，一次注视所能捕获的字数称为"非拥挤广度"（Uncrowded Span）。研究者认为，非拥挤视觉广度决定阅读速度。[②]

个体阅读呈现在中央凹视野的文本速度最优，对于呈现在副中央凹和边缘视觉区域的文字阅读速度要明显降低。而副中央凹和边缘视觉区域存在视觉拥挤效应，因此该效应被认为是影响阅读速度的重要因素，并且研究发现阅读的关键间距（字母与字母之间的距离）等同于视觉拥挤的关键间距。[③][④] 基于以上研究可以得出结论，视觉拥挤决定个体中央凹区域外的阅读速度。

拥挤效应是一种存在普遍存在的知觉现象。通常拥挤影响正常成年读者的边缘视觉区，但是对于学龄儿童，拥挤效应也会发生在他们的中央视觉区。[⑤] 已有大量的文献表明阅读障碍儿童比正常儿童受拥挤效应的影响更大，[⑥][⑦] 拥挤效应对阅读障碍有重要影响，甚至有研究者认为它可能是导致阅读障碍的根本原因，[⑧] 因此越来越多的研究者开始关注阅读障

---

① Pelli, D. G., Tillman, K. A., "The Uncrowded Window of Object Recognition", *Nature Neuroscience*, Vol. 11, No. 10, 2008, pp. 1129 – 1135.

② Yu, D., Cheung, S. H., Legge, G. E., Chung, S. T. L., "Effect of Letter Spacing on Visual Span and Reading Speed", *Journal of Vision*, Vol. 7, No. 2, 2007, pp. 1 – 10.

③ Levi, D. M., Song, S., Pelli, D. G., "Amblyopic Reading is Crowded", *Journal of Vision*, Vol. 7, No. 2, 2007, pp. 211 – 217.

④ Pelli, D. G., Tillman, K. A., Freeman, J., Su, M., Berger, T. D., Majaj, N. J., "Crowding and Eccentricity Determine Reading Rate", *Journal of Vision*, Vol. 7, No. 2, 2007, pp. 1 – 36.

⑤ Jeon, S. T., Hamid, J., Maurer, D., Lewis, T. L., "Developmental Changes During Childhood in Single-letter Acuity and Its Crowding by Surrounding Contours", *Journal of Experimental Child Psychology*, Vol. 107, No. 4, 2010, pp. 423 – 437.

⑥ Martelli, M., Filippo, G. D., Spinelli, D., Zoccolotti, P., "Crowding, Reading, and Developmental Dyslexia", *Journal of Vision*, No. 9, 2009, pp. 1 – 18.

⑦ Perea, M., Panadero, V., Moret-Tatay, C., Gómez, P., "The Effects of Inter-letter Spacing in Visual-word Recognition: Evidence with Young Normal Readers and Developmental Dyslexics", *Learning and Instruction*, Vol. 22, No. 6, 2012a, pp. 420 – 430.

⑧ Bouma, H., Legein, C. P., "Foveal and Parafoveal Recognition of Letters and Words by Dyslexics and by Average Readers", *Neuropsychologia*, Vol. 15, No. 1, 1977, pp. 69 – 80.

碍者的视觉拥挤效应领域。①②③④⑤

视觉拥挤效应对阅读障碍儿童有重要的作用。Bouma 等研究以正常儿童为控制组，考察了阅读障碍儿童的视觉拥挤效应。⑥ 实验用速示仪呈现目标字母，让被试识别看到的字母。字母的呈现方式有两种：单独呈现或目标左右两侧各有一个无关字母。比较在这两种呈现条件，中央凹及副中央凹视觉下两组儿童的识别成绩。结果发现，当字母单独呈现时两组儿童的识别成绩没有差异，而当目标字母两侧有其他字母时，阅读障碍儿童的识别成绩显著低于正常儿童。研究者认为，视觉拥挤对阅读障碍儿童的影响更大，可能是导致阅读障碍的重要原因。该实验首次发现视觉拥挤效应对阅读障碍儿童有重要的影响。

阅读障碍儿童受拥挤效应的影响更大，并且这种效应受物体间隔的影响。⑦ 那么，是否可以通过增加刺激间隔减少拥挤，从而促进儿童的阅读？在对拼音文字的研究中，研究者发现了增加词内字母间间距对阅读

---

① Callens, M., Whitney, C., Tops, W., Brysbaert, M., "No Deficiency in Left-to-right Processing of Words in Dyslexia but Evidence for Enhanced Visual Crowding", *The Quarterly Journal of Experimental Psychology*, Vol. 6, No. 99, 2013, pp. 1803 – 1817.

② Moll, K., Jones, M., "Naming Fluency in Dyslexic and Nondyslexic Readers: Differential Effects of Visual Crowding in Foveal, Parafoveal, and Peripheral Vision", *The Quarterly Journal of Experimental Psychology*, Vol. 6, No. 11, 2013, pp. 2085 – 2091.

③ Montani, V., Facoetti, A., Zorzi, M., "The Effect of Decreased Interletter Spacing on Orthographic Processing", *Psychonomic Bulletin & Review*, No. 22, 2015, pp. 824 – 832.

④ Spinelli, D., MD Luca, Judica, A., Zoccolotti, P., "Crowding Effects on Word IdentifiCAtion in Developmental Dyslexia", *Cortex*, Vol. 38, No. 2, 2002, pp. 179 – 200.

⑤ Zorzi, M., Barbiero, C., Facoetti, A., et al., "Extra-large Letter Spacing Improves Reading in Dyslexia", *Proceedings of the National Academy of the Sciences of the United States of America*, Vol. 109, No. 28, 2012, pp. 11455 – 11459.

⑥ Bouma, H., Legein, C. P., "Foveal and Parafoveal Recognition of Letters and Words by Dyslexics and by Average Readers", *Neuropsychologia*, Vol. 15, No. 1, 1977, pp. 69 – 80.

⑦ Levi, D. M., "Crowding-an Essential Bottleneck for Object Recognition: A Mini-review", *Vision Research*, No. 48, 2008, pp. 635 – 354.

障碍儿童的促进作用。①②③④

　　Spinelli 等人对意大利阅读障碍儿童进行了研究。结果发现，相比于年龄匹配组，阅读障碍儿童更容易受其他刺激的干扰。在字母或符号识别任务中，阅读障碍者更难在一串字母或符号（或一个单词）中识别某一个字母或符号；在单词识别任务中，阅读障碍儿童从一些词（或一个句子）中识别某一个单词更困难。但是在加大单词内字母间的间隙后，则可以有效减少阅读障碍儿童的口头报告时间，对正常年龄匹配组儿童口头报告时间的影响不大。他们认为意大利语儿童患有语音意识障碍的证据很少，意大利阅读障碍儿童可能比英语阅读障碍儿童更易出现拥挤效应。研究者推断，低水平的视觉线索可能是导致意大利语儿童阅读困难的根本原因。Zorzi 等以法国和意大利的阅读障碍儿童为研究对象，研究任务是让他们阅读标准文本和增加字符间距的材料。当字间距从默认的 2.7pt（磅）增加到 5.2pt 后，大大提高了阅读障碍儿童的阅读速度（阅读速度增加 20%），对阅读障碍儿童的阅读绩效起到了促进作用。还有研究者考察字间距对读者阅读影响的发展研究，比较阅读障碍儿童、正常儿童和成年读者阅读不同字间距的材料的差异。结果发现，并不是字母间隔越大越好，适度地增大单词内的字母间隔对于三个群体的阅读均有促进作用，表现为阅读时间减少。而阅读障碍儿童的获益最大。研究发现，字母间距与词长存在交互作用，增大字母间距提高长单词（6 字母）的阅读速度，但是对于短单词（4 字母）的阅读速度并没有影响。研究者认为，增加字符间距降低了阅读障碍儿童的视觉拥挤的程度，因

　　① Perea, M., Moret-Tatay, C., Gómez, P., "The Effects of Interletter Spacing in Visual-word Recognition", *Acta Psychologica*, Vol. 137, No. 3, 2011, pp. 345 – 351.

　　② Perea, M., Gómez, P., "Increasing Interletter Spacing Facilitates Encoding of Words", *Psychonomic Bulletin and Review*, Vol. 19, No. 2, 2012b, pp. 332 – 338.

　　③ Spinelli, D., MD Luca, Judica, A., Zoccolotti, P., "Crowding Effects on Word IdentifiCAtion in Developmental Dyslexia", *Cortex*, Vol. 38, No. 2, 2002, pp. 179 – 200.

　　④ Zorzi, M., Barbiero, C., Facoetti, A., et al., "Extra-large Letter Spacing Improves Reading in Dyslexia", *Proceedings of the National Academy of the Sciences of the United States of America*, Vol. 109, No. 28, 2012, pp. 11455 – 11459.

而提高了阅读速度。[①]

　　除字间距可以调节视觉拥挤效应外，字号对阅读中的视觉拥挤也有影响。O'Brien、Mansfield 和 Legge 以正常儿童和阅读障碍儿童为研究对象，考察不同字号对他们阅读的影响。[②] 研究发现，不同字号条件下，阅读障碍儿童和正常儿童的阅读速度曲线趋势相似，实验结果近似对数。研究表明，阅读障碍儿童和正常儿童在某字号的阅读速度达到峰值，字号由大变小时，阅读速度逐渐下降；字号由小变大时，阅读速度保持基本不变。最重要的研究发现是，阅读障碍儿童的阅读速度达到峰值时的字号比控制组的要大。研究者认为，大号字体可以有效减少阅读障碍儿童的视觉拥挤效应。Martelli 等人的研究也得到了类似的研究结果，阅读障碍儿童达到最大阅读速度的字号比正常儿童的大。[③]

　　字号对视觉拥挤效应的作用并未达成一致。Delamater 研究发现，[④] 字号之所以可以降低视觉拥挤效应是伴随字号增大而增加的字符间距和行距发挥了作用，而非字号独立发生作用，因此，字号增大时借助字间距和行间距增大降低了视觉拥挤效应，从而提高了阅读障碍儿童的阅读绩效。此外，有研究发现，相比于字号大小对阅读障碍儿童的影响，临界间距对于阅读产生的作用不依赖于字号，而是独立发生的。[⑤] 因此，视觉拥挤效应对字间距比字号可能更为敏感。

　　① Perea, M., Gómez, P., "Increasing Interletter Spacing Facilitates Encoding of Words", *Psychonomic Bulletin and Review*, Vol. 19, No. 2, 2012b, pp. 332 – 338.

　　② O'Brien, B. A., Mansfield, J. S., Legge, G. E., "The Effect of Print Size on Reading Speed in Dyslexia", *Journal of Research in Reading*, Vol. 28, No. 3, 2005, pp. 332 – 349.

　　③ Martelli, M., Filippo, G. D., Spinelli, D., Zoccolotti, P., "Crowding, Reading, and Developmental Dyslexia", *Journal of Vision*, No. 9, 2009, p. 11.

　　④ DeLamater, W. E., "How Larger Font Size Impacts Reading and the Implications for Educational Use of Digital Text Readers", *Retrieved Norember*, No. 23, 2010.

　　⑤ Martelli, M., Filippo, G. D., Spinelli, D., Zoccolotti, P., "Crowding, Reading, and Developmental Dyslexia", *Journal of Vision*, No. 9, 2009, p. 13.

第二节　汉语中视觉拥挤效应与阅读

一　汉语的特点

汉语是一种非表音文字，汉字的拼写具有正字法规则，无论是构成还是书写，与西方拼音文字相比都有其独特之处。主要表现在：（1）汉字的数量比较多。英文字母书写较为简单，只有 26 个字母；汉字书写复杂，常用汉字就有 3500 多个，汉字总数超过 8 万个（现代汉语常用词表，2008）。（2）汉字具有结构性。与英语不同，汉字有五种结构，并且在汉字中的分布呈一定的比例：上下结构（21%）、左右结构（65%）、包围结构（9%）、单体结构（4%）、镶嵌结构（1%）（汉字信息字典，1988）。（3）汉字具有视觉复杂性。汉字书写首先是笔画书写，笔画是汉字书写时不间断写成的一个线条，它是汉字的最小构成单位，可分为横、竖、撇、点、捺、折等 30 多种。这些笔画之间视觉特征相差很大。汉字的视觉复杂程度可以用笔画数来表示，[①] 有的汉字笔画数比较少，比如汉字"一"只有 1 画；有的汉字笔画数比较多，比如汉字"齉"有 36 画。

此外，英文是以语音为基础的，而汉语篇章是以字为基础的。英语有形—音对应或形—音转换的规则，而汉字字形的语音记录单位是音节，字形不与语言的音素相对应。汉字是既不能仅通过拼音线索而写出来，也不能仅通过汉字字形而读出来的（当然部分形声字除外）。与英语不同，汉语的书写文本中不存在空格，汉语文本中字与字之间、词与词之间没有明确的界限，汉字与汉字紧密排列成无缝隙且密集的文本。因此，汉语文本本身从视觉上就是很拥挤的文本。

二　汉语中的视觉拥挤效应与阅读

基于拼音文字的研究发现，拥挤效应限制了阅读速度。拥挤效应广

---

① Zhang, J., Zhang, T., Xue, F., Liu, L., Yu, C., "Legibility of Chinese Characters in Peripheral Vision and the Top-down Influences on Crowding", *Vision Research*, Vol. 49, No. 1, 2009, p. 44.

泛存在于一切不同的文字系统中，特别是对于像意大利语及西班牙语这些语音意识在言语获得中起的作用稍小一些的文字系统。汉语也较少地依赖语音信息，作为一种正字法规则十分深的文字系统，视觉拥挤这种视觉干扰对汉语阅读有什么影响？目前，关于汉语阅读中拥挤效应的研究并不多。Zhang 等人以六种复杂性水平的汉字和一种水平的英文字母为材料，要求大学生对出现在副中央凹和边缘视野的三个字母/汉字串进行词汇识别任务。[①] 结果发现，相比于复杂性低的汉字，越是复杂的汉字，其识别成绩受离心率的影响越大。即离中央凹越远，复杂性高的汉字比复杂性低的汉字的识别越困难。对汉字的知觉同样遵循先察觉部分，后整合成整体的规则。汉字的知觉首先察觉出它的各个部首笔画，对于复杂的汉字，因为包含的部件、笔画数多，部件与部件的间距小，所以容易产生视觉拥挤。研究者将这种由于汉字复杂性产生的拥挤称为"字内拥挤"，将由于相邻位置上其他字的呈现而导致目标识别受损的拥挤称为"字间拥挤"，此外，他们还发现，与字间拥挤相比，字内拥挤的效应就可以忽略不计。并且，当目标字与相邻位置上的字在复杂性上相差很大时，拥挤效应会急剧下降。

基于拼音文字的研究发现，阅读障碍儿童的视觉拥挤效应大于正常儿童。Zhang 等以大学生为被试考察了汉语中的视觉拥挤效应。[②] 视觉拥挤效应对年龄更小、阅读经验更少以及汉语阅读障碍儿童的影响更加值得探讨。

第三节 眼动研究

一 眼动研究的特点

由于眼动仪具有较高的生态学效度，即时、精准地追踪眼动轨迹等

① Zhang, J., Zhang, T., Xue, F., Liu, L., Yu, C., "Legibility of Chinese Characters in Peripheral Vision and the Top-down Influences on Crowding", *Vision Research*, Vol. 49, No. 1, 2009, pp. 44 –53.

② Zhang, J., Zhang, T., Xue, F., Liu, L., Yu, C., "Legibility of Chinese Characters in Peripheral Vision and the Top-down Influences on Crowding", *Vision Research*, Vol. 49, No. 1, 2009, pp. 44 –53.

优势，越来越受到阅读领域研究者的青睐。最早使用眼动仪开展汉语阅读研究的是沈有乾。早在 1925 年，他与 Miles 在美国斯坦福大学采用照相记录法初步探讨读者阅读汉语时的眼动特征。20 世纪 80 年代末，著名的心理学家沈德立先生率先在天津师范大学购置眼动仪，并带领研究团队进行汉语阅读的系列眼动研究。本节简要介绍眼动的基本理论和阅读障碍者的眼动特征。

（一）拼音文字阅读的眼动理论

阅读心理学研究中，以眼动的指标来考察阅读过程是一个重要的领域。研究中存在的一个关键问题就是研究者努力尝试将眼动过程与阅读者的内心活动相对应起来。已有眼动控制模型主要有三大类：初级眼动控制模型理论、序列性注意转移理论和注意梯度指导理论。[①]

1. 初级眼动控制模型理论

初级眼动控制模型理论主要包括：最小控制模型、[②] O'Regan's 战略战术模型（strategy-tactics model）、[③] Push-Pull 模型等。[④] 这些模型主要关注的是非词汇的、低水平因素，如文字编排、最初注视位置等对眼动的影响。这些模型的共同点是忽视认知因素在阅读过程中的作用，更多关注语言的低水平的因素对眼动行为的影响。对于阅读过程中的预视效应、溢出效应以及词频、词的可预测性对眼动行为的影响作用难以解释。[⑤]

2. 序列性注意转移理论

该理论的基本假设是词汇的加工、注意转移与眼动情况是密切联系的。注意是序列性地从一个单词转移到下一个单词，认知因素在眼动控

① 陈庆荣、邓铸：《阅读中的眼动控制理论与 SWIFT 模型》，《心理科学进展》2006 年第 5 期。

② Suppes，P.，"Eye-movement Models for Arithmetic and Reading Performance"，in Kowler E.，ed.，*Eye Movements and Their Role in Visual and Cognitive Processes*，Elsevier Science Publishers BV，1990，pp. 455 – 477.

③ 王文静：《中文阅读过程中信息提取时间及词频效应的眼动研究》，硕士学位论文，天津师范大学，2007 年。

④ Yang，S. N.，McConkie，G. W.，"Eye Movements During Reading：A Theory of Saccade Initiation Time"，*Vision Research*，Vol. 41，2001，pp. 3567 – 3585.

⑤ 张兰兰：《不同语法知识掌握水平对词切分的影响》，硕士学位论文，天津师范大学，2009 年。

制中有重要的作用。其中较有影响力的模型有：Morrison 平行眼跳程序模型（parallel saccade programming model）、E-Z Reader 模型以及 EMMA 模型，其中影响较大的是 E-Z Reader 模型。

3. 注意梯度指导理论

注意梯度指导理论通过计算机模拟对模型进行定量说明，综合考虑初级眼球运动和认知因素对眼动行为的影响。其中影响最大的是 SWIFT 模型。[①]

（二）中文阅读的眼动理论

以上这些较有影响力的计算机模型都是基于拼音拼字建立的。由于中文文本和拼音文本不论在书写还是在特性上都存在较大差异，因此，这些模型是否适用于中文阅读，则需要进一步检验。

1. 中文阅读的词汇切分和识别的计算机模型

Li、Rayner 和 Cave 借鉴了英文词汇识别的理论，在一系列实验和数据模拟的基础上，提出了一个关于中文阅读的词汇切分和识别的计算机模型，如图 3-1 所示。[②] 该模型借鉴了 McClelland 和 Rumelhart 提出的交互激活模型的一些假设。[③] 该模型认为英文词汇识别包括多层次加工单元，即视觉感知单元、字母加工单元和词汇加工单元。首先，字的一些视觉特征被视觉系统感知到，然后传送到词的加工单元，并激活相对应的词，被激活的词又反过来影响字的识别。在词的识别单元，相关的词相互竞争。通过多次循环，词语识别单元中将会有一个唯一的词条胜出。当某一个词胜出后，词就被识别出来，也就完成了词的切分。该模型假设各个层次间存在交互作用，因而相应位置的字的识别与视觉加工也会受到影响。属于该词的字的加工单元以及相应的视觉处理单元会被促进，而不属于该词的单元会被抑制。

---

① Enbert, R., Logtin, A., Kliegl, R., "A Dynamical Model of Saccade Generation in Reading Based on Spatially Distributed Lexical Processing", *Vision Research*, Vol. 42, 2002, pp. 621 – 636.

② Li, X. S., Rayner, K., Cave, K. R., "On the Segmentation of Chinese Words During Reading", *Cognitive Psychology*, Vol. 58, 2009, pp. 525 – 552.

③ Mcclelland, J. L., Rumelhart, D. E., "An Interactive Activation Model of Context Effects in Letter Perception: Part 1. An Account of Basic Findings", *Psychological Review*, No. 88, 1981.

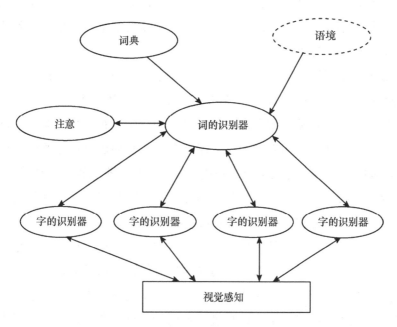

图 3 - 1 词切分和识别模型①

该模型一些重要的假设：第一，词的识别与切分是一个统一的过程，二者是不可区分的。只有当词识别出来时，词才被切分开来。第二，落在视野中字的加工是并行进行的。但是，这些字的识别效率受到视觉注意的影响。离注视点距离越远，识别效率越低。第三，词的识别是一个串行的过程。在词的识别单元，在一次竞争过程中只能有一个词胜出。第四，当一个词被识别出后，刚刚识别出的词和字所对应的单元被抑制，然后再开始下一轮的竞争，从而开始下一个词的识别过程。②

2. 中文阅读词切分认知模型

虽然也有研究者将阅读者模型扩展到中文阅读中，但是该模型保留了阅读者模型的基本假设，如词是中文阅读的基本加工单元。很显然，

---

① Li, X. S., Rayner, K., Cave, K. R., "On the segmentation of Chinese words during reading", *Cognitive Psychology*, Vol. 58, 2009, pp. 525 – 552.

② 李兴珊、刘萍萍、马国杰：《中文阅读中词切分的认知机理述评》，《心理科学进展》2011 年第 4 期。

这是不合适的。如果想要在中文阅读中建模，就要首先弄清楚中文阅读的基本加工单元是什么。而要想确定中文阅读的基本加工单元，就要从中文阅读的词切分机制入手。①

梁菲菲基于已有研究结果，在前人理论模型的基础上，提出中文词切分和词识别的模型，如图 3-2 所示。具体解释为：当文本以视觉形式呈现时，位于视知觉广度以内的所有汉字的视觉特征，如笔画、部件等特征首先得到加工。如果视觉形式能够提供一种词边界信息的话（如词与词之间插入空格，它可以首先被用作一种最低水平的视觉词切分标志。在中文书写文本中由于没有视觉词切分标记，因此当视觉特征得到加工之后，会激活相应的字单元即词素），此时，每个词素的字形、语音以及语义信息得到相应的激活。此外，诸如字频、字的相对位置信息也会被同时激活。在词素加工层级上，词素的相对位置信息是词切分的一个重要线索，如一部分汉字常用在词尾、一些汉字则常用在词首。读者可以利用这一线索在词素水平上进行进一步的词切分过程。但是并非所有的汉字都能够提供诸如此类的位置信息，如一些汉字用在词首和词尾的频率大致相同。因此，在词素加工级上，读者不能够完全完成词切分过程。

（三）眼动研究与视觉拥挤

已有的对拥挤效应的研究大多采用词汇识别任务，记录被试的反应时及正确率。研究者采用速示器、E-prime 等控制被试识别出现在副中央凹和边缘视野的刺激。虽然指导语要求被试眼睛盯准中央凹处的注视点，用眼睛的余光去识别目标刺激，但是由于个体差异和实验设备的限制，并不能完全控制被试不去移动眼睛识别目标刺激，如果被试无意识地移动眼睛，则研究者要考察的周边视野的刺激即刻就变成考察中央凹视野的刺激了。此外，词汇识别任务情境有相当大的人为性，与现实中的阅读行为有很大差异。并且简单的反应时与正确率不能真实、准确地反映出读者的阅读过程。基于此，迫切需要一种新的研究方法来解决这两个问题。眼动追踪技术可以即时、精确地记录阅读的全过程，是研究阅读

---

① 梁菲菲：《中文词切分认知机制的眼动研究》，博士学位论文，天津师范大学，2013 年。

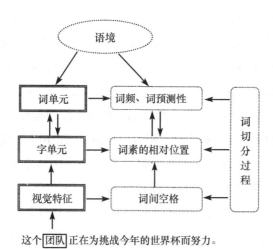

图 3 - 2　中文阅读词切分认知模型

的最优技术手段。①② 所以，本研究采用眼动追踪技术记录被试在汉字识别任务和句子阅读任务中的阅读行为，探讨汉语发展性阅读障碍儿童视觉拥挤效应的影响。

二　阅读障碍者眼动特征

随着眼动技术的成熟，国内外越来越多的研究者使用该技术对阅读障碍儿童的阅读进行研究。③ 大量研究证明，不同阅读技能水平的群体在阅读中所表现的眼动模式是有区别的。④⑤ 与阅读技能水平低的读者相比，

① Huestegge, L., Radach, R., Corbic, D., Huestegge, S., "Oculomotor and Linguistic Determinants of Reading Development: A Longitudinal Study", *Vision Research*, No. 49, 2009, p. 2948.

② Rayner, K., "Eye Movements in Reading and Information Processing: 20 Years of Research", *Psychological Bulletin*, Vol. 124, No. 3, 1998, pp. 372 – 422.

③ Chen, M., Ko, H., "Exploring the Eye-movement Patterns as Chinese Children Read Texts: A Developmental Perspective", *Journal of Research in Reading*, Vol. 34, No. 2, 2011, pp. 232 – 246.

④ Everatt, J., Bradshaw, M. F., Hibbard, P. B., "Visual Processing and Dyslexia", *Perception*, Vol. 28, No. 2, 1998, pp. 243 – 254.

⑤ Rayner, K., "Eye Movements in Reading and Information Processing: 20 Years of Research", *Psychological Bulletin*, Vol. 124, No. 3, 1998, p. 393.

高阅读水平者的阅读时间短、凝视时间更短、眼跳距离更长，且回视次数少。①② 作为阅读水平较低的阅读障碍者，其阅读过程中的眼动模式异于正常者，主要表现为：总阅读时间长（阅读速度慢），注视次数较多、眼跳幅度较短且不规则。③④⑤⑥ Rayner 研究发现，英语阅读障碍儿童在阅读中的眼动控制能力比较弱，眼动模式异常，他们的边缘视觉广度小，不能有效利用副中央凹和边缘视觉系统加工信息，眼动指标上表现为注视时间长，注视次数多，回视频率高，眼跳距离短，回视距离不规则等。⑦

　　阅读障碍者与正常儿童的眼动模式存在任务的差别吗？大细胞理论假设视觉通路异常会导致发育性阅读障碍，该理论的支持者声称，患有阅读障碍的儿童双眼缺陷即协调不足，认为是发展性阅读障碍的根本原因。为了验证这一理论，有研究者比较了阅读障碍儿童和正常儿童在阅读任务和非阅读任务（点扫描）的眼动模式，⑧ 考察阅读障碍是否存在双眼协调不足。研究者发现，阅读障碍儿童在阅读任务中阅读障碍儿童和正常儿童的眼动模式存在差异，阅读障碍者的阅读注视差异显著增加；

　　① Rayner, K., "Eye movements and Attention in Reading, Scene Perception, and Visual Search", *The Quarterly Journal of Experimental Psychology*, No. 62, 2009, pp. 1457 – 1506.

　　② Underwood, G., Hubbard, A., Wilkinson, H., "Eye Fixations Predict Reading Comprehension: The Relationships between Reading Skill, Reading Speed, and Visual Inspection", *Language and Speech*, Vol. 33, No. 1, 1990, pp. 69 – 81.

　　③ Bayram, S., Camnalbur, M., Esgin, E., "Analysis of Dyslexic Students Reading Disorder with eye Movement Tracking", *Cypriot Journal of Educational Sciences*, Vol. 72, No. 2, 2012, pp. 129 – 148.

　　④ Hawelka, S., Gagl, B., Wimmer, H., "A Dual-route Perspective on Eye Movements of Dyslexic Readers", *Cognition*, No. 115, 2010, pp. 367 – 379.

　　⑤ Thaler, V., Urton, K., Heine, A., et al., "Different Behavioral and Eye Movement Patterns of Dyslexic Readers with and Without Attentional Deficits During Single Word Reading", *Neuropsychologia*, Vol. 47, No. 12, 2009, pp. 2436 – 2445.

　　⑥ Trauzettel-Klosinski, S., Koitzsch, A. M., Dürrwächter, U., "Eye Movements in German-speaking Children with and Without Dyslexia When Reading Aloud", *Acta Ophthalmologica*, Vol. 88, No. 6, 2010, pp. 681 – 691.

　　⑦ Rayner, K., "Eye Movements and Attention in Reading, Scene Perception, and Visual Search", *The Quarterly Journal of Experimental Psychology*, No. 62, 2009, pp. 1457 – 1506.

　　⑧ Kirkby, J. A., Blythe, H. I., Drieghe, D., Liversedge, S. P., "Reading Text Increases Binocular Disparity in Dyslexic Children", *Plos One*, Vol. 6, No. 11, 2011, pp. 1 – 7.

而在非阅读任务的点扫描中，阅读障碍儿童和正常儿童的眼动模式是相似的（见图3－3）。

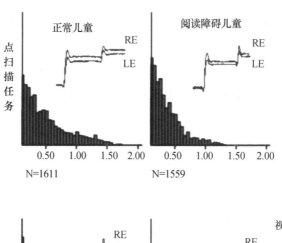

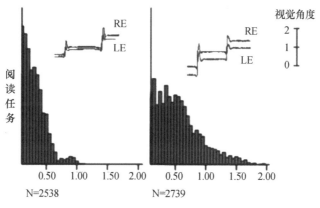

不同注视量

图3－3　阅读障碍儿童和正常儿童在点扫描和阅读任务的眼动模式比较

从20世纪90年代开始，汉语发展性阅读障碍的研究逐渐兴盛。国内研究者探讨了阅读障碍者在快速命名任务时的眼动特征，发现中文阅读障碍者存在快速命名缺陷，在快速命名时平均注视时间延长、注视次数和眼跳次数增多、平均眼跳幅度减小，表现出异常的眼动模式。[1]随后其

---

① 黄旭、吴汉荣、静进、邹小兵、王梦龙、李秀红等：《汉语阅读障碍儿童在快速命名时的眼动特征》，《中国心理卫生杂志》2007年第6期。

他研究者采用不同的研究范式也得出类似的实验结果,①② 发现阅读障碍儿童比年龄匹配儿童注视次数多，注视时间长。此外，有研究者比较汉语阅读障碍儿童和正常儿童的眼跳模式,③ 结果发现阅读障碍儿童和正常儿童阅读空格文本的注视位置效应差异不显著，阅读障碍儿童与正常儿童一样，在多次注视和单词注视条件下，首次注视更多落在词首位置。研究者认为，文本加入词间空格后对阅读障碍儿童阅读过程中眼跳何时启动有促进作用，但是对阅读障碍儿童眼跳落在何处（where）并没有产生影响。

　　由于阅读障碍儿童的词汇表征能力较弱，研究者采用 EyeLink 眼动仪记录阅读障碍儿童词间空格文本时的句子总阅读时间减少，说明词间空格这一文本形式使其视觉拥挤效应降低，该方式帮助阅读障碍儿童更容易获取词的表征，从而提高其阅读效率。④

————————

　　① 李秀红、静进、邹小兵、黄旭、陈学彬、杨斌让：《汉语阅读障碍儿童阅读文章的眼动试验研究》,《中国心理卫生杂志》2007 年第 6 期。

　　② Pan, J., Yan, M., Laubrock, J., Shu, H., Kliegl, R., "Saccade-target Selection of Dyslexic Children When Reading Chinese", *Vision Research*, No. 97, 2014, pp. 24 – 30.

　　③ 白学军、郭志英、顾俊娟、曹玉肖、闫国利：《词切分对日—汉双语者汉语阅读影响的眼动研究》,《心理学报》2011 年第 11 期。

　　④ 王敬欣、李莎、郝立莎等：《空格减少汉语发展性阅读障碍儿童的视觉拥挤效应：来自眼动的证据》,《心理科学》2019 年第 4 期。

中　篇

解码汉语阅读障碍中的视觉拥挤

第 四 章

汉语阅读障碍的视觉拥挤效应研究

第一节　汉语阅读障碍与视觉拥挤效应的关系

对已有研究的追溯我们可以了解到，西方国家对阅读障碍进行了一百多年的研究，研究者对于阅读障碍的成因仍在进行激烈的争论。[1][2][3][4][5][6][7][8] 但目前可以达成共识的是视觉因素在阅读障碍的成因中有

① Gabrieli, J. D. , "Dyslexia: A New Synergy between Education and Cognitive Neuroscience", *Science*, Vol. 325 , No. 5938 , 2009 , pp. 280 –283.

② Ramus, F. , "Developmental Dyslexia: Specific Phonological Deficit or General Sensorimotor Dysfunction?", *Current Opinion in Neurobiology*, Vol. 13 , No. 2 , 2003 , pp. 212 –218.

③ Snowling, M. J. , Melby-Lervåg, M. , "Oral Language Deficits in Familial Dyslexia: A Meta-analysis and Review", *Psychological Bulletin*, Vol. 142 , No. 5 , 2016 , pp. 498 –545.

④ Tallal, P. , "Improving Language and Literacy is a Matter of Time", *Nature Reviews Neuroscience*, Vol. 5 , No. 9 , 2004 , pp. 721 –728.

⑤ Stein, J. Walsh, V. , "To See but not to Read: The Magnocellular Theory of Dyslexia", *Trends in neurosciences*, No. 20 , 1997 , pp. 147 –152.

⑥ Andrea, F. , Anna Noemi, T. , Milena, R. , Maria Luisa, L. , Carmen, C. , Raffaella, G. , et al. , "Multisensory Spatial Attention Deficits are Predictive of Phonological Decoding Skills in Developmental Dyslexia", *Journal of Cognitive Neuroscience*, Vol. 22 , No. 5 , 2010 , pp. 1011 –1025.

⑦ Ziegler, J. C. , Castel, C. , Pech-Georgel, C. , George, F. , Alario, F. X. , Perry, C. , "Developmental Dyslexia and the Dual Route Model of Reading: Simulating Individual Differences and Subtypes", *Cognition*, Vol. 107 , No. 1 , 2008 , pp. 151 –178.

⑧ Zoubrinetzky, R. , Collet, G. , Serniclaes, W. , Nguyen-Morel, M. A. , Valdois, S. , "Relationships between Categorical Perception of Phonemes, Phoneme Awareness, and Visual Attention Span in Developmental Dyslexia", *PLOS ONE*, Vol. 11 , No. 3 , 2016 , e0151015.

非常重要的作用,①②③④⑤⑥ 视觉拥挤效应的作用尤为重要。⑦ 视觉拥挤效应影响正常成年人的外周视野。⑧ 对于儿童来说,视觉拥挤效应不仅影响外周视野,也影响中央凹视野。⑨ 大量研究发现,即使在最佳的视觉条件下,阅读障碍儿童比正常儿童更容易受视觉拥挤效应的影响。⑩⑪⑫⑬⑭⑮⑯

① Callens, M., Whitney, C., Tops, W., Brysbaert, M., "No Deficiency in Left-to-right Processing of Words in Dyslexia but Evidence for Enhanced Visual Crowding", *The Quarterly Journal of Experimental Psychology*, Vol. 6, No. 99, 2013, pp. 1803 – 1817.

② Martelli, M., Filippo, G. D., Spinelli, D., Zoccolotti, P., "Crowding, Reading, and Developmental Dyslexia", *Journal of Vision*, No. 9, 2009, pp. 1 – 18.

③ Moll, K., Jones, M., "Naming Fluency in Dyslexic and Nondyslexic Readers: Differential Effects of Visual Crowding in Foveal, Parafoveal, and Peripheral Vision", *The Quarterly Journal of Experimental Psychology*, Vol. 6, No. 11, 2013, pp. 2085 – 2091.

④ Montani, V., Facoetti, A., Zorzi, M., "The Effect of Decreased Interletter Spacing on Orthographic Processing", *Psychonomic Bulletin & Review*, No. 22, 2015, pp. 824 – 832.

⑤ Perea, M., Panadero, V., Moret-Tatay, C., Gómez, P., "The Effects of Inter-letter Spacing in Visual-word Recognition: Evidence with Young Normal Readers and Developmental Dyslexics", *Learning and Instruction*, Vol. 22, No. 6, 2012a, pp. 420 – 430.

⑥ Spinelli, D., MD Luca, Judica, A., Zoccolotti, P., "Crowding Effects on Word IdentifiCAtion in Developmental Dyslexia", *Cortex*, Vol. 38, No. 2, 2002, pp. 179 – 200.

⑦ Gori, S., Facoetti, A., "How the Visual Aspectscan be Crucial in Reading Acquisition? The Intriguing Case of Crowding and Developmental Dyslexia", *Journal of Vision*, Vol. 5, No. 1, 2015, pp. 1 – 20.

⑧ Pelli, D. G., Tillman, K. A., Freeman, J., Su, M., Berger, T. D., Majaj, N. J., "Crowding and Eccentricity Determine Reading Rate", *Journal of Vision*, Vol. 7, No. 2, 2007, pp. 1 – 36.

⑨ Jeon, S. T., Hamid, J., Maurer, D., Lewis, T. L., "Developmental Changes During Childhood in Single-letter Acuity and Its Crowding by Surrounding Contours", *Journal of Experimental Child Psychology*, Vol. 107, No. 4, 2010, pp. 423 – 437.

⑩ Bouma, H., "Interaction Effects in Parafoveal Letter Recognition", *Nature*, No. 226, 1970, pp. 177 – 178.

⑪ Bouma, H., Legein, C. P., "Foveal and Parafoveal Recognition of Letters and Words by Dyslexics and by Average Readers", *Neuropsychologia*, Vol. 15, No. 1, 1977, pp. 69 – 80.

⑫ Atkinson, J., "Review of Human Visual Development: Crowding and Dyslexia", in Stein, J. F., ed., *Vision and Visual Dyslexia*, Houndmills, CO: MacMillan Press, 1991, pp 44 – 57.

⑬ Spinelli, D., MD Luca, Judica, A., Zoccolotti, P., "Crowding Effects on Word IdentifiCAtion in Developmental Dyslexia", *Cortex*, Vol. 38, No. 2, 2002, pp. 179 – 200.

⑭ Martelli, M., Filippo, G. D., Spinelli, D., Zoccolotti, P., "Crowding, Reading, and Developmental Dyslexia", *Journal of Vision*, No. 9, 2009, pp. 1 – 18.

⑮ Geiger, G, Lettvin, J. Y., et al., "Peripheral Vision in Persons with Dyslexia", *New England Journal of Medicine*, Vol. 316, No. 20, 1987, pp. 1238 – 1243.

⑯ Lorusso, M. L., et al., "Wider Recognition in Peripheral Vision Common to Different Subtypes of Dyslexia", *Vision Research*, No. 44, 2004, pp. 2413 – 2424.

因此，越来越多的研究者认为视觉拥挤效应可能是导致阅读障碍的重要原因。[1][2][3][4][5]

汉语是由汉字与汉字紧密排列组成的密集文本，词与词之间也不存在空格。汉字比拼音文字更复杂，正字法更严谨，比起语音意识，视觉因素在汉语中起更大的作用，[6] 读者阅读汉字时需要依赖更多的视觉认知资源。因此，汉语阅读中视觉拥挤效应应该更强，汉语阅读障碍儿童受视觉拥挤的影响可能更大。视觉拥挤效应是否也是汉语阅读障碍的成因呢？汉语阅读障碍的研究才刚起步，其机制问题更有待研究者去深入探讨。

汉语文本是一系列象形文字组成的。汉字具有结构性。汉字是由一系列笔画组成；或者说汉字是由一个或多个部件组成。[7] 汉字的信息进入视网膜后，视觉特征（笔画、结构）被检测、整合，之后进入视觉编码阶段。形成汉字的整体视认知。汉字识别中是否也存在视觉拥挤效应？Zhang 等采用字母和汉字考察外周视野中汉字复杂性（笔画数）对拥挤效

① Bouma, H., Legein, C. P., "Foveal and Parafoveal Recognition of Letters and Words by Dyslexics and by Average Readers", *Neuropsychologia*, Vol. 15, No. 1, 1977, pp. 69 – 80.

② Callens, M., Whitney, C., Tops, W., Brysbaert, M., "No Deficiency in Left-to-right Processing of Words in Dyslexia but Evidence for Enhanced Visual Crowding", *The Quarterly Journal of Experimental Psychology*, Vol. 6, No. 99, 2013, pp. 1803 – 1817.

③ Moll, K., Jones, M., "Naming Fluency in Dyslexic and Nondyslexic Readers: Differential Effects of Visual Crowding in Foveal, Parafoveal, and Peripheral Vision", *The Quarterly Journal of Experimental Psychology*, Vol. 6, No. 11, 2013, pp. 2085 – 2091.

④ Montani, V., Facoetti, A., Zorzi, M., "The Effect of Decreased Interletter Spacing on Orthographic Processing", *Psychonomic Bulletin & Review*, No. 22, 2015, pp. 824 – 832.

⑤ Perea, M., Panadero, V., Moret-Tatay, C., Gómez, P., "The Effects of Inter-letter Spacing in Visual-word Recognition: Evidence with Young Normal Readers and Developmental Dyslexics", *Learning and Instruction*, Vol. 22, No. 6, 2012a, pp. 420 – 430.

⑥ McBride-Chang, C., Lam, F., Lam, C., Chan, B., Fong, C. Y., Wong, T. T., Wong, S. W., "Early Predictors of Dyslexia in Chinese Children: Familial History of Dyslexia, Language Delay, and Cognitive Profiles", *Journal of Child Psychology and Psychiatry*, Vol. 52, No. 2, 2011, pp. 204 – 211.

⑦ 梁菲菲：《中文词切分认知机制的眼动研究》，博士学位论文，天津师范大学，2013 年，第 4 页。

应的影响。① 研究发现，汉语中也存在拥挤效应，且字间拥挤的效应要远远大于字内拥挤。当目标刺激和干扰刺激的复杂性程度不一致时，视觉拥挤效应降低。因此，研究者认为，视觉拥挤同时受低水平和自上而下加工的调节，是视觉加工不同阶段共同作用的结果。Zhang 等人的研究对象是正常成年人。根据前人研究结果，阅读障碍儿童受视觉拥挤效应的影响更大，那么汉语阅读障碍儿童汉语阅读中受视觉拥挤效应影响是否也会更大？这个问题很值得探讨。

通过总结已有文献发现，视觉拥挤效应受目标刺激和干扰刺激视觉属性的影响。根据 Bouma 定律，目标刺激和干扰刺激的关键间距、离心率等都会影响视觉拥挤效应。而汉语中这些因素对汉语阅读障碍儿童视觉拥挤效应影响的研究还是空白。

拼音文字的研究发现，文本阅读中拥挤效应受刺激间的间距影响，适当增大字母间隔或词间隔可以显著促进阅读障碍儿童的阅读效率，且阅读障碍儿童的获益比正常读者更大。②③④

关于拼音文字的字大小的研究发现，字号影响阅读绩效。已有研究结果表明，随着字号的增大，视力正常者和视力受损者的阅读成绩都有所提高。⑤⑥ 字号对阅读中的视觉拥挤也有影响。研究者还发现，大号字

① Zhang, J., Zhang, T., Xue, F., Liu, L., Yu, C., "Legibility of Chinese Characters in Peripheral Vision and the Top-down Influences on Crowding", *Vision Research*, Vol. 49, No. 1, 2009, pp. 44 –53.

② Perea, M., Gómez, P., "Increasing Interletter Spacing Facilitates Encoding of Words", *Psychonomic Bulletin and Review*, Vol. 19, No. 2, 2012b, pp. 332 –338.

③ Spinelli, D., MD Luca, Judica, A., Zoccolotti, P., "Crowding Effects on Word IdentifiCAtion in Developmental Dyslexia", *Cortex*, Vol. 38, No. 2, 2002, pp. 179 –200.

④ Zorzi, M., Barbiero, C., Facoetti, A., et al., "Extra-large Letter Spacing Improves Reading in Dyslexia", *Proceedings of the National Academy of the Sciences of the United States of America*, Vol. 109, No. 28, 2012, pp. 11455 –11459.

⑤ Alotaibi, A. Z., "The Effect of Font Size and Type on Reading Performance with Arabic Words in Normally Sighted and Simulated Cataract Subjects", *Clinical and Experimental Optometry*, Vol. 90, No. 3, 2007, pp. 203 –206.

⑥ DeLamater, W. E., "How Larger Font Size Impacts Reading and the Implications for Educational Use of Digital Text Readers", *Retrieved November*,, No. 23, 2010.

体可以有效减少阅读障碍儿童的视觉拥挤效应。[①] Martelli 等人的研究也得到了类似的研究结果，阅读障碍儿童达到最大阅读速度的字号比正常儿童的大。[②]

Legge、Pelli、Rubin 和 Schleske 研究表明，并不是字号越大越好，字号过大或过小都会使阅读速度下降。[③] 有研究者以英文文本为材料，考察了字号对阅读的影响，结果发现字号因素在阅读成绩上差异不显著，但是发现，相比于小字号（12 号），读者对于大字号（20 号字）更偏爱。[④] 因此，有关字号对阅读的影响还存在争议。

与拼音文字不同，汉语文本有其独特性。汉语阅读中字大小对其有影响吗？

白学军、曹玉肖、顾俊娟、郭志英和闫国利研究发现，汉语阅读中字号越大越有利于阅读。[⑤] 巫金根、闫国利和刘志方研究发现，与大号字（36 磅）文本相比，被试阅读小号字（18 磅）文本的平均注视时间和总注视时间更长，平均眼跳距离更短，注视次数更多，并且阅读速度更慢。[⑥] 结果表明，字号大小可以影响读者阅读时的具体眼动模式和阅读效率。有研究控制了空间频率，考察了字大小对汉字识别的影响，他们发现字体越大，汉字图像的总体空间频谱能量越高，因此汉字越容易辨认。[⑦]

汉语文本是一种汉字排列紧密的密集文本，视觉上更拥挤，改变汉

---

① O'Brien, B. A., Mansfield, J. S., Legge, G. E., "The Effect of Print Size on Reading Speed in Dyslexia", *Journal of Research in Reading*, Vol. 28, No. 3, 2005, pp. 332 – 349.

② Martelli, M., Filippo, G. D., Spinelli, D., Zoccolotti, P., "Crowding, Reading, and Developmental Dyslexia", *Journal of Vision*, No. 9, 2009, pp. 1 – 18.

③ Legge, G. E., Pelli, D. G., Rubin, G. S., Schleske, M. M., "Psychophysics of Reading in Normal Vision", *Vision Research*, No. 25, 1985, pp. 239 – 252.

④ Russell, M. C., Chaparro, B. S., "Exploring Effects of Speed and Font Size with RSVP", Paper Delivered to Proceedings of the Human Factors and Ergonomics Society 45th Annual Meeting, 2001.

⑤ 白学军、曹玉肖、顾俊娟、郭志英、闫国利：《窗口大小、呈现速度和字号对引导式文本阅读的影响》，《心理科学》2011 年第 2 期。

⑥ 巫金根、闫国利、刘志方：《大小字号的文本对中文读者阅读知觉广度和眼动模式的影响》，《心理科学》2014 年第 1 期。

⑦ 祝莲、王晨晓、贺极苍、陈湘君、郭迎暄、吕帆：《中文字体大小、笔画数和对比度对阅读速度的影响》，《眼视光学杂志》2008 年第 10 卷第 2 期。

字的字号和间距能调节汉语阅读障碍儿童的阅读绩效吗？

基于以上问题，本研究通过眼动追踪技术试图对汉语发展性阅读障碍儿童视觉拥挤效应的一系列问题进行探讨，进而为汉语阅读障碍儿童视觉拥挤效应产生的机制进行初步探索。

第二节 研究思路及设计

一 研究的具体研究思路

《解码阅读障碍中的视觉拥挤》包括三个子研究，具体如下。

研究一，主要目的是考察视觉拥挤效应对汉语阅读障碍儿童的影响。基于拼音文字的研究发现：阅读障碍儿童的视觉拥挤效应大于正常儿童。本研究通过汉字识别任务比较汉语阅读障碍儿童和正常儿童汉字识别的正确率，来考察阅读障碍儿童视觉拥挤效应是否大于正常儿童。

研究二，主要目的是考察汉语阅读障碍儿童视觉拥挤效应的影响因素。通过目标刺激和干扰刺激本身属性特征、目标刺激与干扰刺激的间距、离心率等来考察汉语阅读障碍儿童视觉拥挤效应的影响因素。

共包括 5 个实验。汉字具有结构性，实验 2 选取上下结构和左右结构，考察汉字结构对汉语阅读障碍儿童视觉拥挤效应的影响。实验 3 通过笔画数来考察汉字的复杂性对汉语阅读障碍儿童视觉拥挤效应的影响。实验 4 考察干扰刺激的大小对汉语阅读障碍儿童视觉拥挤效应的影响。实验 5 考察间距和离心率对汉语阅读障碍儿童视觉拥挤效应的影响。实验 6 考察离心率对汉语阅读障碍儿童视觉拥挤效应的影响。通过实验 5 和实验 6，检验 Bouma 定律对汉语阅读中汉字识别任务的适用性。

研究三，主要目的是考察句子阅读中操纵字大小和视觉复杂性、字间距和视觉复杂性是否对汉语阅读障碍儿童的视觉拥挤效应起到调节作用。

阅读材料是由多笔画汉字和少笔画汉字组成的不同视觉复杂性的句子。实验 7 是考察字大小对阅读障碍儿童阅读不同视觉复杂性文本的影响，进而检验字大小和视觉复杂性是否对视觉拥挤效应有调节作用，能否改善汉语阅读障碍儿童的阅读绩效。实验 8 通过改变不同视觉复杂性文本的字间距，构成视觉上拥挤和不拥挤的形式，来考察汉语阅读中视觉拥挤的代价和不拥挤的获益。

二　研究的基本框架

本研究包括三个子研究，共 8 个实验，按照字水平和文本水平分为两部分，其中字水平的视觉拥挤效应研究主要是在第五章进行阐述，文本水平的视觉拥挤研究见第六章。研究的基本框架如图 4 - 1 所示。

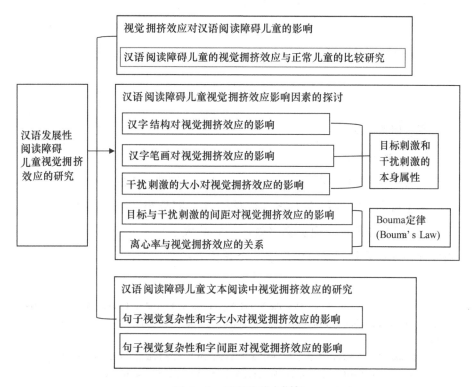

图 4 -1　研究的基本框架

三　研究内容

主要包括三个子研究，共 8 个实验。

研究一：视觉拥挤效应对汉语阅读障碍儿童的影响

实验 1　汉语阅读障碍儿童的视觉拥挤效应与正常儿童的比较研究

研究二：汉语阅读障碍儿童视觉拥挤效应影响因素的探讨

实验2　汉字结构对汉语阅读障碍儿童视觉拥挤效应的影响

实验3　汉字复杂性对汉语阅读障碍儿童视觉拥挤效应的影响

实验4　干扰刺激大小对汉语阅读障碍儿童视觉拥挤效应的影响

实验5　目标与干扰刺激的间距对汉语阅读障碍儿童视觉拥挤效应的影响

实验6　离心率对汉语阅读障碍儿童视觉拥挤效应的影响

研究三：汉语阅读障碍儿童文本阅读中视觉拥挤效应的研究

实验7　句子视觉复杂性和字大小对汉语阅读障碍儿童视觉拥挤的影响

实验8　句子视觉复杂性和字间距对汉语阅读障碍儿童视觉拥挤的影响

四　研究意义

(一) 理论意义

1. 本研究为汉语阅读障碍的成因提供一定的理论依据

基于拼音文字的研究发现，视觉因素在阅读障碍中具有重要的作用,[1] 阅读障碍儿童受视觉拥挤效应的影响大于正常儿童,[2][3][4][5][6] 阅读障碍存在视觉缺陷。汉语中汉字一个紧挨着一个，汉语文本是汉字紧密

[1]　Gori, S., Facoetti, A., "How the Visual Aspectscan be Crucial in Reading Acquisition? The Intriguing Case of Crowding and Developmental Dyslexia", *Journal of Vision*, Vol. 5, No. 1, 2015, pp. 1 – 20.

[2]　Bouma, H., Legein, C. P., "Foveal and Parafoveal Recognition of Letters and Words by Dyslexics and by Average Readers", *Neuropsychologia*, Vol. 15, No. 1, 1977, pp. 69 – 80.

[3]　Spinelli, D., MD Luca, Judica, A., Zoccolotti, P., "Crowding Effects on Word IdentifiCAtion in Developmental Dyslexia", *Cortex*, Vol. 38, No. 2, 2002, pp. 179 – 200.

[4]　Martelli, M., Filippo, G. D., Spinelli, D., Zoccolotti, P., "Crowding, Reading, and Developmental Dyslexia", *Journal of Vision*, No. 9, 2009, pp. 1 – 18.

[5]　Geiger, G, Lettvin, J. Y., et al., "Peripheral Vision in Persons with Dyslexia", *New England Journal of Medicine*, Vol. 316, No. 20, 1987, pp. 1238 – 1243.

[6]　Lorusso, M. L., et al., "Wider Recognition in Peripheral Vision Common to Different Subtypes of Dyslexia", *Vision Research*, No. 44, 2004, pp. 2413 – 2424.

排列的密集的文本，读者阅读汉语文本时需要依赖更多的视觉资源，因此视觉因素在汉语阅读中的作用比其他因素更重要。但是视觉因素对汉语阅读障碍的影响却很少有人关注。本研究通过考察汉语阅读障碍儿童和正常儿童周边视野的视觉拥挤效应，通过比较研究来验证视觉因素在汉语阅读障碍儿童汉语阅读中的重要作用，从而加深对汉语阅读障碍的认识，同时也为汉语阅读障碍提供数据支持。

2. 为汉语阅读中视觉拥挤效应理论提供理论依据

目前关于视觉拥挤效应的主要理论是特征整合机制。其中错误整合理论是热点，但该理论忽略刺激结构对视觉拥挤效应的影响。Bouma 定律认为，目标刺激和干扰刺激之间的距离约是离心率的一半时可以避免视觉拥挤的发生。[①] 该理论基于英文字母的研究结果，汉字与英文字母存在很大的区别，这一比例适合汉字识别任务吗？已有研究发现，视觉拥挤强度受目标刺激和干扰刺激视觉属性关系的影响，[②] 汉语阅读中也是如此吗？本研究通过对汉字识别任务中汉字视觉特征视觉拥挤效应影响因素的探讨来回答以上问题。

3. 对汉语阅读障碍与视觉拥挤效应的关系有了深入的认识

已有研究发现，大学生在识别外周视野中的汉字时同样出现了视觉拥挤效应，并且汉字的复杂性影响视觉复杂性的强度。[③] 目前关于正常儿童和阅读障碍儿童汉语阅读中的视觉拥挤效应的研究很少，结合拼音文字的研究结果和汉语文本的视觉特征，汉语阅读障碍儿童汉语阅读中是否也会出现视觉拥挤效应，该效应对汉语阅读障碍儿童和正常儿童会存在差别吗？此外，这种抑制效应对汉语文本阅读的影响可以改善吗？本研究对这些问题进行了探讨。

---

① Bouma, H., "Interaction Effects in Parafoveal Letter Recognition", *Nature*, No. 226, 1970, pp. 177 – 178.

② 刘婷婷：《视觉拥挤效应神经机制的研究》，博士学位论文，复旦大学，2009 年，第 66 页。

③ Zhang, J., Zhang, T., Xue, F., Liu, L., Yu, C., "Legibility of Chinese Characters in Peripheral Vision and the Top-down Influences on Crowding", *Vision Research*, Vol. 49, No. 1, 2009, pp. 44 – 53.

（二）实践意义

1. 本研究为阅读障碍的认知训练提供新思路

大量关于阅读障碍研究的目的都是为了帮助这个群体获得有效的阅读技能。已有的对阅读障碍的矫治方法存在矫正过程繁杂、耗时较长、花费较高、很难迁移到正常的学校学习中，并且某一能力的提高并不能自动提高阅读能力。①② 如果通过改变文本的物理形式，在改变字大小或者改变汉语文本的字间距可以提高文本易读性，有效提升阅读障碍儿童的效率，这无疑为提高阅读障碍儿童言语技能提供了直接的指导，有巨大的实践价值。

2. 为儿童读本排版、呈现方式提供新参考

学龄儿童如何识记汉字、快速掌握词汇和更快更有效地进行汉语阅读一直是汉语教与学的热点课题。③ 研究发现，学龄儿童大多数词汇的获得不是通过课堂学习的，而是通过课外读物学习到的，④ 在中央凹视野，正常儿童和阅读障碍儿童都会受视觉拥挤效应的影响，⑤⑥⑦ 因此适当改变出版物的字号和字间距对这两个群体的阅读水平的提高都有好处。汉语阅读障碍群体的获益更大。

① Habib, M. , Espesser, R. , Rey, V. , Giraud, K. , Bruas, P. , Gres, C. , "Training Dyslexics with Acoustically Modified Speech: Evidence of Improved Phonological Performance", *Brain & Cognition*, Vol. 40, No. 1, 1999, pp. 143 – 146.

② Agnew, J. A. , Dorn, C. , Eden, G. F. , "Effect of Intensive Training on Auditory Processing and Reading Skills", *Brain & Language*, Vol. 88, No. 1, 2004, pp. 21 – 25.

③ 梁菲菲:《中文词切分认知机制的眼动研究》，博士学位论文，天津师范大学，2013 年，第 80 页。

④ Nagy, W. E. , Herman, P. A. , "Breadth and Depth of Vocabulary Knowledge: Implications for Acquisition and Instruction", in M. G. McKeown and M. E. Curtis, eds. , *The Nature of Vocabulary*, Hillsdale, NJ: Erlbaum, 1987, pp. 19 – 36.

⑤ Bouma, H. , Legein, C. P. , "Foveal and Parafoveal Recognition of Letters and Words by Dyslexics and by Average Readers", *Neuropsychologia*, Vol. 15, No. 1, 1977, pp. 69 – 80.

⑥ Martelli, M. , Filippo, G. D. , Spinelli, D. , Zoccolotti, P. , "Crowding, Reading, and Developmental dySlexia", *Journal of Vision*, No. 9, 2009, pp. 1 – 18.

⑦ Lorusso, M. L. , et al. , "Wider Recognition in Peripheral Vision Common to Different Subtypes of Dyslexia", *Vision Research*, No. 44, 2004, pp. 2413 – 2424.

3. 为阅读障碍的诊断、预防提供指导

Rayner 认为，对于阅读障碍群体，只有早诊断、早矫治才能最大限度地帮助阅读障碍儿童获得有效的言语技能。[①] 实际生活中，当儿童被发现是阅读障碍时，往往已经是学龄儿童，因而错过了最佳矫正时期。毋庸置疑，如果视觉拥挤效应在汉语发展性阅读障碍中起重要作用，那么视觉拥挤效应可以用于汉语阅读障碍的诊断指标之一，并且这个诊断指标具有易操作性。

---

① Rayner, K. , "Eye Movements in Reading and Information Processing: 20 Years of Research", *Psychological Bulletin*, Vol. 124, No. 3, 1998, pp. 372 –422.

第 五 章

汉语阅读障碍儿童视觉拥挤
效应的比较研究

　　视觉拥挤效应（Visual Crowding Effect）是指对副中央凹及外周视觉区域内目标刺激的识别受周围其他的无关刺激的影响，导致目标刺激识别受损的现象。[1][2][3] 视觉拥挤效应影响正常成年人的外周视野。[4] 对于儿童来说，视觉拥挤效应不仅影响外周视野，也影响中央凹视野。[5] 关于阅读障碍与视觉拥挤效应的关系形成一种理论假说：阅读障碍儿童比正常儿童更容易受视觉拥挤效应的影响，即阅读障碍儿童的视觉拥挤效应大于正常儿童，进一步说明视觉因素在阅读障碍群体中的重要作用。[6][7][8]

---

　　[1]　Bouma, H., "Interaction Effects in Parafoveal Letter Recognition", *Nature*, No. 226, 1970, pp. 177 –178.

　　[2]　Levi, D. M., "Crowding-an Essential Bottleneck for Object Recognition: A Mini-review", *Vision Research*, No. 48, 2008, pp. 635 –354.

　　[3]　Pelli, D. G., Tillman, K. A., "The Uncrowded Window of Object Recognition", *Nature Neuroscience*, Vol. 11, No. 10, 2008, pp. 1129 –1135.

　　[4]　Pelli, D. G., Tillman, K. A., Freeman, J., Su, M., Berger, T. D., Majaj, N. J., "Crowding and Eccentricity Determine Reading Rate", *Journal of Vision*, Vol. 7, No. 2, 2007, pp. 1 –36.

　　[5]　Jeon, S. T., Hamid, J., Maurer, D., Lewis, T. L., "Developmental Changes During Childhood in Single-letter Acuity and Its Crowding by Surrounding Contours", *Journal of Experimental Child Psychology*, Vol. 107, No. 4, 2010, pp. 423 –37.

　　[6]　Spinelli, D., MD Luca, Judica, A., Zoccolotti, P., "Crowding Effects on Word IdentifiCAtion in Developmental Dyslexia", *Cortex*, Vol. 38, No. 2, 2002, pp. 179 –200.

　　[7]　Martelli, M., Filippo, G. D., Spinelli, D., Zoccolotti, P., "Crowding, Reading, and Developmental Dyslexia", *Journal of Vision*, No. 9, 2009, pp. 1 –18.

　　[8]　Lorusso, M. L., et al., "Wider Recognition in Peripheral Vision Common to Different Subtypes of Dyslexia", *Vision Research*, No. 44, 2004, pp. 2413 –2424.

因此，越来越多的研究者认为视觉拥挤效应可能是导致阅读障碍的重要原因。①②③④

汉语是由汉字与汉字紧密排列组成的密集文本，读者阅读汉字时需要依赖更多的视觉认知资源。视觉因素在汉语中起更大的作用，⑤ 因此，我们推测汉语阅读中视觉拥挤效应应该更强，汉语阅读障碍儿童受视觉拥挤的影响可能更大。

本研究主要探讨视觉拥挤效应对汉语阅读障碍儿童的影响。通过汉字识别任务比较汉语阅读障碍儿童和正常儿童汉字识别的正确率，来考察阅读障碍儿童视觉拥挤效应是否大于正常儿童。

第一节　汉语阅读障碍儿童视觉拥挤效应的比较研究

一　研究目的

采用经典的视觉拥挤效应范式，验证假说：阅读障碍儿童的视觉拥挤效应大于正常儿童，检验汉语阅读障碍儿童的视觉拥挤效应是否比正常儿童大。

本实验假设：如果汉语阅读障碍儿童的视觉拥挤效应大于正常儿童，那么阅读障碍儿童在拥挤条件下（三字条件）汉字识别的正确率低于正常儿童；如果汉语阅读障碍儿童的视觉拥挤效应小于正常儿童，那么阅

---

① Bouma, H., Legein, C. P., "Foveal and Parafoveal Recognition of Letters and Words by Dyslexics and by Average Readers", *Neuropsychologia*, Vol. 15, No. 1, 1977, pp. 69 – 80.

② Callens, M., Whitney, C., Tops, W., Brysbaert, M., "No Deficiency in Left-to-right Processing of Words in Dyslexia but Evidence for Enhanced Visual Crowding", *The Quarterly Journal of Experimental Psychology*, Vol. 6, No. 99, 2013, pp. 1803 – 1817.

③ Moll, K., Jones, M., "Naming Fluency in Dyslexic and Nondyslexic Readers: Differential Effects of Visual Crowding in Foveal, Parafoveal, and Peripheral Vision", *The Quarterly Journal of Experimental Psychology*, Vol. 6, No. 11, 2013, pp. 2085 – 2091.

④ Montani, V., Facoetti, A., Zorzi, M., "The Effect of Decreased Interletter Spacing on Orthographic Processing", *Psychonomic Bulletin & Review*, No. 22, 2015, pp. 824 – 832.

⑤ McBride-Chang, C., Lam, F., Lam, C., Chan, B., Fong, C. Y., Wong, T. T., Wong, S. W., "Early Predictors of Dyslexia in Chinese Children: Familial History of Dyslexia, Language Delay, and Cognitive Profiles", *Journal of Child Psychology and Psychiatry*, Vol. 52, No. 2, 2011, pp. 204 – 211.

读障碍儿童在拥挤条件下（三字条件）汉字识别的正确率高于正常儿童；如果汉语阅读障碍儿童的视觉拥挤效应与正常儿童没有差异，那么阅读障碍儿童在拥挤条件下（三字条件）汉字识别的正确率与正常儿童没有差异。

二　研究方法

（一）被试筛选

根据已有研究对中国大陆汉语阅读障碍儿童进行筛选所使用的方法，①②③④⑤ 本研究对汉语发展性阅读障碍组、年龄匹配组和能力匹配组的筛选方法如下：采用王孝玲和陶保平在 1996 年编制的《小学生汉字识字量测试》和北师大张厚璨和王晓平（1985）修订的《瑞文标准推理测验》。《小学生汉字识字量测试》主要用来获得儿童识字量掌握情况，提供识字量筛选依据；《瑞文标准推理测验》很好地排除了语言因素的影响，主要检查儿童的非言语推理能力，提供儿童的智力水平依据。每个测验时间均为 40—50 分钟。对天津三所中等水平小学 1167 名三年级 、四年级和五年级的学生进行测验。排除智力不正常者（智力测验等级处于 25% 以下）、排除语文教师、研究者共同认为是由于发挥失常、情绪等因素导致成绩偏低的儿童，选取四年级、五年级识字量成绩低于 1.5 个年级的学生作为阅读障碍组；年龄匹配组来自四年级、五年级中与阅读障

---

① Shu, H. , McBride-Chang, C. , Wu, S. , Liu, H. , "Understanding Chinese Developmental Dyslexia: Morphological Awareness as a Core Cognitive Construct", *Journal of Educational Psychology*, Vol. 98, No. 1, 2006, pp. 122 – 133.

② Meng, X. , Cheng-Lai, A. , Zeng, B. , Stein, J. F. , Zhou, X. , "Dynamic Visual Perception and Reading Development in Chinese School Children", *Annals of Dyslexia*, Vol. 61, No. 2, 2011, pp. 161 – 176.

③ Meng, X. , Lin, O. , Wang, F. , Jiang, Y. , Song, Y. , "Reading Performance is Enhanced by Visual Texture Discrimination Training in Chinese-speaking Children with Developmental Dyslexia", *Plos One*, Vol. 9, No. 9, 2013, e108274.

④ Qian, Y. , Bi, H. Y. , "The Effect of Magnocellular-based Visual-motor Intervention on Chinese Children with Developmental Dyslexia", *Frontiers in Psychology*, No. 6, 2015, p. 1529.

⑤ Wang, J. J, Bi, H. Y. , Gao, L. Q. , Wydell, T. N. , "The Visual Magnocellular Pathway in Chinese-speaking Children with Developmental Dyslexia", *Neuropsychologia*, Vol. 48, No. 12, 2010, pp. 3627 – 3633.

碍组年龄相近且智力水平相当的学生；能力匹配组来自三年级学生中与
阅读障碍者识字量水平相当且智力水平相近的学生。此外，所有参与研
究的儿童裸眼视力或矫正视力正常，他们都没有参加过眼动实验或者类
似的阅读测验。

　　本实验选取阅读障碍儿童 12 人、年龄匹配组 13 人、能力匹配组 11
人。被试的基本情况如表 5 – 1 所示。

表 5 – 1　　　　　　　　　　被试基本情况 M（SD）

	年龄（月）	智力水平（百分等级）	识字量
阅读障碍组（12）	136（10）	50%（0.18）	2352（318）
年龄匹配组（13）	135（5）	61%（0.23）	3126（152）
能力匹配组（11）	117（4）	51%（0.16）	2523（163）

　　经 t 检验发现，阅读障碍组的识字量显著低于年龄匹配组（$t = 7.88$，
$p < 0.05$），在年龄和智力水平上差异不显著（$p_s > 0.05$）。阅读障碍组与
能力匹配组在年龄上存在显著差异（$t = 5.59$，$p < 0.05$），在智力水平和
识字量上差异不显著（$p_s > 0.05$）。年龄匹配组和能力匹配组在年龄和识
字量上差异显著（$t = 10.13$，$p < 0.05$；$t = 9.37$，$p < 0.05$），在智力水平上
差异不显著（$p > 0.05$）。

　　（二）实验设计

　　3（被试类型：阅读障碍组、年龄匹配组、能力匹配组）×2（呈现
方式：单字条件、三字条件），两因素混合实验设计，其中被试类型是被
试间变量，呈现方式是被试内变量。

　　（三）实验材料

　　本研究所用到的汉字选自人教版　年级至二年级的语文课本生字表。
汉字识别任务中，每个被试需要识别 120 个目标字。汉字为左右结构，汉
字的笔画数控制在 8—12 画。字频为 20—120/百万。

　　（四）实验仪器

　　实验仪器采用由加拿大 SR Research 公司开发的 EyeLink 2000 眼动
仪。该设备的两台计算机（被试机和主试机）是通过以太网连接的。被

试机呈现材料，主试机记录眼动数据。被试眼睛的注视情况通过微型摄像机输入计算机，采样率为2000次/秒。实验过程中要求被试头部尽量保持不动、双眼注视屏幕，但只记录其右眼的眼动轨迹。

全部实验材料以白底黑字呈现在被试机显示器上，显示器的刷新率为120Hz，分辨率为1024×768，被试的眼睛之间的距离是40.83cm，实验刺激以24号黑体形式呈现，每个汉字在屏幕上的大小为32×32像素，每个汉字形成1°视角。

（五）实验程序

（1）被试单独施测。（2）向被试讲解眼动实验说明。（3）对被试进行眼校准。（4）眼校准成功后，开始练习。（5）练习之后，开始正式实验。被试的实验任务是盯准屏幕上的黑点，黑点的左边或者右边将随机出现1个或3个汉字，黑点两边出现汉字的时候继续盯准黑点，黑点消失红点出现时，需要被试报告刚才看到的1个字或者3个字中间的那个字是什么字；如果没看清，报告"没看清"或者"不知道"。

实验材料呈现的实验流程如图5-1所示。

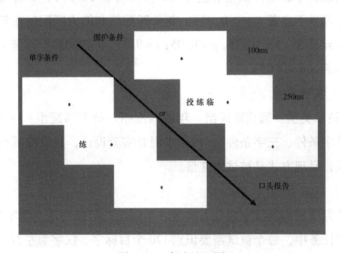

图5-1 实验流程图

三 结果

阅读障碍组（DD）、年龄匹配组（CA）和能力匹配组（RL）在单字条件和三字条件下汉字识别的正确率结果如表 5-2 所示。

表5-2　　　　　　　　　三组被试汉字识别的正确率　　　　　（单位: %）

	单字条件	三字条件
DD	72.22（11.02）	13.75（6.36）
CA	82.31（8.15）	35.00（9.84）
RL	79.70（7.81）	30.61（16.75）

　　被试类型主效应显著, $F_{(2, 33)} = 11.33$, $p < 0.001$, $\eta^2 = 0.407$。进一步分析发现, 阅读障碍儿童在单字和三字条件下汉字识别的正确率显著低于年龄匹配组和能力匹配组 ($p_s < 0.01$)。年龄匹配组和能力匹配组差异不显著 ($p > 0.05$)。呈现条件主效应显著, $F_{(1, 33)} = 674.99$, $p < 0.001$, $\eta^2 = 0.953$。进一步分析发现, 三字条件下的正确率显著低于单字条件 ($p < 0.001$)。

　　被试类型和呈现条件的交互作用边缘显著, $F_{(2, 33)} = 3.09$, $p = 0.059$, $\eta^2 = 0.158$。进一步分析发现, 三组被试在三字条件下的正确率显著低于单字条件 ($p_s < 0.001$); 单字条件下, 阅读障碍组的正确率显著低于年龄匹配组 ($p < 0.05$), 阅读障碍组、年龄匹配组的正确率与能力匹配组差异都不显著 ($p_s > 0.05$); 三字条件下, 阅读障碍组的正确率显著低于年龄匹配组和能力匹配组 ($p_s < 0.05$), 但是年龄匹配组和能力匹配组的正确率差异不显著 ($p > 0.05$), 如图 5-2 所示。

四　讨论

　　如上文所述, 本实验是一个基本的验证性实验, 主要验证阅读障碍儿童的视觉拥挤效应大于正常儿童。因为该假说是基于拼音文字的研究结果, 汉语作为表意文本与拼音文字存在很大的区别。

　　实验结果通过汉字识别的正确率来检验汉字识别的难易, 相比于单字条件, 三字条件下, 被试对目标字识别的正确率越低说明汉字越难识别, 被试所受视觉拥挤效应的影响越大, 即视觉拥挤效应越大。比较阅读障碍组、年龄匹配组和能力匹配组在单字条件下和三字条件下正确率

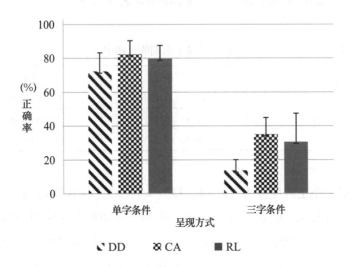

图 5 - 2 三组被试在不同呈现条件下汉字识别的正确率

的差异，三组被试在三字条件下的正确率均低于单字条件，说明三组被试均存在视觉拥挤效应。三组被试在三字条件下的正确率比较发现，阅读障碍组的正确率低于年龄匹配组、同时阅读障碍组的正确率显著低于能力匹配组；而三字条件下，年龄匹配组的正确率和能力匹配组的正确率差异不显著，说明阅读障碍儿童受视觉拥挤效应的影响大于年龄匹配组和能力匹配组。这与拼音文字的研究结果是一致的。[1][2][3][4][5][6] 因此，汉语阅读障碍儿童在汉字识别时更依赖汉字的视觉属性。

---

① Bouma, H. , "Interaction Effects in Parafoveal Letter Recognition", *Nature*, No. 226, 1970, pp. 177 – 178.

② Bouma, H. , Legein, C. P. , "Foveal and Parafoveal Recognition of Letters and Words by Dyslexics and by Average Readers", *Neuropsychologia*, Vol. 15, No. 1, 1977, pp. 69 – 80.

③ Spinelli, D. , MD Luca, Judica, A. , Zoccolotti, P. , "Crowding Effects on Word IdentifiCAtion in Developmental Dyslexia", *Cortex*, Vol. 38, No. 2, 2002, pp. 179 – 200.

④ Martelli, M. , Filippo, G. D. , Spinelli, D. , Zoccolotti, P. , "Crowding, Reading, and Developmental Dyslexia", *Journal of Vision*, No. 9, 2009, pp. 1 – 18.

⑤ Geiger, G. , Lettvin, J. Y. , et al. , "Peripheral Vision in Persons with Dyslexia", *New England Journal of Medicine*, Vol. 316, No. 20, 1987, pp. 1238 – 1243.

⑥ Lorusso, M. L. , et al. , "Wider Recognition in Peripheral Vision Common to Different Subtypes of Dyslexia", *Vision Research*, No. 44, 2004, pp. 2413 – 2424.

此外，比较三组被试在单字条件下的正确率，结果发现阅读障碍儿童的正确率显著低于年龄匹配组，但是阅读障碍组与能力匹配组的正确率差异不显著、年龄匹配组与能力匹配组的正确率差异也不显著。说明阅读障碍儿童周边视野的视知觉能力低于正常儿童，即使是非拥挤条件下对一个汉字的识别。

五　结论

本研究条件下，我们得出结论：与拼音文字研究的结果一致，汉语阅读中，汉语阅读障碍儿童的视觉拥挤效应大于正常儿童（年龄匹配组和能力匹配组）。

第二节　汉语阅读障碍儿童视觉拥挤效应影响因素的探讨

通过研究一的结果，我们发现汉语阅读障碍儿童的视觉拥挤效应也比正常儿童大。这种差异主要表现在哪些方面？根据已有研究发现，影响视觉拥挤效应的因素主要包括：视野范围、关键间距、目标刺激与干扰刺激的视觉属性关系等。错误整合理论认为，随着干扰刺激的增大，视觉拥挤效应会逐渐减小；重心模型认为在目标—干扰刺激临界间距范围内，即目标刺激离心率一半距离范围内，目标刺激和干扰刺激间的重心间距离决定视觉拥挤的大小，干扰刺激大小与视觉拥挤的关系是非线性的增大或减小。

本研究主要关注影响汉语阅读障碍儿童视觉拥挤效应的因素，因此，本研究根据汉字的视觉特征结合已有研究的成果，主要从以下几方面进行探讨。

首先从汉字的本身视觉特征：笔画、结构。汉语文本是由一系列象形文字组成的。汉字具有结构性。汉字是由一系列笔画组成。汉字的信息进入视网膜后，视觉特征（笔画、结构）被检测、整合，之后进入视觉编码阶段。形成汉字的整体视认知。已有研究考察了汉字复杂性对视觉拥挤效应的影响。Zhang 等采用字母和汉字考察外周视野中汉字复杂性

（笔画数）对拥挤效应的影响。研究发现，汉语中也存在拥挤效应，且字间拥挤的效应要远远大于字内拥挤。当目标刺激和干扰刺激的复杂性程度不一致时，视觉拥挤效应降低。[①] 该研究对象是正常成年人。目前关于汉语阅读障碍儿童这方面的研究很少。

其次从目标刺激与干扰刺激的视觉属性关系：大小、间距、离心率。通过总结已有文献发现，视觉拥挤效应受目标刺激和干扰刺激视觉属性的影响。根据 Bouma 定律，目标刺激和干扰刺激的关键间距、离心率等都会影响视觉拥挤效应。

本研究主要探讨五个基本问题：（1）不同汉字结构对阅读障碍儿童的影响有区别吗？（2）汉字复杂性对于汉语阅读障碍儿童视觉拥挤效应是否有影响。（3）视觉拥挤效应受干扰刺激大小的调节吗？（4）基于拼音文字提出 Bouma 定律是否适用于汉语。（5）随着离心率的增大，汉语阅读障碍儿童与正常儿童的视觉拥挤效应差别是否也增大？

一　汉字结构对汉语阅读障碍儿童视觉拥挤效应的影响

（一）研究目的

在视觉拥挤的条件下，物体识别受损发生在意识水平上，[②] 被拥挤物体的特性仍被加工，比如物体的结构。[③][④] 汉字具有结构性，但是已有研究发现，汉字结构对汉字识别的基本加工单元没有影响。[⑤] 那么，汉字结构在视觉拥挤条件下会得到加工吗？汉字结构是否会影响阅读障碍儿童

① Zhang, J., Zhang, T., Xue, F., Liu, L., Yu, C., "Legibility of Chinese Characters in Peripheral Vision and the Top-down Influences on Crowding", *Vision Research*, Vol. 49, No. 1, 2009, pp. 44 – 53.

② Zhou, J., Lee, C. L., Li, K. A., Tien, Y. H., Yeh, S. L., "Does Temporal Integration Occur for Unrecognizable Words in Visual Crowding?", *PLOS ONE*, No. 11, 2016, p. 1.

③ Livne, T., Sagi, D., "Configuration Influence on Crowding", *Journal of Vision*, Vol. 7, No. 2, 2007, pp. 1 – 12.

④ Louie, E. G., Bressler, D. W., David, W., "Holistic Crowding: Selective Interference Between Configural Representations of Faces in Crowded Scenes", *Journal of Vision*, Vol. 7, No. 2, 2007, pp. 102 – 104.

⑤ 李力红、刘宏艳、刘秀丽：《汉字结构对汉字识别加工的影响》，《心理学探新》2005 年第 1 期。

的视觉拥挤？我们推测，汉字的结构在视觉拥挤条件下也会得到加工，汉字结构不会影响阅读障碍儿童的视觉拥挤。本实验采用汉字中占比较大的左右结构（65%）和上下结构（21%）（汉字信息字典，1988），来考察不同汉字结构对视觉拥挤效应的影响。

（二）研究方法

1. 被试

根据实验1的筛选方法，本实验选取阅读障碍儿童16人、年龄匹配组14人、能力匹配组15人。被试的基本情况如表5−3所示。

表5−3　　　　　　　　　　被试基本情况 M（SD）

	年龄（月）	智力水平（百分等级）	识字量
阅读障碍组（16）	135（12）	49%（0.15）	2359（350）
年龄匹配组（14）	135（7）	60%（0.25）	3116（151）
能力匹配组（15）	116（3）	58%（0.18）	2466（217）

经 t 检验发现，阅读障碍组的识字量显著低于年龄匹配组（$t = 7.5$，$p < 0.05$），在年龄和智力水平上差异不显著（$p_s > 0.05$）。阅读障碍组与能力匹配组在年龄上存在显著差异（$t = 6.14$，$p < 0.05$），在智力水平和识字量上差异不显著（$p_s > 0.05$）。年龄匹配组和能力匹配组在年龄和识字量上差异显著（$t = 9.16$，$p < 0.05$；$t = 9.31$，$p < 0.05$），在智力水平上差异不显著（$p > 0.05$）。

2. 实验设计

实验设计：3（被试类型：阅读障碍组、年龄匹配组、能力匹配组）×2（结构：上下、左右）×3（呈现方式：单字条件、三字结构一致条件、三字结构不一致条件），三因素混合实验设计，其中，结构和呈现方式是被试内变量，被试类型是被试间变量。

3. 实验材料

本研究所用到的汉字选自人教版一年级至三年级的语文课本生字表。每个被试阅读120个目标字。目标字的笔画数控制在8—12画，字频20—120/百万。

材料举例：上下（结构）；左右（结构）。

4. 实验仪器

采用由加拿大 SR Research 公司开发的 EyeLink 2000 眼动仪。该设备的两台计算机（被试机和主试机）是通过以太网连接的。被试机呈现材料，主试机记录眼动数据。被试眼睛的注视情况通过微型摄像机输入计算机，采样率为 2000 次/秒。实验过程中要求被试头部尽量保持不动、双眼注视屏幕，但只记录其右眼的眼动轨迹。

全部实验材料以白底黑字呈现在被试机显示器上，显示器的刷新率为 120Hz，分辨率为 1024 × 768，被试的眼睛之间的距离是 40.83cm，实验刺激以 24 号黑体形式呈现，每个汉字在屏幕上的大小为 32 × 32 像素，每个汉字形成 1° 视角。

5. 实验程序

（1）被试单独施测；（2）向被试讲解眼动实验说明；（3）对被试进行眼校准；（4）眼校准成功后，开始练习；（5）练习之后，开始正式实验。

被试的实验任务是盯准屏幕上的黑点，黑点的左边或者右边将随机出现 1 个或 3 个汉字，黑点两边出现汉字的时候继续盯准黑点，黑点消失红点出现时，需要被试报告刚才看到的 1 个字或者 3 个字中间的那个字是什么字；如果没看清，报告"没看清"或者"不知道"。

（三）结果

不同结构汉字对阅读障碍组（DD）、年龄匹配组（CA）和能力匹配组（RL）视觉拥挤的影响，三组被试在单字条件（S）、三字结构一致条件（T1）和三字结构不一致条件（T2）下的正确率结果如表 5 - 4 所示。

表5-4　　　　　　　三组被试识别不同结构汉字的正确率　　　　　　（单位：%）

	左　右			上　下		
	S	T1	T2	S	T1	T2
DD	65 (14)	12 (9)	9 (10)	74 (14)	13 (12)	18 (14)
CA	79 (8)	30 (14)	29 (11)	85 (9)	27 (10)	41 (18)
RL	79 (11)	22 (15)	18 (16)	86 (7)	27 (21)	35 (21)

对三组被试进行三因素重复两因素混合方差分析结果发现，被试类型的主效应显著，$F (2, 42) = 11.39$，$p < 0.001$，$\eta^2 = 0.352$。阅读障碍组正确率显著低于年龄匹配组（$p < 0.001$）和能力匹配组（$p < 0.005$），年龄匹配组和能力匹配组没有差异（$p > 0.05$）。

结构类型的主效应显著，$F (1, 42) = 68.2$，$p < 0.001$，$\eta^2 = 0.619$。左右结构的正确率显著小于上下结构（$p < 0.001$）。

呈现条件的主效应显著，$F (2, 84) = 620.32$，$p < 0.001$，$\eta^2 = 0.937$。单字条件的正确率显著高于三字条件（三字一致和三字不一致，$p < 0.001$）；三字一致条件的正确率低于三字不一致条件，统计差异边缘显著（$p = 0.052$）。

被试类型和结构类型的交互作用边缘显著，$F (2, 42) = 2.6$，$p = 0.086$，$\eta^2 = 0.110$。简单效应分析发现，三组被试左右结构的正确率显著低于上下结构（$p_s < 0.005$）。左右结构和上下结构条件下，阅读障碍组的正确率都显著低于年龄匹配组和能力匹配组（$p_s < 0.01$），年龄匹配组和能力匹配组差异均不显著（$p_s > 0.05$）。

结构类型和呈现条件的交互作用显著，$F (2, 84) = 9.75$，$p < 0.05$，$\eta^2 = 0.19$。简单效应分析发现，单字条件和三字不一致条件下，左右结构的正确率显著低于上下结构（$p_s < 0.005$）；三字一致条件下，左右结构和上下结构的正确率差异不显著（$p > 0.05$）；左右结构条件下，单字的正确率显著高于三字条件（三字一致和三字不一致）（$p < 0.001$），三字一致和三字不一致差异不显著（$p > 0.05$）；上下结构条件下，单字条件显著高于三字条件（$p_s < 0.001$），三字不一致条件的正确率显著高于三字一致条件（$p < 0.001$）。

被试类型和呈现条件的交互作用不显著，$F (4, 84) = 1.24$，$p > 0.05$，$\eta^2 = 0.056$。

被试类型、结构类型和呈现条件的交互作用不显著，$F (4, 84) = 0.766$，$p > 0.05$，$\eta^2 = 0.035$。

进一步分析发现，三组在左右结构条件下表现一致，单字的正确率显著高于三字（三字一致和三字不一致）（$p_s < 0.001$）；三字一致和三字不一致条件差异不显著（$p_s > 0.05$）。上下结构条件下，阅读障碍组的表现与左右结构一致，即单字的正确率显著高于三字（三字一致和三字不一致）（$p < 0.001$）；三字一致和三字不一致条件差异不显著（$p > 0.05$）；年龄匹配组单字的正确率显著高于三字（三字一致和三字不一致）（$p < 0.001$）；三字一致和三字不一致条件差异显著（$p > 0.005$）；能力匹配组单字的正确率显著高于三字（三字一致和三字不一致）（$p < 0.001$）；三字一致和三字不一致条件差异边缘显著（$p = 0.083$）。单字条件下，阅读障碍组和能力匹配组在上下结构的正确率显著高于左右结构（$p_s < 0.05$），年龄匹配差异不显著（$p > 0.05$）；三字一致条件下，三组被试在两种结构的差异不显著（$p_s > 0.05$）；三字不一致条件下，三组被试在上下结构的正确率显著高于左右结构（$p_s < 0.05$），如图 5 – 3 所示。

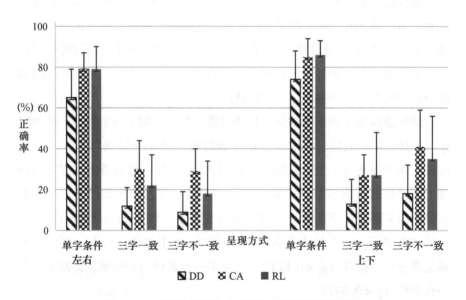

图 5 – 3 不同汉字结构对三组儿童视觉拥挤的影响

（四）讨论

本实验采用经典的拥挤效应范式，控制汉字的复杂性和字频，探讨了汉字识别任务中汉字的结构（左右和上下）对汉语阅读障碍儿童视觉拥挤效应的影响。

实验结果分析发现，无论是左右结构还是上下结构，三组被试在三字条件下（三字一致和三字不一致）的正确率显著低于单字条件，即三组被试在左右结构和上下结构上都存在视觉拥挤效应，阅读障碍儿童组的视觉拥挤效应在这两种条件下均显著大于年龄匹配儿童和能力匹配儿童。目标字是左右结构时，比较干扰字结构类型对视觉拥挤的影响，三组被试的表现一致，干扰字结构类型对目标字没有影响。目标字是上下结构时，比较干扰字结构类型对视觉拥挤的影响，干扰字结构类型对阅读障碍儿童的正确率没有影响，年龄匹配儿童和能力匹配儿童的正确率受干扰字结构类型的影响。比较不同呈现条件下，汉字结构对视觉拥挤效应的影响。在目标字和干扰字结构一致的条件下，三组被试的正确率均没有差异；在目标字和干扰字结构不一致的条件下，三组被试对于上下结构的识别更容易，即目标字是上下结构、干扰字是左右结构时，对目标字的识别受视觉拥挤效应的影响较小。

　　根据实验结果分析可知，当目标字是左右结构时，不管干扰刺激是左右结构还是上下结构，都不影响三组被试的拥挤效应；当目标字上下结构时，干扰刺激的结构影响年龄匹配儿童和能力匹配儿童的拥挤效应，对于阅读障碍儿童影响的程度较弱。实验结果说明，在视觉拥挤条件下，虽然目标不能被完全识别，但是目标的结构依然得到加工，这与前人的研究结果一致。①② 关于汉字结构对汉字识别的影响，与李力红等研究结果一致，③ 本实验条件下我们发现，当目标字是左右结构时，汉字结构对阅读障碍儿童和正常儿童汉字识别都没有影响，不同之处在于，汉字结构占汉字比例较多的左右结构（65%）作为干扰刺激对正常儿童的视觉拥挤起到调节作用，但是由于阅读障碍儿童的拥挤效应大于正常儿童，该调节作用在阅读障碍儿童表现较弱。与前人研究结果不一致，Livne 等

　　① Livne, T., Sagi, D., "Configuration Influence on Crowding", *Journal of Vision*, Vol. 7, No. 2, 2007, pp. 1 – 12.

　　② Louie, E. G., Bressler, D. W., David, W., "Holistic Crowding: Selective Interference Between Configural Representations of Faces in Crowded Scenes", *Journal of Vision*, Vol. 7, No. 2, 2007, pp. 102 – 104.

　　③ 李力红、刘宏艳、刘秀丽：《汉字结构对汉字识别加工的影响》，《心理学探新》2005 年第 1 期。

以光栅为研究对象,① 结果发现刺激结构会影响视觉拥挤,而本研究的实验材料是汉字,虽然具有结构性,但是相比于光栅,汉字的结构性较弱。

综上所述,视觉拥挤条件下,虽然汉字不能被完全识别,汉字的结构依然得到加工。汉字识别任务中,目标字是左右结构时,拥挤效应不受干扰刺激类型(左右和上下)的影响,三组被试结果一样;目标字是上下结构,正常组(年龄匹配儿童和能力匹配儿童)的视觉拥挤效应受干扰刺激类型的影响,阅读障碍儿童组在一定程度上受干扰刺激结构的影响。总之,三组被试的视觉拥挤效应在一定程度上受汉字结构的调节,阅读障碍组受结构的调节较弱。

二 汉字复杂性对拥挤效应的影响

(一) 实验目的

汉字是由笔画按照一定规则和顺序组合而成的,② 笔画是汉字的最小结构单位。许多研究表明,汉字存在笔画数效应。③④⑤⑥ 汉字识别从笔画开始到更高层次上的处理,最后达到对字的整体识别,笔画有可能是汉字视觉加工的最小单元。⑦ Zhang 等人以大学生为被试考察汉字复杂性(笔画)对视觉拥挤效应的影响。⑧ 发现汉语存在字内和字间的拥挤效应。

---

① Livne, T., Sagi, D., "Configuration Influence on Crowding", *Journal of Vision*, Vol. 7, No. 2, 2007, pp. 1 – 12.

② 彭聃龄、王春茂:《汉字加工的基本单元:来自笔画数效应和部件数效应的证据》,《心理学报》1997 年第 1 期。

③ 谭力海、彭聃龄:《关于语义情境与汉语单字词特征分析之间关系的实验研究》,《心理学动态》1990 年第 2 期。

④ 曹传泳、沈晔:《在速视条件下儿童辨认汉字字形的试探性研究——Ⅰ.字体大小照明条件和呈现及反应方式对辨认时间的影响》,《心理学报》1963 年第 3 期。

⑤ 喻柏林、曹河圻:《笔画数配置对汉字认知的影响》,《心理科学》1992 年第 4 期。

⑥ 孟红霞、白学军、闫国利、姚海娟:《汉字笔画数对注视位置效应的影响》,《心理科学》2014 年第 4 期。

⑦ 彭聃龄、王春茂:《汉字加工的基本单元:来自笔画数效应和部件数效应的证据》,《心理学报》1997 年第 1 期。

⑧ Zhang, J., Zhang, T., Xue, F., Liu, L., Yu, C., "Legibility of Chinese Characters in Peripheral Vision and the Top-down Influences on Crowding", *Vision Research*, Vol. 49, No. 1, 2009, pp. 44 – 53.

实验 1 发现汉语阅读障碍儿童受的视觉拥挤效应大于正常儿童。我们推测，相比于低复杂性，汉字的高复杂性对于阅读障碍儿童视觉拥挤的影响更大。

（二）实验方法

1. 被试

根据实验 1 的筛选方法，本实验选取阅读障碍组 15 人、年龄匹配组 18 人、能力匹配组 18 人。被试的基本情况如表 5 - 5 所示。

表 5 - 5　　　　　　　　　　被试基本情况 M（SD）

	年龄（月）	智力水平（百分等级）	识字量
阅读障碍组（15）	133（6）	54%（0.18）	2346（502）
年龄匹配组（18）	134（6）	62%（0.23）	3082（142）
能力匹配组（18）	118（5）	64%（0.19）	2492（185）

经 t 检验发现，阅读障碍组的识字量显著少于年龄匹配组（$t = 5.96$，$p < 0.05$），在年龄和智力水平上差异不显著（$p_s > 0.05$）。阅读障碍组与能力匹配组在年龄上存在显著差异（$t = 8.15$，$p < 0.05$）在智力水平和识字量上差异不显著（$p_s > 0.05$）。年龄匹配组和能力匹配组在年龄和识字量上差异显著（$t = 9.72$，$p < 0.05$；$t = 10.71$，$p < 0.05$），在智力水平上差异不显著（$p > 0.05$）。

2. 实验设计

实验设计：3（被试类型：阅读障碍组、年龄匹配组和能力匹配组）×2（复杂性：高、低）×3（呈现方式：单字条件、三字复杂性一致条件和三字复杂性不一致条件），三因素混合实验设计，其中被试类型是被试间变量，复杂性和呈现方式是被试内变量。

3. 实验材料

本研究所用到的汉字选自人教版一年级至三年级的语文课本生字。每个被试阅读 120 个目标字，分为高复杂性和低复杂性两种（高复杂性：汉字笔画数 12 画以上；低复杂性：汉字笔画数 8 画以下）。根据干扰刺激和目标的关系，呈现目标字的方式包括单独呈现、三字复杂性一致、三字复杂性不一致（干扰刺激一致）三种条件。目标字的结构控制为左右，字频 20—120/百万。

4. 实验仪器

实验仪器采用由加拿大 SR Research 公司开发的 EyeLink 2000 眼动仪。该设备的两台计算机（被试机和主试机）是通过以太网连接的。被试机呈现材料，主试机记录眼动数据。被试眼睛的注视情况通过微型摄像机输入计算机，采样率为 2000 次/秒。实验过程中要求被试头部尽量保持不动、双眼注视屏幕，但只记录其右眼的眼动轨迹。

全部实验材料以白底黑字呈现在被试机显示器上，显示器的刷新率为 120Hz，分辨率为 1024×768，被试的眼睛之间的距离是 40.83cm，实验刺激以 24 号黑体形式呈现，每个汉字在屏幕上的大小为 32×32 像素，每个汉字形成 1°视角。

5. 实验程序

（1）被试单独施测；（2）向被试讲解眼动实验说明；（3）对被试进行眼校准；（4）眼校准成功后，开始练习；（5）练习之后，开始正式实验。

被试的实验任务是盯准屏幕上的黑点，黑点的左边或者右边将随机出现 1 个或 3 个汉字，黑点两边出现汉字的时候继续盯准黑点，黑点消失红点出现时，需要被试报告刚才看到的 1 个字或者 3 个字中间的那个字是什么字；如果没看清，报告"没看清"或者"不知道"。

（三）实验结果

不同汉字复杂性对三组儿童视觉拥挤的影响，三组被试在单字条件、三字复杂性一致条件和三字复杂性不一致条件下的正确率结果如表 5-6 所示。

表 5-6　　　　　　　三组被试识别不同复杂性汉字的正确率　　　　（单位：%）

	低复杂性			高复杂性		
	S	T1	T2	S	T1	T2
DD	74 (15)	16 (14)	25 (13)	60 (20)	9 (10)	11 (14)
CA	84 (7)	23 (16)	43 (18)	79 (14)	20 (16)	23 (16)
RL	82 (12)	21 (12)	36 (17)	72 (16)	11 (9)	20 (14)

对三组被试进行三因素重复两因素混合方差分析结果发现，被试类型的主效应显著，$F_{(2, 48)} = 5.84$，$p < 0.01$，$\eta^2 = 0.196$。阅读障碍组正确率显著低于年龄匹配组（$p < 0.05$），阅读障碍组和能力匹配组、年龄匹配组和能力匹配组差异都不显著（$p_s > 0.05$）。复杂类型的主效应显著，$F_{(1, 48)} = 77.49$，$p = 0.00$，$\eta^2 = 0.617$。低复杂性的正确率显著高于高复杂性（$p < 0.001$）。呈现条件的主效应显著，$F_{(2, 96)} = 740.244$，$p < 0.001$，$\eta^2 = 0.939$。单字条件的正确率显著高于三字条件（三字一致和三字不一致，$p < 0.001$）；三字一致条件的正确率显著低于三字不一致条件（$p < 0.001$）。复杂类型和呈现条件的交互作用显著，$F_{(2, 96)} = 7.69$，$p < 0.005$，$\eta^2 = 0.138$。简单效应分析发现，单字条件和三字条件（三字一致和三字不一致）下，低复杂性的正确率均显著高于高复杂性（$p_s < 0.005$）。

被试类型和复杂类型的交互作用不显著，$F_{(2, 48)} = 0.575$，$p > 0.05$，$\eta^2 = 0.023$。被试类型和呈现条件的交互作用不显著，$F_{(4, 96)} = 0.952$，$p > 0.05$，$\eta^2 = 0.038$。被试类型、结构类型和呈现条件三者的交互作用不显著，$F_{(4, 96)} = 1.653$，$p > 0.05$，$\eta^2 = 0.064$。

进一步分析发现，低复杂性条件下，阅读障碍组在单字条件下的正确率与年龄匹配组差异边缘显著（$p = 0.07$）；阅读障碍组在三字不一致条件下正确率显著低于年龄匹配组（$p < 0.01$）；阅读障碍组与年龄匹配组在三字一致条件下的正确率差异不显著（$p > 0.05$）。此外，阅读障碍组与能力匹配组、年龄匹配组与能力匹配组在三种条件下的差异都不显著（$p_s > 0.05$）。高复杂性条件下，阅读障碍组在单字条件和三字一致条件下的正确率显著低于年龄匹配组（$p < 0.05$），阅读障碍组在三字不一致条件下的正确率与年龄匹配组差异边缘显著（$p = 0.076$）；阅读障碍组与能力匹配组、年龄匹配组与能力匹配组在三种呈现条件下正确率的差异均不显著（$p_s > 0.05$）。比较两种复杂性的差异，阅读障碍组和能力匹配组在三种呈现条件下，复杂性的差异均显著（$p_s < 0.05$），即低复杂性的正确率在三种呈现条件下的正确率显著高于高复杂性条件；年龄匹配组在三字不一致条件下的差异显著（$p_s < 0.001$），在单字条件和三字一致

条件下的差异不显著 ($p_s > 0.05$)。三组被试在两种复杂性条件下的单字条件和三字一致条件的差异、单字条件和三字不一致条件的差异均显著 ($p_s < 0.001$),低复杂性条件的正确率显著高于高复杂性。不同的是,在低复杂性条件下,阅读障碍组在三字一致条件和三字不一致条件的差异边缘显著 ($p = 0.068$);年龄匹配组和能力匹配组在三字一致条件和三字不一致条件的差异显著 ($p_s < 0.001$)。高复杂性条件下,阅读障碍组和年龄匹配组在三字一致条件和三字不一致条件的差异不显著 ($p_s > 0.05$);能力匹配组在三字一致条件和三字不一致条件的差异显著 ($p < 0.005$),如图 5-4 所示。

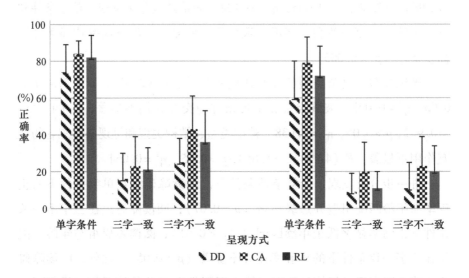

图 5-4 不同汉字复杂性对三组儿童视觉拥挤的影响

(四) 讨论

本实验采用经典的拥挤效应范式,控制汉字的结构和字频,探讨了汉字识别任务中汉字复杂性(笔画数)对汉语阅读障碍儿童视觉拥挤效应的影响。

实验结果分析发现,无论是低复杂性还是高复杂性,三组被试在三字条件下(三字一致和三字不一致)的正确率显著低于单字条件,即三组被试在低复杂性和高复杂性都存在视觉拥挤效应。如果目标字和干扰字都是低复杂性汉字，阅读障碍儿童的视觉拥挤效应和年龄匹配儿童和能力匹配儿童一样。如果目标字是低复杂性、干扰字是高复杂性汉字，阅读障碍儿童的视觉拥挤效应大于年龄匹配儿童。如果目标字是高复杂性汉字，干扰刺激是高复杂性和低复杂性，阅读障碍儿童的视觉拥挤效应都大于年龄匹配儿童。因此，汉语阅读障碍儿童对汉字复杂性比较敏感。

当目标字是低复杂性汉字时，三组被试在单字条件、三字条件下的正确率均显著高于目标字是高复杂性条件，这个结果与假设一致。

与前人研究一致，Zhang 等人的研究发现，当干扰刺激和目标刺激的复杂性水平不一致时，对目标汉字的识别更容易。① 不同的是，这种效应只出现在对低复杂性汉字的识别任务中。当目标汉字是高复杂性汉字时，能力匹配组儿童也出现了该效应。

综上所述，汉字识别任务中，相比于低复杂性汉字，三组被试识别高复杂性汉字时受的视觉拥挤效应要大，阅读障碍儿童最大。目标字是低复杂性汉字时，视觉拥挤效应受干扰刺激类型（低复杂性和高复杂性）的影响，目标刺激和干扰刺激的类型不一致时可以降低拥挤效应。目标字是高复杂性汉字时，阅读障碍儿童和年龄匹配儿童的视觉拥挤效应不受干扰刺激类型的影响，能力匹配儿童组则受影响。总之，视觉拥挤效应在一定程度上受汉字复杂性的调节，阅读障碍儿童在高复杂性条件下的视觉拥挤更大。

三　干扰刺激大小对拥挤效应的影响

（一）实验目的

本实验采用视觉拥挤效应的经典范式，通过汉字识别任务，考察不同干扰刺激大小对汉语阅读障碍儿童视觉拥挤效应的影响。如前文所述，错误整合模型认为，拥挤效应随着干扰刺激增大而增强。重心模型认为，

① Zhang, J., Zhang, T., Xue, F., Liu, L., Yu, C., "Legibility of Chinese Characters in Peripheral Vision and the Top-down Influences on Crowding", *Vision Research*, Vol. 49, No. 1, 2009, pp. 44 – 53.

在目标—干扰刺激临界间距范围内即目标刺激离心率一半距离范围内，干扰刺激与目标刺激两者的重心间距决定视觉拥挤效应的大小。而干扰刺激内侧边缘保持不变，增加干扰刺激大小时，视觉拥挤效应会减小，这是因为干扰刺激越大，目标与干扰刺激的重心间距越大。本实验材料固定干扰刺激的内侧，增大干扰刺激会增加干扰刺激与目标刺激间的重心距离。因此我们假设，如果随着干扰的增大，视觉拥挤效应增大，那么可以支持错误整合模型的观点；如果随着干扰刺激的增大，视觉拥挤效应减小，那么可以支持重心模型的观点。

（二）实验方法

1. 实验被试

根据实验1的筛选方法，本实验选取阅读障碍儿童14人、年龄匹配组11人、能力匹配组14人。被试的基本情况如表5-7所示。

表5-7 被试基本情况 M（SD）

	年龄（月）	智力水平（百分等级）	识字量
阅读障碍组（14）	133（5）	56%（0.13）	2232（512）
年龄匹配组（11）	134（5）	67%（0.21）	3094（128）
能力匹配组（14）	117（5）	59%（0.18）	2495（184）

经 t 检验发现，阅读障碍组和年龄匹配组在识字量上差异显著（$t = 5.43$，$p < 0.05$），在年龄和智力水平上差异不显著（$p_s > 0.05$）。阅读障碍组与能力匹配组在年龄上存在显著差异（$t = 8.22$，$p < 0.05$），在智力水平和识字量上差异不显著（$p_s > 0.05$）。年龄匹配组和能力匹配组在年龄和识字量上差异显著（$t = 8.67$，$p < 0.05$；$t = 9.18$，$p < 0.05$），在智力水平上差异不显著（$p > 0.05$）。

2. 实验设计

实验设计：3（被试类型：阅读障碍组、年龄匹配组、能力匹配组）×4（干扰刺激大小：16pt、20pt、28pt、32pt），两因素混合实验设计，其中被试类型是被试间变量，干扰刺激大小是被试内变量。

呈现方式：三字条件。

目标字的大小不变：24pt。

3. 实验材料

本研究所用到的汉字选自人教版一年级至三年级的语文课本生字。每个被试阅读 180 个目标字，左右结构、笔画数为 8—12 画，字频 20—120/百万。

4. 实验仪器

实验仪器采用由加拿大 SR Research 公司开发的 EyeLink 2000 眼动仪。该设备的两台计算机（被试机和主试机）是通过以太网连接的。被试机呈现材料，主试机记录眼动数据。被试眼睛的注视情况通过微型摄像机输入计算机，采样率为 2000 次/秒。在实验过程中要求被试头部尽量保持不动、双眼注视屏幕，但只记录其右眼的眼动轨迹。

全部实验材料以白底黑字呈现在被试机显示器上，显示器的刷新率为 120Hz，分辨率为 1024×768，被试的眼睛之间的距离是 40.83cm，实验刺激以 24 号黑体形式呈现，每个汉字在屏幕上的大小为 32×32 像素，每个汉字形成 1°视角。

5. 实验程序

（1）被试单独施测；（2）向被试讲解眼动实验说明；（3）对被试进行眼校准；（4）眼校准成功后，开始练习；（5）练习之后，开始正式实验。

被试的实验任务是盯准屏幕上的黑点，黑点的左边或者右边将随机出现 1 个或 3 个汉字，黑点两边出现汉字的时候继续盯准黑点，黑点消失红点出现时，需要被试报告刚才看到的 1 个字或者 3 个字中间的那个字是什么字；如果没看清，报告"没看清"或者"不知道"。

（三）实验结果

通过三组被试识别不同干扰字大小条件下的目标字的正确率来考察干扰字大小对三组被试视觉拥挤的影响，三组被试在干扰字大小的四个水平上对目标字识别的正确率结果如表 5 - 8 所示。

表5-8　　　　不同干扰字大小条件下三组被试汉字识别的正确率　（单位：%）

	16	20	28	32
DD	20 (14)	14 (9)	8 (9)	4 (4)
CA	54 (19)	40 (28)	27 (17)	27 (25)
RL	50 (19)	37 (23)	23 (23)	23 (21)

对三组被试的汉字识别进行两因素重复测量方差分析，结果表明，被试类型的主效应显著，$F (2, 36) = 8.61$，$p < 0.005$，$\eta^2 = 0.731$。阅读障碍组的正确率显著低于年龄匹配组和能力匹配组（$p_s < 0.05$），年龄匹配组和能力匹配组差异不显著（$p > 0.05$）。干扰刺激大小的主效应显著，$F (3, 108) = 66.33$，$p < 0.001$，$\eta^2 = 0.648$。16 号干扰刺激的正确率最高（41%），32 号干扰刺激的正确率最低（18%）。16 号干扰刺激的正确率显著高于其他三组（$p_s < 0.001$），32 号干扰刺激的正确率显著低于 16 号和 20 号（$p_s < 0.001$）。

被试类型和干扰刺激大小的交互作用显著，$F (6, 108) = 2.42$，$p < 0.05$，$\eta^2 = 0.12$。进一步分析发现，阅读障碍儿童在干扰刺激大小四个水平上的正确率显著低于年龄匹配儿童（$p_s < 0.05$）；阅读障碍儿童在 16 号、20 号、32 号干扰刺激大小条件下的正确率显著低于能力匹配儿童（$p_s < 0.05$），在 28 号干扰刺激大小条件下，阅读障碍儿童与能力匹配儿童的差异边缘显著（$p = 0.077$）；年龄匹配儿童和能力匹配儿童在四种干扰刺激大小条件下的正确率差异不显著（$p_s > 0.05$）。比较每组被试在干扰刺激大小条件下的差异，Bonferroni 矫正事后比较发现，16 号干扰刺激的正确率显著高于 28 号、32 号（$p_s < 0.001$）；28 号的正确率显著高于 32 号（$p_s < 0.001$）；16 号和 20 号、20 号和 28 号以及 28 号和 32 号的正确率差异都不显著（$p_s > 0.05$）；年龄匹配儿童和能力匹配儿童两组的趋势一致：16 号干扰刺激的正确率显著高于其他三组（$p_s < 0.01$）；20 号的正确率显著高于 28 号和 32 号（$p_s < 0.001$）；28 号和 32 号的正确率差异不显著（$p > 0.05$），如图 5-5 所示。

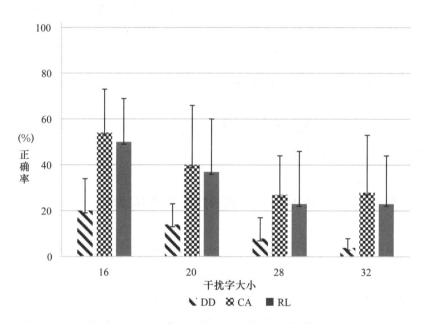

图 5-5　不同干扰字大小对三组儿童视觉拥挤的影响

（四）讨论

本实验干扰刺激的四个条件分别是 16 号、20 号、28 号和 32 号黑体，由于实验 1 采用的三字条件的字号是 24 号黑体，为了避免重复，本实验未采用该字号。结合实验 1 三字条件的实验结果可以发现，三组儿童（阅读障碍组、年龄匹配组和能力匹配组）在 24 号的正确率分别是13.8%、35% 和 30.6%，而这三组数据均介于本实验 20 号和 28 号之间，因此整体趋势是一致的。此外，本实验条件下，随着干扰汉字的增大，干扰字与汉字的间距不变，增加的是干扰汉字的外侧，因此干扰字与目标字的重心距离发生变化。

实验结果分析发现，汉语阅读障碍儿童在四种干扰刺激大小条件下的正确率小于年龄匹配组和能力匹配组，说明汉语阅读障碍儿童的视觉拥挤效应大于正常儿童。随着干扰刺激的逐渐增大，三组被试的拥挤效应越来越大；随着干扰刺激的逐渐增大，相比于正常组，阅读障碍儿童的拥挤效应代价更大。错误整合理论认为，随着干扰刺激的增大，视觉拥挤效应会逐渐增大；重心模型认为在目标—干扰刺激临界间距范围内，目标刺激和干扰刺激的重心间距离影响视觉拥挤的大小，而非随着干扰刺激的大小变化，视觉拥挤效应线性地增大或减小。在本实验条件下，干扰字内侧与目标字的距离不变，随着干扰刺激的增大，干扰字与目标字的重心距离增大。因此根据重心模型的推测，视觉拥挤应该减少，而本实验条件下，视觉拥挤随着干扰字的增大而增大。因此，本实验研究结果为错误整合模型提供证据。

四 目标与干扰刺激的间距对视觉拥挤效应的影响

（一）实验目的

根据 Bouma 定律，目标刺激与干扰刺激的间距为离心率的一半时，可以避免受视觉拥挤效应的影响。本实验固定离心率，考察目标刺激与干扰刺激的间距对视觉拥挤效应的影响。由于汉字与英文字母的视觉形式和加工方式存在差异，汉语阅读障碍儿童在汉语阅读中可能更依赖于汉字的视觉信息，因此，我们推测适用于英语的 Bouma 定律不一定适合汉字识别任务，即汉字识别中，可能需要更大的临界间距。

（二）实验方法

1. 实验被试

根据实验 1 的筛选方法，本实验选取阅读障碍儿童 12 人、年龄匹配组 12 人、能力匹配组 12 人。被试的基本情况如表 5 - 9 所示。

表 5 - 9　　　　　　　　　　被试基本情况 M（SD）

	年龄（月）	智力水平（百分等级）	识字量
阅读障碍组（12）	130（6）	48%（0.13）	2201（478）
年龄匹配组（12）	134（5）	58%（0.21）	3105（160）
能力匹配组（12）	118（5）	53%（0.2）	2451（182）

经 t 检验发现，阅读障碍组和年龄匹配组在识字量上差异显著（$t = 6.21$，$p < 0.05$），在年龄和智力水平上差异不显著（$p_s > 0.05$）。阅读障碍组与能力匹配组在年龄上存在显著差异（$t = 5.42$，$p < 0.05$），在智力

水平和识字量上差异不显著（$p_s > 0.05$）。年龄匹配组和能力匹配组在年龄和识字量上差异显著（$t = 8.23$，$p < 0.05$；$t = 9.34$，$p < 0.05$），在智力水平上差异不显著（$p > 0.05$）。

2. 实验设计

实验设计：3（被试类型：阅读障碍组、能力匹配组、年龄匹配组）×3（间距：2°、2.5°、3°），两因素混合实验设计，其中被试类型是被试间变量，间距是被试内变量。本实验中，目标刺激与干扰刺激的离心率为5°视角、呈现条件是三字条件。

3. 实验材料

本研究所用到的汉字选自人教版一年级至三年级的语文课本生字。每个被试阅读180个目标字，左右结构、笔画数为8—12画，字频20—120/百万。

4. 实验仪器

实验仪器采用由加拿大SR Research公司开发的EyeLink 2000眼动仪。该设备的两台计算机（被试机和主试机）是通过以太网连接的。被试机呈现材料，主试机记录眼动数据。被试眼睛的注视情况通过微型摄像机输入计算机，采样率为2000次/秒。在实验过程中要求被试头部尽量保持不动、双眼注视屏幕，但只记录其右眼的眼动轨迹。

全部实验材料以白底黑字呈现在被试机显示器上，显示器的刷新率为120Hz，分辨率为1024×768，被试的眼睛之间的距离是40.83cm，实验刺激以24号黑体形式呈现，每个汉字在屏幕上的大小为32×32像素，每个汉字形成1°视角。

5. 实验程序

（1）被试单独施测；（2）向被试讲解眼动实验说明；（3）对被试进行眼校准；（4）眼校准成功后，开始练习；（5）练习之后，开始正式实验。

被试的实验任务是盯准屏幕上的黑点，黑点的左边或者右边将随机出现1个或3个汉字，黑点两边出现汉字的时候继续盯准黑点，黑点消失红点出现时，需要被试报告刚才看到的1个字或者3个字中间的那个字是什么字；如果没看清，报告"没看清"或者"不知道"。

（三）实验结果

目标字与干扰字间的间距（2°、2.5°和3°）对三组被试视觉拥挤的影响，三组被试在三种间距条件下的正确率结果如表5-10所示。

表5-10　　　　　不同间距条件下三组被试汉字识别的正确率　　　（单位：%）

	2°	2.5°	3°
DD	16 (11)	21 (11)	28 (14)
CA	39 (13)	46 (14)	53 (12)
RL	35 (13)	49 (12)	51 (16)

在目标字与干扰字三种不同间距条件下，对三组被试汉字识别正确率进行两因素重复测量方差分析。结果表明，被试类型的主效应显著，$F_{(2, 33)} = 19.08$，$p < 0.001$，$\eta^2 = 0.536$。阅读障碍儿童正确率（22%）显著低于年龄匹配组（46%）和能力匹配组（45%）（$p_s < 0.001$），年龄匹配组和能力匹配组差异不显著（$p > 0.05$）。间距的主效应显著，$F_{(2, 66)} = 23.48$，$p < 0.001$，$\eta^2 = 0.416$。3°间距的正确率最高（44%），2°间距的正确率最高（30%）。3°间距的正确率显著高于2.5°间距和2°间距（$p_s < 0.05$），2.5°间距的正确率显著高于2°间距（$p < 0.005$）。

被试类型和干扰刺激间距的交互作用不显著，$F_{(4, 66)} = 0.803$，$p > 0.05$，$\eta^2 = 0.046$。进一步分析发现，阅读障碍组在三种间距条件下的正确率分别显著小于年龄匹配组和能力匹配组（$p_s < 0.005$）；年龄匹配组和能力匹配组在三种间距条件下的正确率差异不显著（$p_s > 0.05$）。

比较每组被试在不同间距条件下的差异，Bonferroni矫正事后比较发现，阅读障碍组在3°间距条件下的正确率显著高于2°间距（$p < 0.005$），阅读障碍组在2°间距和2.5°间距、3°间距和2.5°间距的正确率差异都不显著（$p_s > 0.05$）；年龄匹配组在3°间距条件下的正确率显著高于2°间距（$p < 0.001$），年龄匹配儿童组在2°间距和2.5°间距、3°间距和2.5°间距的正确率差异都不显著（$p_s > 0.05$）；能力匹配组在2.5°间距和3°间距条件下的正确率显著高于2°间距（$p_s < 0.005$），能力匹配组在2.5°间距和3°间距的正确率差异不显著（$p > 0.05$），如图5-6所示。

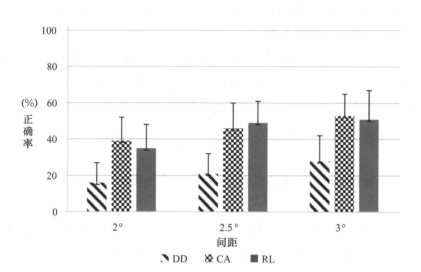

图5-6　目标字与干扰字的间距对三组儿童视觉拥挤的影响

（四）讨论

本实验采用经典的拥挤效应范式，控制汉字的结构、笔画和字频，探讨了汉字识别任务中目标刺激与干扰刺激的间距对汉语阅读障碍儿童视觉拥挤效应的影响。根据 Bouma 定律，为了避免视觉拥挤效应，目标刺激与干扰刺激的临界间距应该是离心率的一半。[1]　本实验探讨汉字视觉拥挤效应是否也受间距的影响，其临界间距是否同英语一致。

本实验基于 Bouma 定律，设计三个间距实验条件，离心率都是5°，因此三种间距与离心率的比值分别是0.4、0.5、0.6。随着间距的增大，三组被试的正确率越来越高。阅读障碍组、年龄匹配组和能力匹配组被试在0.5倍离心率条件下的正确率分别是21%、46%、49%。根据实验1的结果，阅读障碍组、年龄匹配组和能力匹配组单字条件下的识别率分别为72%、82%和79.8%，因此，Bouma 定律中间距与离心率的比值并不适合汉字识别。然而，在0.6倍离心率条件下的正常儿童的正确率达到50%以上，虽然与80%有一定差别，但是随着间距增加到某值，视觉拥

① Bouma, H., "Interaction Effects in Parafoveal Letter Recognition", *Nature*, No. 226, 1970, pp. 177-178.

挤效应就可以避免。根据本实验结果可以推测,汉字中视觉拥挤效应的临界间距大于0.5倍离心率。

总之,随着间距的逐渐增大,三组被试的拥挤效应越来越小,支持错误整合模型;适用于拼音文字的 Bouma 定律中的临界间距不适合汉字识别中的避免拥挤效应发生,汉字的临界间距可能需要大于0.5倍的离心率,间距增大可以降低拥挤效应。

五 目标与干扰刺激的离心率对拥挤效应的影响

(一) 实验目的

本实验固定间距,考察离心率对汉语阅读障碍儿童拥挤效应的影响。

本实验假设:如果汉语阅读障碍儿童的视觉拥挤效应受离心率的影响,那么其在不同离心率拥挤的条件下(三字条件)汉字识别的正确率有差异;如果汉语阅读障碍儿童的视觉拥挤效应不受离心率的影响,那么其在拥挤条件下(三字条件)汉字识别的正确率没有差异。

(二) 实验方法

1. 实验被试

根据实验1的筛选方法,本实验选取阅读障碍儿童13人、年龄匹配组14人、能力匹配组14人。被试的基本情况如表5-11所示。

表5-11 被试基本情况 M (SD)

	年龄 (月)	智力水平 (百分等级)	识字量
阅读障碍组 (13)	134 (12)	51% (0.18)	2443 (319)
年龄匹配组 (14)	135 (6)	62% (0.22)	3106 (157)
能力匹配组 (14)	116 (5)	55% (0.19)	2519 (54)

经 t 检验发现,阅读障碍组和年龄匹配组在识字量上差异显著 ($t = 6.9$, $p < 0.05$),在年龄和智力水平上差异不显著 ($p_s > 0.05$)。阅读障碍组与能力匹配组在年龄上存在显著差异 ($t = 5.4$, $p < 0.05$) 在智力水平和识字量上差异不显著 ($p_s > 0.05$)。年龄匹配组和能力匹配组在年龄和识字量上差异显著 ($t = 8.92$, $p < 0.05$; $t = 9.98$, $p < 0.05$),在智力水平

上差异不显著（$p > 0.05$）。

2. 实验设计

实验设计：3（被试类型：阅读障碍组、能力匹配组、年龄匹配组）×2（离心率：4°、6°）×2（字呈现方式：单字条件、三字条件），三因素混合实验设计，其中被试类型是被试间变量，离心率和呈现方式是被试内变量。本实验中，目标刺激与干扰刺激的间距为1°视角。

3. 实验材料

本研究所用到的汉字选自人教版一年级至三年级的语文课本生字。每个被试阅读180个目标字，左右结构、笔画数为8—12画，字频20—120／百万。

4. 实验仪器

实验仪器采用由加拿大SR Research公司开发的EyeLink 2000眼动仪。该设备的两台计算机（被试机和主试机）是通过以太网连接的。被试机呈现材料，主试机记录眼动数据。被试眼睛的注视情况通过微型摄像机输入计算机，采样率为2000次／秒。在实验过程中要求被试头部尽量保持不动、双眼注视屏幕，但只记录其右眼的眼动轨迹。

全部实验材料以白底黑字呈现在被试机显示器上，显示器的刷新率为120Hz，分辨率为1024×768，被试的眼睛之间的距离是40.83cm，实验刺激以24号黑体形式呈现，每个汉字在屏幕上的大小为32×32像素，每个汉字形成1°视角。

5. 实验程序

（1）被试单独施测；（2）向被试讲解眼动实验说明；（3）对被试进行眼校准；（4）眼校准成功后，开始练习；（5）练习之后，开始正式实验。

被试的实验任务是盯准屏幕上的黑点，黑点的左边或者右边将随机出现1个或3个汉字，黑点两边出现汉字的时候继续盯准黑点，黑点消失红点出现时，需要被试报告刚才看到的1个字或者3个字中间的那个字是什么字；如果没看清，报告"没看清"或者"不知道"。

（三）实验结果

三组被试在4°离心率和6°离心率的单字条件和三字条件下的正确率

结果如表 5 - 12 所示。

表 5 - 12 　　　　　三组被试在两种离心率条件下的正确率　　　（单位：%）

被试类型	4°		6°	
	单字条件	三字条件	单字条件	三字条件
DD	78 (9)	9 (10)	50 (14)	6 (7)
CA	83 (9)	30 (14)	56 (15)	10 (7)
RL	83 (10)	36 (19)	53 (27)	14 (12)

对三组被试在两种离心率条件下的正确率进行分析发现，被试类型的主效应显著，$F_{(2, 38)} = 4.07$，$p < 0.05$，$\eta^2 = 0.176$。阅读障碍儿童正确率显著低于年龄匹配儿童组（$p < 0.001$）和能力匹配儿童组（$p < 0.005$），年龄匹配儿童组和能力匹配儿童组没有差异（$p > 0.05$）。离心率的主效应显著，$F_{(1, 38)} = 204.54$，$p < 0.001$，$\eta^2 = 0.843$。4°离心率的正确率显著高于6°离心率（$p < 0.001$）。呈现条件的主效应显著，$F_{(1, 38)} = 654.83$，$p = 0.001$，$\eta^2 = 0.945$。单字条件的正确率显著高于三字条件（$p < 0.001$）。

被试类型和离心率的交互作用显著，$F_{(2, 38)} = 4.18$，$p < 0.05$，$\eta^2 = 0.180$。在4°离心率条件下，阅读障碍组和年龄匹配组、阅读障碍组和能力匹配组正确率差异显著（$p_s < 0.005$），年龄匹配组和能力匹配组的差异不显著；在6°离心率条件下，三组被试正确率差异都不显著（$p_s > 0.05$）。每组被试在4°离心率条件下的正确率均显著大于6°离心率（$p_s < 0.001$）。被试类型和呈现条件的交互作用显著，$F_{(2, 38)} = 3.92$，$p < 0.05$，$\eta^2 = 0.171$。每组被试在单字条件下的正确率均显著大于三字条件离心率（$p_s < 0.001$）。单字条件下，三组被试两两差异不显著（$p_s > 0.05$）；三字条件下，阅读障碍组的正确率显著小于年龄匹配组和能力匹配组（$p_s < 0.05$），年龄匹配组和能力匹配组两组的正确率差异不显著（$p_s > 0.05$）。离心率和呈现条件的交互作用显著，$F_{(1, 38)} = 20.97$，$p < 0.001$，$\eta^2 = 0.356$。三组被试在两种离心率条件下的单字条件

的正确率均显著高于三字条件（$p_s < 0.001$）。

被试类型、离心率和呈现条件三者的交互作用显著，$F (2, 38) = 356.9$，$p < 0.05$，$\eta^2 = 0.181$。进一步分析发现，阅读障碍组在4°离心率条件下，单字的正确率与年龄匹配组和能力匹配组差异不显著（$p_s > 0.05$）。年龄匹配组和能力匹配组在单字和三字条件下的正确率差异都不显著（$p_s > 0.05$）。在6°离心率条件下，阅读障碍组识别单字的正确率与年龄匹配组和能力匹配组差异不显著（$p_s > 0.05$），识别三字的正确率与能力匹配儿童差异边缘显著（$p = 0.074$）。年龄匹配儿童和能力匹配儿童在单字和三字条件下的正确率差异都不显著（$p_s > 0.05$）；三字的正确率显著低于年龄匹配组和能力匹配组（$p_s < 0.05$）。比较两组离心率条件的差异，阅读障碍组在单字条件下，4°离心率的正确率显著高于6°离心率（$p < 0.001$）；在三字条件下，4°离心率和6°离心率正确率差异不显著（$p > 0.05$）。年龄匹配组和能力匹配组的趋势一致，4°离心率条件下的单字的正确率和三字的正确率都显著高于6°离心率（$p_s < 0.001$）。比较两种呈现条件，三组被试在4°离心率和6°离心率条件下，单字条件的正确率显著高于三字条件（$p_s < 0.001$），如图5－7所示。

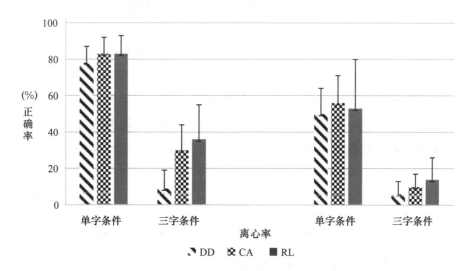

图5－7　不同离心率对三组儿童视觉拥挤的影响

（四）讨论

有研究发现，视觉拥挤效应与周边视野范围有关。[1] 离心率越小，离中央凹越近；离心率越大，离中央凹越远。本实验探讨汉字视觉拥挤效应是否也受离心率的影响。

本实验设计两个离心率实验条件，间距都是1°，实验结果发现，与前人研究一致，在单字和三字条件下，随着离心率的增大，三组被试在两种条件的正确率均降低，说明离心率越大，视觉拥挤效应越大。比较三组被试在两种离心率条件下的差异，4°离心率条件下，汉语阅读障碍儿童的视觉拥挤效应（9%）显著大于正常儿童；但这种差异在6°离心率条件下不存在，即阅读障碍组（6%）和正常组的视觉拥挤效应差异不显著，说明阅读障碍儿童组在4°离心率受的拥挤效应已经很大了。

总之，随着离心率的逐渐增大，正常控制组的拥挤效应越来越大，阅读障碍儿童组在4°离心率受的拥挤效应已经很大了，几乎出现地板效应，因此不受离心率的调节，视觉拥挤效应的大小和副中央凹视野的视敏度有关。

第三节　汉字水平的视觉拥挤

大量关于视觉拥挤效应的研究发现，影响视觉拥挤的强度的因素包括：刺激本身的视觉特征（结构、笔画数）、目标与干扰刺激视觉属性、关键间距和视野范围等。[2][3][4] 这些研究是基于英文字母和光栅为研究对象的。汉字作为一种象形文字，有其独特性。虽然汉语中的视觉拥挤效应的研究起步比较晚，研究数量较少，但是已有研究已经发现汉字的复

① 刘婷婷：《视觉拥挤效应神经机制的研究》，博士学位论文，复旦大学，2009年，第65页。

② Bouma, H. , "Interaction Effects in Parafoveal Letter Recognition", *Nature*, No. 226, 1970, pp. 177 – 178.

③ Levi, D. M. , Carney, T. , "Crowding in Peripheral Vision：Why Bigger is Better", *Current Biology*, No. 19, 2009, pp. 1988 – 1993.

④ Pelli, D. G. , Tillman, K. A. , "The Uncrowded Window of Object Recognition", *Nature Neuroscience*, Vol. 11, No. 10, 2008, pp. 1129 – 1135.

杂性影响视觉拥挤效应的强度。① 汉字的复杂性影响成年人的视觉拥挤效应，对于正常儿童以及阅读障碍儿童的影响是怎样的，汉语其他的语言特性对视觉拥挤效应是否存在影响以及还有哪些因素也会影响该效应，这些就是本章内容探讨的问题。

本研究在研究一的基础上进一步考察汉字的视觉特征（笔画数、汉字结构）、干扰字大小、目标字与干扰字的间距、离心率等因素对视觉拥挤效应的影响。第二节中前两个实验分别考察汉字结构和汉字复杂性（多笔画和少笔画汉字）对视觉拥挤效应的影响。研究发现，与研究一的结果一致，汉语阅读障碍儿童的视觉拥挤效应大于正常儿童。不同的是，本研究的一个重要发现，在目标汉字和干扰汉字都是低复杂性时（少笔画，笔画低于 8 画），阅读障碍儿童的视觉拥挤效应的程度和正常儿童一样（正确率差异不显著）。说明低视觉复杂性条件对阅读障碍的视觉拥挤有调节作用。与 Zhang 等人的研究结果一致，② 目标汉字与干扰汉字不是一个复杂性水平的条件下，目标字的正确率显著提高。因此，相比于汉字结构，汉字的复杂性对视觉拥挤效应的影响更大。汉字的笔画、部件或者笔画和部件间的关键间距共同影响汉字的视觉拥挤效应。第二节中的第三个实验考察了干扰刺激大小对视觉拥挤的影响，实验结果支持错误整合模型的假设。根据 Bouma 定律，视觉拥挤和间距与离心率的比值有关，同时验证了该理论在汉语中的适用性，正如 Bouma 定律预期，视觉拥挤随着间距的增大而降低，但是汉字识别任务中的临界间距与英文不一致，汉语中视觉拥挤的临界间距可能要大于 0.5 倍离心率。最后，本研究也发现，汉字识别中的视觉拥挤同样与视野范围有关。随着离心率的增大，视觉拥挤效应增大，但是对于阅读障碍儿童来说，在较小的离心率时（4°）就已经达到很大的视觉拥挤程度。总之，本研究发现，和

---

① Zhang, J., Zhang, T., Xue, F., Liu, L., Yu, C., "Legibility of Chinese Characters in Peripheral Vision and the Top-down Influences on Crowding", *Vision Research*, Vol. 49, No. 1, 2009, pp. 44–53.

② Zhang, J., Zhang, T., Xue, F., Liu, L., Yu, C., "Legibility of Chinese Characters in Peripheral Vision and the Top-down Influences on Crowding", *Vision Research*, Vol. 49, No. 1, 2009, pp. 44–53.

前人研究一致，汉语视觉拥挤效应同样受这些因素的影响，不同之处在于，这些因素的影响程度不一样，并且汉语表现出独特性。

本研究条件下，得出以下结论。

（1）汉字识别任务中，三组被试的视觉拥挤效应在一定程度上受汉字结构的调节，阅读障碍组的较弱；视觉拥挤效应在一定程度上受刺激复杂性的调节，低复杂性对于阅读障碍儿童组的视觉拥挤有调节作用。

（2）干扰刺激的大小影响三组被试的拥挤效应，支持错误整合模型；随着干扰刺激的逐渐增大，阅读障碍儿童的拥挤效应代价更大。

（3）适用于英语文字的 Bouma 定律中的临界间距不适合汉语阅读，汉字的临界间距可能需要大于 0.5 倍的离心率，间距增大可以降低拥挤效应。

（4）随着离心率的逐渐增大，正常控制组的拥挤效应越来越大，阅读障碍儿童组的拥挤效应没有发生变化，说明阅读障碍儿童组在 4° 离心率受的拥挤程度已经很大了。拥挤效应的大小和副中央凹视野的视敏度有关。

第六章

文本阅读中阅读障碍儿童
视觉拥挤效应的研究

第五章探讨了影响汉语阅读障碍儿童视觉拥挤效应的因素。结果发现，汉字的复杂性影响对正常儿童和阅读障碍儿童视觉拥挤都有重要的影响，尤其在目标字和干扰字都是低复杂性的条件下，阅读障碍儿童的视觉拥挤效应和正常儿童一致。此外，刺激大小和关键间距也影响视觉拥挤效应。结合已有关于文本阅读的研究，字大小[1][2][3]和字间距[4]影响文本阅读绩效。

关于拼音文字的字大小的研究发现，字号影响阅读绩效。研究结果表明，相比于小字号，视力正常者和视力受损者在大字号条件下的阅读成绩都有所提高。[5] 已有研究发现，字号对阅读中的视觉拥挤也有影响。

---

[1] Alotaibi, A. Z., "The Effect of Font Size and Type on Reading Performance with Arabic Words in Normally Sighted and Simulated Cataract Subjects", *Clinical and Experimental Optometry*, Vol. 90, No. 3, 2007, pp. 203 – 206.

[2] 白学军、曹玉肖、顾俊娟、郭志英、闫国利：《窗口大小、呈现速度和字号对引导式文本阅读的影响》，《心理科学》2011年第2期。

[3] 祝莲、王晨晓、贺极苍、陈湘君、郭迎暄、吕帆：《中文字体大小、笔画数和对比度对阅读速度的影响》，《眼视光学杂志》2008年第10卷第2期。

[4] Zorzi, M., Barbiero, C., Facoetti, A., et al., "Extra-large Letter Spacing Improves Reading in Dyslexia", *Proceedings of the National Academy of the Sciences of the United States of America*, Vol. 109, No. 28, 2012, pp. 11455 – 11459.

[5] Alotaibi, A. Z., "The Effect of Font Size and Type on Reading Performance with Arabic Words in Normally Sighted and Simulated Cataract Subjects", *Clinical and Experimental Optometry*, Vol. 90, No. 3, 2007, pp. 203 – 206.

大号字体可以有效减少阅读障碍儿童的视觉拥挤效应。① Martelli 等人的研究也得到了类似的研究结果，阅读障碍儿童达到最大阅读速度的字号比正常儿童的大。②

与拼音文字不同，汉语文本有其独特性。汉语阅读中字大小对其有影响吗？

汉语阅读的眼动研究发现，汉语阅读中字号越大越有利于阅读。字号大小可以影响读者的具体眼动模式和阅读效率。③

阅读中，是不是字号越大越好呢？有研究对此提出争议。Legge、Pelli、Rubin 和 Schleske 研究表明，并不是字号越大越好，字号过大或过小都会使阅读速度下降。④ 此外，还有研究者考察了字号对英文文本阅读的影响，结果发现字号并没有促进阅读绩效，但是发现读者偏爱大字号（20 号字）。⑤ 因此，有关字号对阅读的影响还存在争议。

关于拼音文字的研究发现，文本阅读中拥挤效应受刺激的间距影响，适当增大字母间隔或词间隔可以显著提升阅读障碍儿童的阅读效率，且阅读障碍儿童的获益比正常读者更大。⑥⑦⑧ 早在 1982 年，研究者就开展了关于汉语文本中字间距的研究。Chuang 通过实验考察了字间距和行间距对汉语阅读的作用，研究发现字间距对阅读有影响，而印刷文本的行

---

① O'Brien, B. A., Mansfield, J. S., Legge, G. E., "The Effect of Print Size on Reading Speed in Dyslexia", *Journal of Research in Reading*, Vol. 28, No. 3, 2005, pp. 332 – 349.

② Martelli, M., Filippo, G. D., Spinelli, D., Zoccolotti, P., "Crowding, Reading, and Developmental Dyslexia", *Journal of Vision*, No. 9, 2009, pp. 1 – 18.

③ 巫金根、闫国利、刘志方：《大小字号的文本对中文读者阅读知觉广度和眼动模式的影响》，《心理科学》2014 年第 1 期。

④ Legge, G. E., Pelli, D. G., Rubin, G. S., Schleske, M. M., "Psychophysics of Reading in Normal Vision", *Vision Research*, No. 25, 1985, pp. 239 – 252.

⑤ Russell, M. C., Chaparro, B. S., "Exploring Effects of Speed and font Size with RSVP", Paper Delivered to Proceedings of the Human Factors and Ergonomics Society 45th Annual Meeting, 2001.

⑥ Perea, M., Gómez, P., "Increasing Interletter Spacing Facilitates Encoding of Words", *Psychonomic Bulletin and Review*, Vol. 19, No. 2, 2012b, pp. 332 – 338.

⑦ Spinelli, D., MD Luca, Judica, A., Zoccolotti, P., "Crowding Effects on Word IdentifiCAtion in Developmental Dyslexia", *Cortex*, Vol. 38, No. 2, 2002, pp. 179 – 200.

⑧ Zorzi, M., Barbiero, C., Facoetti, A., et al., "Extra-large Letter Spacing Improves Reading in Dyslexia", *Proceedings of the National Academy of Sciences of the United States of America*, Vol. 109, No. 28, 2012, pp. 11455 – 11459.

间距对汉语阅读不存在显著影响。① 随后，其他研究者也得出同样的结论，研究者通过考察字间距对于视频显示终端的静态和动态文本阅读的影响，发现了字间距对这两种文本的促进作用。② 沈模卫、李忠平、张光强考察大学生阅读引导式文本 10 字窗口和 20 字窗口下，五种字间距水平：标准字距（0 字距）、1/8 字距、1/4 字距、1/2 字距和 1 字距文本阅读中，字间距对汉语文本阅读的影响。③ 结果发现，字间距对不同窗口大小的影响有差别，字间距增大影响 10 字窗口的阅读正确率，但对 20 字窗口的阅读正确率没有影响。表明字间距对汉语文本阅读功效有显著影响。

　　但是以上研究都是以成年人为研究对象，字间距对汉语阅读的影响是否存在发展的差异，并且儿童接受系统教育更多地以自然、静态的文本为主，因此字间距对于儿童阅读汉语文本的影响是怎样的，目前研究者的关注比较少。

　　汉语文本是一种汉字排列紧密的密集文本，视觉上更拥挤，改变汉字的字号和间距能调节汉语阅读障碍儿童的阅读绩效吗？

　　本研究主要目的是考察句子阅读中操纵字大小和字间距是否对不同视觉复杂性文本阅读的视觉拥挤效应起到调节的作用。

　　阅读材料是由多笔画汉字组成的句子和少笔画汉字组成的不同视觉复杂性的句子。实验 7 考察字大小对不同视觉复杂性的句子阅读是否改善视觉拥挤效应进而促进汉语阅读障碍儿童的阅读。实验 8 通过在不同视觉复杂性的正常文本形式中字空间的基础上增大和缩小原有空间，构成视觉上拥挤和不拥挤的形式，来考察汉语阅读中拥挤的代价和不拥挤的获益。

----

　　① Chuang, C. R. , "Effects of Inter-word and Inter-line Space on Reading Chinese", *Acta Psychologica Taiwanica*, Vol. 24, No. 2, 1982, pp. 121 – 126.

　　② Hwang, S. L. , Wang, M. Y. , Her, C. C. , "An Experimental study of Chinese Information Displays on VDTs", *Human Factors the Journal of the Human Factors & Ergonomics Society*, Vol. 30, No. 30, 1988, pp. 461 – 471.

　　③ 沈模卫、李忠平、张光强：《词切分与字间距对引导式汉语文本阅读工效的影响》，《心理学报》2001 年第 5 期。

第一节 句子视觉复杂性和字大小对视觉 拥挤效应的影响

一 研究目的

考察字大小对不同视觉复杂性的句子阅读是否改善视觉拥挤效应，进而促进汉语阅读障碍儿童的阅读。

本实验假设：如果汉语阅读障碍儿童的视觉拥挤效应受汉字大小的影响，那么其在不同汉字大小的眼动模式有差异；如果汉语阅读障碍儿童的视觉拥挤效应不受汉字大小的影响，那么其眼动模式没有差异；如果视觉复杂性影响阅读障碍儿童的视觉拥挤效应，那么不同视觉复杂性条件下的眼动模式差异显著；反之则没有差异。如果字大小和视觉复杂性同时影响阅读障碍儿童的视觉拥挤效应，那么字大小和视觉复杂性则存在交互作用，反之则不存在交互作用。

二 研究方法

（一）被试

根据实验 1 的筛选方法，本实验选取阅读障碍儿童 17 人、年龄匹配组 17 人、能力匹配组 17 人。被试的基本情况如表 6 - 1 所示。

表 6 - 1　　　　　　　被试基本情况 M（SD）

	年龄（月）	智力水平（百分等级）	识字量
阅读障碍组（17）	133（7）	58%（0.19）	2227（404）
年龄匹配组（17）	137（5）	59%（0.24）	3099（144）
能力匹配组（17）	115（3）	67%（0.18）	2433（212）

经 t 检验发现，阅读障碍组和年龄匹配组在识字量上差异显著（$t = 8.39$，$p < 0.05$），在年龄和智力水平上差异不显著（$p_s > 0.05$）。阅读障碍组与能力匹配组在年龄上存在显著差异（$t = 9.54$，$p < 0.05$），在智力

水平和识字量上差异不显著（$p_s > 0.05$）。年龄匹配组和能力匹配组在年龄和识字量上差异显著（$t = 14.53$，$p < 0.05$；$t = 10.73$，$p < 0.05$），在智力水平上差异不显著（$p > 0.05$）。

（二）实验设计

实验设计：3（被试类型：阅读障碍组、年龄匹配组、能力匹配组）× 2（句子视觉复杂性：高、低）× 5（字大小：0.75°、1°、1.25°、1.5°、1.75°），三因素混合实验设计，其中被试类型是被试间变量，句子视觉复杂性和字大小是被试内变量。高视觉复杂性，指构成句子的汉字的平均笔画数大于 12 画；低视觉复杂性，指构成句子的汉字的平均笔画数小于 8 画。

（三）实验材料

第一步：根据人民教育出版社（2002 年）三年级教材及同等水平的课外读物编写陈述句 200 个，句子的长度为 10—12 字，句子中间没有标点符号。

第二步：请 3 名语文老师对三年级小学生所有句子的通顺性进行评定，并标出学生三年级不认识的字、词或理解有困难的句子；请 17 名三年级小学生对所有句子进行难度评定；另请 18 名三年级小学生进行熟悉性评定。所有评定均为 7 点量表评定。

第三步：最后产生 108 个正式实验句子，低视觉复杂性句子和高视觉复杂性句子各 54 句，句子的平均长度为 11.05 字。句子的评定结果：通顺性结果为（M = 6.34，SD = 0.61，7 代表非常通顺），其中低视觉复杂性的通顺性为（M = 6.43，SD = 0.63）、高视觉复杂性的通顺性为（M = 6.26，SD = 0.59）；句子的难度结果为（M = 6.08，SD = 0.33，7 代表非常容易），其中低视觉复杂性的难度为（M = 6.13，SD = 0.31）、高视觉复杂性的难度为（M = 6.03，SD = 0.34）；句子的熟悉性结果为（M = 6.40，SD = 0.36，7 代表非常熟悉），其中低视觉复杂性的熟悉性为（M = 6.44，SD = 0.24）、高视觉复杂性的熟悉性为（M = 6.35，SD = 0.45）。对高视觉复杂性和低视觉复杂性的通顺性、难度和熟悉性进行差异检验，均不存在显著性差异（$ts > 1.17$，$p_s > 0.05$）。

此外，实验中句子是随机呈现，为了避免字大小差异造成的视觉影响，我们在实验句中加入了20个填充句子（高低视觉复杂性各10个）。

实验中包括5种字大小和高低视觉复杂性：将实验句以字大小条件为单位进行拉丁方平衡，每个被试只接受其中一组实验材料。练习部分包括高低视觉复杂性各4个句子，实验共有12个问题。实验中要求被试做出"是/否"判断，被试先进行练习，熟悉实验程序后正式开始。

材料举例：

低视觉复杂性：少儿节目受到小朋友的欢迎。

高视觉复杂性：熟睡的璐璐被隆隆雷声震醒。

（四）实验仪器

实验仪器采用由加拿大SR Research公司开发的EyeLink 2000眼动仪。该设备的两台计算机（被试机和主试机）是通过以太网连接的。被试机呈现材料，主试机记录眼动数据。被试眼睛的注视情况通过微型摄像机输入计算机，采样率为2000次/秒。在实验过程中要求被试头部尽量保持不动、双眼注视屏幕，但只记录其右眼的眼动轨迹。

实验材料以白底黑字呈现在屏幕上，每一屏幕呈现一个句子，句子只占一行。汉字为黑体，大小为32×32像素，每个汉字1°视角。

（五）实验程序

（1）实验前，主试向被试讲解实验要求、所用仪器、程序以及注意事项。

（2）被试坐在距离被试机屏幕40.83cm处，根据被试的身高调整座位的高度，使被试将头放在托上后双眼聚焦在被试机屏幕的中央。

（3）主试对被试进行C校准和V校准。

（4）校准成功后，首先进行练习，为了让被试熟悉实验流程。练习之后是正式实验，全部实验需要20—30分钟。要求被试在实验过程中头部尽量保持不动。

（六）分析指标

在阅读的研究过程中，用不同的眼动参数来反映即时的认知加工，主要从时间、距离、次数等方面进行考察。①②③④ 本实验采用以句子为单位的整体测量（global measure），选用指标具体如下。

总句子阅读时间（total sentence reading time）：阅读一句话所用的时间。总注视次数（total number of fixations）：落在句子上的注视点个数。平均注视时间（mean fixation durations）：落在句子上的所有注视点的持续时间的平均值。向前眼跳距离（mean saccade lengths）：句子上发生的所有眼跳距离的平均值。回视眼跳次数（number of regressive saccades）：句子上发生的所有从右到左眼跳的次数。阅读速度（number of characters per min）：每分钟阅读的总字数。

此外，我们还对注视点的持续时间和眼跳幅度的频率分布进行了统计。

三 实验结果

阅读障碍组、年龄匹配组和能力匹配组三组被试在阅读理解题中的总正确率为 78.92%，其中阅读障碍儿童（71.57%）、年龄匹配儿童（83.82%）、能力匹配儿童（81.37%），三组被试的结果差异显著（p < 0.05），阅读障碍儿童正确率低于年龄匹配儿童和能力匹配儿童，但也可表明三组被试对实验句子进行认真阅读并很好地理解（见表 6－2）。

根据以下标准对有效项目进行筛选：⑤⑥⑦（1）过早按键或错误按键

---

① Rayner, K., "Eye Movements in Reading and Information Processing: 20 Years of Research", *Psychological Bulletin*, Vol. 124, No. 3, 1998, pp. 372－422.

② 白学军、郭志英、顾俊娟、曹玉肖、闫国利：《词切分对日—汉双语者汉语阅读影响的眼动研究》，《心理学报》2011 年第 11 期。

③ 沈德立、白学军、臧传丽、闫国利、冯本才、范晓红：《词切分对初学者句子阅读影响的眼动研究》，《心理学报》2010 年第 2 期。

④ 张仙峰、叶文玲：《当前阅读研究中眼动指标述评》，《心理与行为研究》2006 年第 3 期。

⑤ Bai, X., Yan, G., Liversedge, S. P., Zang, C., Rayner, K., "Reading Spaced and Unspaced Chinese Text: Evidence from Eye Movements", *Journal of Experimental Psychology*: *Human Perception and Performance*, Vol. 34, No. 5, 2008, pp. 1277－1287.

⑥ Rayner, K., Liversedge, S. P., White, S. J., "Eye Movements When Reading Disappearing Text: The Importance of the Word to the Right of Fixation", *Vision Research*, Vol. 46, No. 3, 2006, pp. 310－323.

⑦ 白学军、王永胜、郭志英、高晓雷、闫国利：《汉语阅读中词 N＋2 的预视对高频词 N＋1 加工影响的眼动研究》，《心理学报》2015 年第 2 期。

表6-2 三组被试阅读不同字大小低视觉复杂性文本和高视觉复杂性文本时眼动指标的平均值和标准差

		低视觉复杂性					高视觉复杂性				
		0.75°	1°	1.25°	1.5°	1.75°	0.75°	1°	1.25°	1.5°	1.75°
总阅读时间（ms）	DD	4192 (1370)	4095 (1475)	4105 (1416)	4128 (1643)	3961 (1408)	4452 (2009)	4702 (1704)	5098 (2191)	4445 (2124)	4625 (2161)
	CA	2573 (1055)	2598 (794)	3113 (1084)	2604 (866)	2546 (891)	3170 (1109)	3222 (841)	3941 (1362)	3436 (1459)	3514 (1420)
	RL	3034 (952)	3353 (1022)	3413 (1219)	3116 (1158)	3558 (1465)	4049 (1266)	4271 (1183)	4350 (1472)	4217 (1596)	4275 (1470)
平均注视时间（ms）	DD	268 (35)	255 (31)	250 (33)	246 (36)	243 (36)	269 (35)	262 (30)	257 (28)	246 (34)	247 (30)
	CA	233 (31)	229 (30)	231 (29)	224 (24)	218 (29)	238 (20)	238 (32)	238 (33)	228 (23)	223 (25)
	RL	238 (34)	238 (35)	230 (33)	230 (36)	225 (31)	250 (37)	245 (31)	234 (27)	232 (27)	226 (24)
注视次数	DD	12.4 (3.4)	13.0 (4.2)	12.6 (3.7)	13.0 (3.4)	12.4 (3.1)	13.0 (4.6)	14.0 (4.7)	15.9 (5.7)	13.9 (5.2)	14.9 (5.4)
	CA	9.3 (3.2)	9.3 (2.3)	10.7 (3.2)	9.4 (2.4)	9.2 (2.5)	11.5 (3.8)	11.3 (2.4)	13.8 (4.1)	12.4 (4.8)	12.7 (4.7)
	RL	10.7 (2.8)	11.8 (3.2)	12.3 (3.9)	10.7 (3.2)	12.1 (3.6)	13.8 (3.9)	15.1 (4)	15.7 (4.9)	14.8 (5.1)	15.3 (5)

续表

		低视觉复杂性					高视觉复杂性				
		0.75°	1°	1.25°	1.5°	1.75°	0.75°	1°	1.25°	1.5°	1.75°
向前眼跳幅度（字）	DD	1.8 (0.7)	2.0 (0.6)	2.6 (1.2)	2.8 (1.1)	3.1 (1.1)	1.7 (0.6)	2.2 (0.9)	2.4 (0.9)	2.9 (0.9)	2.9 (1.1)
	CA	2.2 (0.5)	2.4 (0.6)	2.9 (0.7)	3.9 (0.9)	4.3 (0.9)	1.8 (0.4)	2.1 (0.5)	2.7 (0.9)	3.3 (0.8)	3.7 (1.0)
	RL	2.0 (0.1)	2.4 (0.5)	3.0 (0.9)	3.6 (0.9)	4.0 (1.0)	1.8 (0.4)	2.1 (0.5)	2.7 (0.8)	3.2 (0.9)	3.7 (1.0)
回视次数	DD	3.3 (1.2)	3.6 (1.6)	3.6 (1.4)	3.9 (1.4)	3.5 (1.5)	3.5 (1.5)	4.1 (2.0)	4.8 (2.2)	4.3 (2.1)	4.4 (2.4)
	CA	2.6 (1.0)	2.7 (1.1)	3.2 (1.1)	2.9 (1.0)	2.9 (1.1)	3.4 (1.2)	3.3 (1.1)	4.4 (1.8)	4.1 (2.2)	4.1 (2.1)
	RL	3.0 (1.1)	3.8 (1.1)	4.2 (1.8)	3.6 (1.2)	4.2 (1.8)	4.1 (1.6)	4.6 (1.7)	5.1 (2.3)	4.8 (2.0)	4.8 (1.9)
阅读速度（字/分钟）	DD	194 (67)	198 (68)	202 (72)	203 (69)	201 (62)	188 (70)	178 (65)	169 (67)	198 (75)	182 (72)
	CA	317 (125)	305 (100)	263 (118)	299 (82)	310 (108)	258 (103)	241 (86)	208 (97)	240 (79)	250 (118)
	RL	269 (103)	242 (94)	237 (87)	273 (118)	232 (86)	203 (85)	188 (69)	189 (78)	209 (95)	199 (86)

注：DD 是阅读障碍组，CA 是年龄匹配组，RL 是能力匹配组。

（即在实验过程中，被试连续按键导致句子未呈现完，无法记录被试眼动）；（2）追踪丢失（实验中因被试头动等偶然因素导致眼动仪记录数据丢失）；（3）注视时间小于80ms或大于1200ms；（4）平均数大于或小于三个标准差。总共剔除无效数据占总数据的2.87%。

用EyeLink 2000提供的数据分析软件将数据导出，使用SPSS16.0 for Windows对数据进行处理。所有变量进行被试分析（F_1，t_1）和项目分析（F_2，t_2）的重复测量方差分析。

（一）平均注视时间

被试类型主效应显著，F_1（2，48）=3.88，$p < 0.05$，$\eta^2 = 0.139$；F_2（2，159）=139.64，$p < 0.001$，$\eta^2 = 0.637$；阅读障碍组的平均注视时间（254）显著大于年龄匹配组（230），阅读障碍与能力匹配、年龄匹配与能力匹配差异不显著（$p_s > 0.05$）。视觉复杂性主效应显著，F_1（1，48）=10.125，$p < 0.005$，$\eta^2 = 0.174$；F_2（1，159）=12.958，$p < 0.001$，$\eta^2 = 0.075$；高视觉复杂性条件下平均注视时间显著长于低视觉复杂性（$p < 0.005$）。字大小主效应显著，F_1（4，192）=17.33，$p < 0.001$，$\eta^2 = 0.265$；F_2（4，636）=21.546，$p < 0.001$，$\eta^2 = 0.119$；0.75°字大小条件下的平均注视时间显著多于1.25°、1.5°、1.75°条件（$p_s < 0.005$）；1°条件的平均注视时间显著长于1.5°和1.75°（$p_s < 0.005$）；1.25°条件的平均注视时间显著长于1.75°条件（$p < 0.05$）。

被试类型和视觉复杂性的交互作用不显著，F_1（2，48）=0.174，$p > 0.05$，$\eta^2 = 0.007$；F_2（2，159）=0.028，$p > 0.05$，$\eta^2 = 0$；被试类型和字大小的交互作用被试分析不显著，F_1（8，192）=1.004，$p > 0.05$，$\eta^2 = 0.04$；F_2（8，636）=1.562，$p > 0.05$，$\eta^2 = 0.019$；视觉复杂性和字大小的交互作用不显著，F_1（4，192）=1.042，$p > 0.05$，$\eta^2 = 0.021$；F_2（4，636）=1.7，$p > 0.05$，$\eta^2 = 0.011$。

被试类型、视觉复杂性和字大小的交互作用不显著，F_1（8，192）=0.608，$p > 0.05$，$\eta^2 = 0.025$；F_2（8，636）=0.745，$p > 0.05$，$\eta^2 = 0.009$。

进一步分析发现，（1）比较三组被试在高低视觉复杂性条件下，各字大小水平的差异，低视觉复杂性条件下，阅读障碍组在 0.75°、1°平均注视时间分别显著高于年龄匹配组（$p_s < 0.05$），阅读障碍组与年龄匹配组在 1.75°条件下的差异边缘显著（$p = 0.067$），阅读障碍组在 0.75°平均注视时间显著高于能力匹配组（$p < 0.05$），其他两两比较的差异不显著（$p_s > 0.05$）。不同的是，项目分析表明，阅读障碍组在字大小的 5 个水平上的平均注视时间均显著低于年龄匹配组和能力匹配组（$p_s < 0.05$），年龄匹配组和能力匹配组在字大小的各水平差异均不显著（$p_s > 0.05$）；高视觉复杂性条件下，阅读障碍组在 0.75°、1.75°的平均注视时间分别显著高于年龄匹配组（$p_s < 0.05$），阅读障碍组与能力匹配组在 1.25°、1.75°条件下的差异边缘显著（$p = 0.081$，$p = 0.083$），其他两两比较的差异不显著（$p_s > 0.05$）。不同的是，项目分析表明，阅读障碍组在字大小的 5 个水平上的平均注视时间均显著低于年龄匹配组和能力匹配组（$p_s < 0.05$），年龄匹配组和能力匹配组在字大小的各水平差异均不显著（$p_s > 0.05$）。（2）比较三组被试在各字大小因素的各个水平上高低视觉复杂性的差异。阅读障碍组、年龄匹配组在低视觉复杂性条件下阅读 1.25°的平均注视时间与高视觉复杂性句子差异均边缘显著（$p = 0.087$，$p = 0.099$），能力匹配组阅读 0.75°字大小低视觉复杂性句子的平均注视时间显著少于高视觉复杂性句子（$p < 0.05$）。其他组间在字大小各水平上，高低视觉复杂性的差异均不显著（$p_s > 0.05$）。年龄匹配组和能力匹配组在字大小各水平的趋势一致，在字大小各水平的低视觉复杂性句子的阅读时间均显著低于高复杂性句子（$p_s < 0.001$）。项目分析表明，阅读障碍组在低视觉复杂性条件下阅读 1°和 1.25°的平均注视时间与高视觉复杂性句子差异均差异显著（$p_s < 0.05$），年龄匹配组阅读 1.75°字大小低视觉复杂性句子的平均注视时间显著少于高视觉复杂性句子（$p < 0.05$）。其他组间在字大小各水平上，高低视觉复杂性的差异均不显著（$p_s > 0.05$）。（3）比较每组被试在不同视觉复杂性条件下，各水平间的差异比较。对阅读障碍组进行被试分析，不同视觉复杂性各字大小水平两两比较的平均注视时间差异，低视觉复杂性条件下，0.75°条件的平均注视时间显著长于 1.25°、1.5°和 1.75°；高视觉复杂性条件下，0.75°条件的平均注视时间显著长于 1.5°和 1.75°，1°条件下的平均注视时间显著长于 1.5°，其他组间字大小因素水平间的差异均不显著（$p_s > 0.05$）。不同的是，对阅读障碍组进行项目分析发现，在高视觉复杂性条件下，0.75°字大的阅读材料的平均注视时间显著长于1.5°、1.75°（$p_s < 0.05$）。对年龄匹配组进行被试分析，不同视觉复杂性各字大小水平两两比较的平均注视时间差异，低视觉复杂性条件下，各字大小因素水平间的差异均不显著（$p_s > 0.05$）；高复杂性条件下，阅读1°和1.25°字的句子的平均注视时间与1.75°差异边缘显著（$p = 0.089$、$p = 0.078$）；不同的是，项目分析发现，高复杂性条件下，阅读0.75°和1°字的句子的平均注视时间均显著多于1.75°（$p_s < 0.05$）；阅读1.25°条件的平均注视时间均显著多于1.5°（$p < 0.05$）。对能力匹配组进行被试分析，不同视觉复杂性各字大小水平两两比较的平均注视时间差异，低视觉复杂性条件下，各字大小因素水平间的差异均不显著（$p_s > 0.05$）；高复杂性条件下，阅读0.75°字的句子的平均注视时间显著高于1.5°和1.75°（$p_s < 0.05$）；不同的是，项目分析发现，低复杂性条件下，阅读0.75°字的句子的平均注视时间显著高于1.75°（$p < 0.05$）；高复杂性条件下，阅读0.75°条件的句子的平均注视时间均显著多于1.25°、1.5°和1.75°（$p_s < 0.05$）；阅读1°条件的平均注视时间均显著多于1.75°（$p < 0.05$），如图6-1所示。

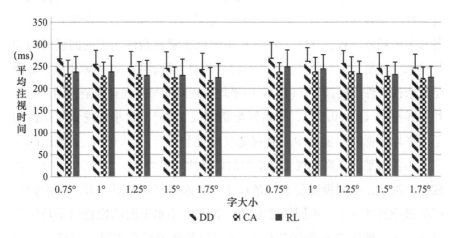

图6-1 三组被试阅读不同字大小低视觉复杂性文本和高视觉复杂性文本时的平均注视时间

（二）向前眼跳幅度

被试类型主效应被试分析边缘显著，F_1（2，48）= 2.769，$p = 0.073$，$\eta^2 = 0.103$；项目分析差异显著，F_2（2，159）= 64.79，$p < 0.001$，$\eta^2 = 0.45$；阅读障碍组的向前眼跳幅度大于年龄匹配组和能力匹配组（$p_s < 0.05$）年龄匹配组与能力匹配组差异边缘显著（$p = 0.088$）。

视觉复杂性主效应显著，F_1（1，48）= 303.84，$p < 0.001$，$\eta^2 = 0.39$；F_2（1，159）= 76.64，$p < 0.001$，$\eta^2 = 0.33$。低视觉复杂性条件下句子的向前眼跳幅度显著长于高视觉复杂性（$p < 0.001$）。字大小主效应显著，F_1（4，192）= 156.4，$p < 0.001$，$\eta^2 = 0.77$；F_2（4，636）= 252.39，$p < 0.001$，$\eta^2 = 0.61$；随着字号的增大，向前眼跳幅度逐渐增大，0.75°条件的向前眼跳幅度显著最短，1.75°的向前眼跳幅度最长。字大小 5 个水平进行两两比较，所有比较均差异显著（$p_s < 0.05$）。

被试类型和视觉复杂性的交互作用显著，F_1（2，48）= 4.84，$p < 0.05$，$\eta^2 = 0.17$；F_2（2，159）= 10.99，$p < 0.001$，$\eta^2 = 0.12$。被试类型和字大小的交互作用显著，F_1（8，192）= 3.509，$p < 0.005$，$\eta^2 = 0.128$；F_2（8，636）= 5.1，$p < 0.0001$，$\eta^2 = 0.06$。视觉复杂性和字大小的交互作用不显著，F_1（4，192）= 1.24，$p > 0.05$，$\eta^2 = 0.025$；F_2（4，636）= 1.768，$p > 0.05$，$\eta^2 = 0.011$。

被试类型、视觉复杂性和字大小的交互作用不显著，F_1（8，192）= 0.799，$p > 0.05$，$\eta^2 = 0.032$；F_2（8，636）= 1.641，$p > 0.05$，$\eta^2 = 0.02$。

进一步分析发现，（1）比较三组被试在高低视觉复杂性条件下，各字大小水平的差异，低视觉复杂性条件下，阅读障碍组在 1.5°、1.75°条件下的向前眼跳幅度分别短于年龄匹配组和能力匹配组，其中阅读障碍组和能力匹配组在 1.5°条件下的向前眼跳幅度差异边缘显著（$p =$ 0.074）。不同的是，项目分析表明，阅读障碍组在 1°、1.5°、1.75°条件下的向前眼跳幅度均显著短于年龄匹配组和能力匹配组（$p_s < 0.05$），在 0.75°条件下，阅读障碍组与年龄匹配组的差异显著（$p < 0.05$），阅读障碍组和能力匹配组在 1.25°条件下的向前眼跳幅度差异边缘显著（$p =$ 0.083）；高视觉复杂性条件下，阅读障碍组在 1.75°的向前眼跳幅度与年

龄匹配组和能力匹配组的差异均边缘显著（$p=0.093$；$p=0.093$）。项目分析表明，阅读障碍组在 $1.25°$、$1.5°$、$1.75°$ 条件下的向前眼跳幅度短于年龄匹配组和能力匹配组，其中阅读障碍组与能力匹配组在 $1.5°$ 条件下的差异边缘显著（$p=0.055$），其他两两比较的差异不显著（$p_s>0.05$）。(2) 比较三组被试的每组在各字大小因素的各个水平上高低视觉复杂性的差异。阅读障碍组在低视觉复杂性条件下阅读 $1.25°$ 的向前眼跳幅度与高视觉复杂性句子差异显著（$p<0.05$），年龄匹配组在字大小的 5 个水平上，低视觉复杂性向前眼跳幅度均显著长于高视觉复杂性的句子；能力匹配组阅读 $0.75°$、$1°$、$1.25°$、$1.5°$ 字大小低视觉复杂性句子的向前眼跳幅度显著长于高视觉复杂性句子（$p<0.05$）。其他组间在字大小各水平上，高低视觉复杂性的差异均不显著（$p_s>0.05$）。(3) 比较每组被试在不同视觉复杂性条件下，各水平间的差异比较。对阅读障碍组进行分析，不同视觉复杂性各字大小水平两两比较的向前眼跳幅度差异，低视觉复杂性条件下，$0.75°$ 和 $1°$ 条件的向前眼跳幅度显著短于 $1.25°$、$1.5°$ 和 $1.75°$；$1.25°$ 条件的向前眼跳幅度显著短于 $1.75°$（$p_s<0.05$）；高视觉复杂性条件下，$0.75°$ 条件的向前眼跳幅度显著短于 $1.25°$、$1.5°$ 和 $1.75°$；$1°$ 条件的向前眼跳幅度显著短于 $1.5°$ 和 $1.75°$；$1.25°$ 条件的向前眼跳幅度显著短于 $1.5°$ 和 $1.75°$（$p_s<0.05$）。对年龄匹配组进行分析，不同视觉复杂性各字大小水平两两比较的向前眼跳幅度差异，低视觉复杂性条件下，$0.75°$ 和 $1°$ 条件的向前眼跳幅度显著短于 $1.25°$、$1.5°$ 和 $1.75°$；$1.25°$ 条件的向前眼跳幅度显著短于 $1.75°$（$p_s<0.05$）；$1.25°$ 条件的向前眼跳幅度显著短于 $1.5°$ 和 $1.75°$（$p_s<0.05$）；$1.5°$ 条件的向前眼跳幅度显著短于 $1.75°$（$p<0.05$）；高视觉复杂性条件下，$0.75°$ 条件的向前眼跳幅度显著短于 $1°$、$1.25°$、$1.5°$ 和 $1.75°$（$p_s<0.05$）；$1°$ 条件的向前眼跳幅度显著短于 $1.25°$、$1.5°$ 和 $1.75°$（$p_s<0.05$）；$1.25°$ 条件的向前眼跳幅度显著短于 $1.5°$ 和 $1.75°$（$p_s<0.05$）。对能力匹配组进行分析，不同视觉复杂性各字大小水平两两比较的向前眼跳幅度差异，低视觉复杂性条件下，两两比较的差异均显著；高视觉复杂性条件下，与年龄匹配组的趋势一致，$0.75°$ 条件的向前眼跳幅度显著短于 $1°$、$1.25°$、$1.5°$ 和 $1.75°$（$p_s<0.05$）；$1°$ 条件的向前眼跳幅度显著短于 $1.25°$、$1.5°$

和 $1.75°$（$p_s < 0.05$）；$1.25°$ 条件的向前眼跳幅度显著短于 $1.5°$ 和 $1.75°$

（$p_s < 0.05$），如图 6-2 所示。

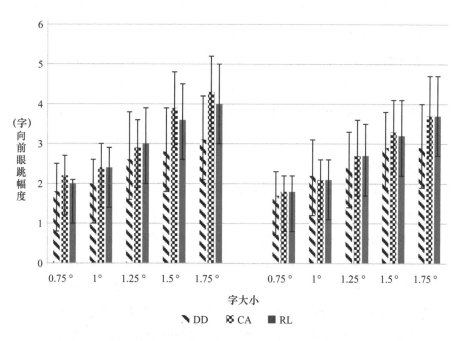

图 6-2　三组被试阅读不同字大小低视觉复杂性文本和高视觉

复杂性文本时的向前眼跳幅度

（三）回视次数

被试类型主效应被试分析不显著，F_1（2，48）＝1.976，$p > 0.05$，$\eta^2 = 0.076$；项目分析差异显著 F_2（2，159）＝24.578，$p < 0.001$，$\eta^2 =$ 0.236。视觉复杂性主效应显著，F_1（1，48）＝91.36，$p < 0.001$，$\eta^2 =$ 0.564；F_2（1，159）＝103.356，$p < 0.001$，$\eta^2 = 0.394$；高视觉复杂性条件下句子的回视次数显著多于低视觉复杂性（$p < 0.001$）。字大小主效应显著，F_1（4，192）＝6.309，$p < 0.001$，$\eta^2 = 0.116$；F_2（4，636）＝15.99，$p < 0.001$，$\eta^2 = 0.091$；$0.75°$ 条件的回视次数最少，$1.25°$ 条件的回视次数最多。$0.75°$ 的回视次数与 $1°$ 的差异边缘显著（$p = 0.052$）；$0.75°$ 的回视次数显著少于 $1.25°$、$1.5°$ 和 $1.75°$（$p_s < 0.05$）。

被试类型和视觉复杂性的交互作用不显著，F_1（2，48）= 1.182，$p > 0.05$，$\eta^2 = 0.047$；F_2（2，159）= 1.287，$p < 0.05$，$\eta^2 = 0.016$。被试类型和字大小的交互作用不显著，F_1（8，192）= 0.434，$p > 0.05$，$\eta^2 = 0.02$；F_2（8，636）= 1.26，$p > 0.05$，$\eta^2 = 0.02$。视觉复杂性和字大小的交互作用被试分析不显著，F_1（4，192）= 1.8，$p > 0.05$，$\eta^2 = 0.036$；项目分析差异显著 F_2（4，636）= 2.47，$p < 0.05$，$\eta^2 = 0.015$。

被试类型、视觉复杂性和字大小的交互作用被试分析不显著，F_1（8，192）= 1.59，$p > 0.05$，$\eta^2 = 0.06$；项目分析差异显著 F_2（8，636）= 2.23，$p < 0.05$，$\eta^2 = 0.027$。

进一步分析发现，（1）比较三组被试在高低视觉复杂性条件下，各字大小水平的差异，低视觉复杂性条件下，阅读障碍组在 1.5°回视次数与年龄匹配组差异边缘显著（$p = 0.078$）。年龄匹配组和能力匹配组在 1.75°的回视次数差异显著（$p < 0.05$）；年龄匹配组和能力匹配组在 1.25°的回视次数差异边缘显著（$p = 0.061$）；其他条件下的组间比较差异均不显著（$p_s > 0.05$）。（2）比较三组被试在各字大小因素的各个水平上高低视觉复杂性的差异。阅读障碍组在低视觉复杂性条件下阅读 1°、1.25°和 1.75°字大小的回视次数显著少于高视觉复杂性（$p_s < 0.005$）；年龄匹配组在字大小各水平的低视觉复杂性句子的回视次数均显著低于高视觉复杂性句子（$p_s < 0.001$）。能力匹配组在低视觉复杂性条件下阅读 0.75°、1°、1.25°字大小的回视次数显著少于高视觉复杂性（$p_s < 0.005$）。（3）比较每组被试在不同视觉复杂性条件下，各水平间的差异比较。对阅读障碍组进行被试分析，不同视觉复杂性各字大小水平两两比较的回视次数差异，低视觉复杂性条件下，各字大小因素水平间的差异均不显著（$p_s > 0.05$）；高视觉复杂性条件下，阅读 1.25°字的句子的回视次数与 0.75°差异边缘显著（$p = 0.055$）。不同的是，对阅读障碍组进行项目分析发现，在高视觉复杂性条件下，0.75°字大的阅读材料的回视次数显著多于 1.25°、1.5°、1.75°（$p < 0.05$）；1°字大的阅读材料的总注视次数显著多于 1.25°（$p < 0.05$）。对年龄匹配组进行被试分析，不同视觉复杂性各字大小水平两两比较的回视次数差异，高低视觉复杂性条

件下，各字大小因素水平间的差异均不显著（$p_s > 0.05$）；对年龄匹配组进行项目分析发现，在低视觉复杂性条件下，0.75°和1°字大的阅读材料的回视次数显著少于1.25°（$p_s < 0.05$）；在高视觉复杂性条件下，0.75°和1°字大的阅读材料的回视次数显著少于1.25°（$p_s < 0.05$）；1°和1.75°字大的阅读材料的回视次数差异边缘显著（$p = 0.084$）。对能力匹配组进行被试分析，不同视觉复杂性各字大小水平两两比较的总注视次数差异，低视觉复杂性条件下，0.75°条件下的回视次数显著少于1°、1.25°和1.75°（$p < 0.01$），其他字大小因素水平间的差异均不显著（$p_s > 0.05$）；高视觉复杂性条件下，字大小因素水平间的差异均不显著（$p_s > 0.05$）。不同的是，对能力匹配组进行项目分析发现，在低视觉复杂性条件下，0.75°字大的阅读材料的回视次数分别显著少于1.25°（$p < 0.05$），如图6-3所示。

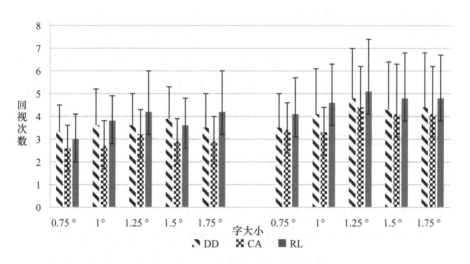

图6-3　三组被试阅读不同字大小低视觉复杂性文本和高视觉复杂性文本时的回视次数

（四）总注视次数

被试类型主效应被试分析边缘显著，$F_1 (2, 48) = 3.109$，$p = 0.054$，$\eta^2 = 0.115$；项目分析差异显著 $F_2 (2, 159) = 67.237$，$p < 0.001$，$\eta^2 = 0.458$；阅读障碍组的总注视次数大于年龄匹配组，差异边缘显著（$p = 0.083$），阅读障碍组与能力匹配组、年龄匹配组与能力匹配组差异不显

著（$p_s > 0.05$）。

视觉复杂性主效应显著，F_1（1，48）＝97.484，$p < 0.001$，$\eta^2 = 0.67$；F_2（1，59）＝205.071，$p < 0.001$，$\eta^2 = 0.563$；高视觉复杂性条件下句子的阅读时间显著长于低视觉复杂性（$p < 0.001$）。字大小主效应显著，F_1（4，192）＝4.742，$p < 0.005$，$\eta^2 = 0.09$；F_2（4，636）＝11.88，$p < 0.001$，$\eta^2 = 0.07$；1.25°字大小条件下的总注视次数显著多于0.75°条件（$p < 0.005$）。1.25°条件的总注视次数与1.75°的总注视次数的差异边缘显著（$p = 0.096$）。

被试类型和视觉复杂性的交互作用显著，F_1（2，48）＝3.924，$p < 0.05$，$\eta^2 = 0.14$；F_2（2，159）＝6.96，$p < 0.005$，$\eta^2 = 0.08$；阅读障碍组阅读低视觉复杂性句子的总注视次数显著多于年龄匹配组（$p < 0.01$），阅读障碍组与年龄匹配组阅读高复杂性句子的总注视次数差异不显著（$p > 0.05$），阅读障碍组与能力匹配组、年龄匹配组与能力匹配组阅读低视觉复杂性和高视觉复杂性句子的总注视次数差异都不显著（$p_s > 0.05$）。每组被试阅读高视觉复杂性的总注视次数均显著多于低视觉复杂性的句子（$p_s < 0.005$）。被试类型和字大小的交互作用不显著，F_1（8，192）＝0.451，$p > 0.05$，$\eta^2 = 0.018$；F_2（8，636）＝1.415，$p = 0.187$，$\eta^2 = 0.017$；视觉复杂性和字大小的交互作用显著，F_1（4，192）＝3.616，$p < 0.01$，$\eta^2 = 0.07$；F_2（4，636）＝4.027，$p < 0.005$，$\eta^2 = 0.025$；在字大小的5个水平上，高视觉复杂性句子的总注视次数均显著多于低视觉复杂性。阅读0.75°低视觉复杂性句子的总注视次数显著少于1.25°（$p < 0.05$）；阅读0.75°高视觉复杂性句子的总注视次数显著少于1.25°和1.75°（$p_s < 0.05$），阅读1°高视觉复杂性句子的总注视次数显著少于1.25°（$p < 0.05$）。

被试类型、视觉复杂性和字大小的交互作用被试分析边缘显著，F_1（8，192）＝1.88，$p = 0.065$，$\eta^2 = 0.073$；项目分析显著F_2（8，636）＝2.35，$p < 0.05$，$\eta^2 = 0.029$。

进一步分析发现，（1）比较三组被试在高低视觉复杂性条件下，各字大小水平的差异，低视觉复杂性条件下，阅读障碍组在0.75°、1°、1.5°和1.75°阅读总注视次数分别显著高于年龄匹配组（$p_s < 0.05$），阅读障碍组在1.25°阅读总注视次数与能力匹配组差异边缘显著（$p =$

0.078）。年龄匹配组和能力匹配组在 1.75°的总注视次数差异显著（$p <$ 0.05）；年龄匹配组和能力匹配组在 1°的总注视次数差异边缘显著（$p =$ 0.092）；其他条件下的组间比较差异均不显著（$p_s > 0.05$）。高视觉复杂性条件下，阅读障碍组与年龄匹配组、阅读障碍组与能力匹配组在各字大小水平上组间均不存在差异。（2）比较三组被试在各字大小因素的各个水平上高低视觉复杂性的差异。阅读障碍组在低视觉复杂性条件下阅读 1.25°和 1.75°字大小的总注视次数显著低于高视觉复杂性（$p_s <$ 0.005），阅读障碍组 1°条件下阅读低视觉复杂性句子的总注视次数与高视觉复杂性句子的注视次数的差异边缘显著（$p = 0.053$）。年龄匹配组和能力匹配组在字大小各水平的趋势一致，在字大小各水平的低视觉复杂性句子的注视次数均显著低于高视觉复杂性句子（$p_s < 0.001$）。（3）比较每组被试在不同视觉复杂性条件下，各水平间的差异。对阅读障碍组进行被试分析，不同视觉复杂性各字大小水平两两比较的总注视次数差异，低视觉复杂性条件下，各字大小因素水平间的差异均不显著（$p_s > 0.05$）；高视觉复杂性条件下，阅读 1.25°字的句子的总注视次数显著高于 0.75°。不同的是，对阅读障碍组进行项目分析发现，在高视觉复杂性条件下，1.75°字大的阅读材料的总注视次数显著多于 0.75°（$p <$ 0.001）；1.25°字大的阅读材料的总注视次数显著多于 1°（$p < 0.05$），1.25°字大的阅读材料的总注视次数与 1.5°条件的差异边缘显著（$p =$ 0.069）。对年龄匹配组进行被试分析，不同视觉复杂性各字大小水平两两比较的总注视次数差异，低视觉复杂性条件下，各字大小因素水平间的差异均不显著（$p_s > 0.05$）；高视觉复杂性条件下，阅读 1.25°字的句子的总注视次数显著高于 1°。对年龄匹配组进行项目分析发现，在低视觉复杂性条件下，1.25°字大的阅读材料的总注视次数显著高于其他条件（$p_s < 0.05$）；在高视觉复杂性条件下，1.25°字大的阅读材料的总注视次数显著高于 0.75°、1°（$p_s < 0.05$）；1.25°字大的阅读材料的总注视次数与 1.5°条件的差异边缘显著（$p = 0.058$）。对能力匹配组进行被试分析，不同视觉复杂性各字大小水平两两比较的总注视次数差异，低视觉复杂性条件下，1.5°条件下的总注视次数显著低于 1.75°（$p < 0.05$），其他字大小因素水平间的差异均不显著（$p_s > 0.05$）；高视觉复杂性条件下，字大小因素水平间的差异均不显著（$p_s > 0.05$）。不同的是，对能力匹配组进行项目分析发现，在低视觉复杂性条件下，0.75°、1.5°字大的阅读材料的总注视次数分别显著多于1.25°、1.75°（$p_s < 0.05$），如图6－4所示。

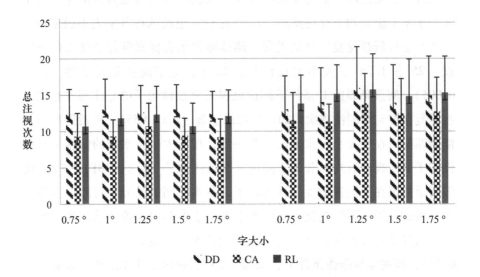

图6－4　三组被试阅读不同字大小低视觉复杂性
文本和高视觉复杂性文本时的总注视次数

（五）总阅读时间

被试类型主效应显著，F_1（2，48）= 5.206，$p < 0.001$，$\eta^2 = 0.178$；F_2（2，159）= 169.51，$p < 0.001$，$\eta^2 = 0.681$；阅读障碍组的阅读时间（4380ms）显著长于年龄匹配组（3072ms），阅读障碍组和能力匹配组、年龄匹配组和能力匹配组的阅读时间差异不显著（$p_s > 0.05$）。

视觉复杂性主效应显著，F_1（1，48）= 92.62，$p < 0.001$，$\eta^2 = 0.659$；F_2（1，159）= 98.178，$p < 0.001$，$\eta^2 = 0.382$；被试在低视觉复杂性条件下的阅读时间（3359ms）显著低于高视觉复杂性条件（4118ms）。字大小主效应被试分析边缘显著，F_1（4，192）= 2.293，$p = 0.061$，$\eta^2 = 0.046$；项目分析差异显著，F_2（4，636）= 6.44，$p < 0.001$，$\eta^2 = 0.039$；被试在字大小为1.25°时的阅读时间最长，显著长于0.75°、1°和1.5°，其他字大小的差异不显著。

被试类型和视觉复杂性的交互作用被试分析不显著，F_1（2，48）= 1.831，$p > 0.05$，$\eta^2 = 0.071$；项目分析差异显著 F_2（2，159）= 4.138，$p < 0.05$，$\eta^2 = 0.049$；被试类型和字大小的交互作用被试分析不显著，F_1（8，192）= 0.498，$p > 0.05$，$\eta^2 = 0.02$；项目分析差异边缘显著 F_2（8，636）= 1.82，$p = 0.07$，$\eta^2 = 0.022$。视觉复杂性和字大小的交互作用被试分析不显著，F_1（4，192）= 1.256，$p > 0.05$，$\eta^2 = 0.026$；项目分析差异边缘显著 F_2（4，636）= 2.118，$p = 0.077$，$\eta^2 = 0.013$。被试类型、视觉复杂性和字大小的交互作用边缘显著，F_1（8，192）= 1.761，$p = 0.087$，$\eta^2 = 0.068$；F_2（8，636）= 1.713，$p = 0.092$，$\eta^2 = 0.021$。

进一步分析发现，（1）比较三组被试在高低视觉复杂性条件下，各字大小水平的差异，低视觉复杂性条件下，阅读障碍组在 0.75°和 1.5°阅读时间分别显著高于年龄匹配组和能力匹配组（$p_s < 0.05$），年龄匹配组和能力匹配组在 0.75°和 1.5°的阅读时间差异都不显著（$p_s > 0.05$）；阅读障碍组在 1°、1.25°、1.75°条件下的句子阅读时间都显著高于年龄匹配组（$p_s < 0.005$），阅读障碍组和能力匹配组、年龄匹配组和能力匹配组的阅读时间差异不显著（$p_s > 0.05$）；高视觉复杂性条件下，阅读障碍组在阅读 0.75°字大小的时间与年龄匹配组差异边缘显著（$p = 0.051$），阅读障碍组和能力匹配组、年龄匹配组和能力匹配组在 0.75°的阅读时间差异都不显著（$p_s > 0.05$）；阅读障碍组在阅读 1°字大小的时间显著高于年龄匹配组（$p < 0.01$），年龄匹配组和能力匹配组阅读时间的差异边缘显著（$p = 0.071$），阅读障碍组和能力匹配组的阅读时间差异不显著（$p > 0.05$），三组被试在 1.25°、1.5°和 1.75°条件下两两比较的差异均不显著（$p_s > 0.05$）。（2）比较三组被试在各字大小水平上高低视觉复杂性的差异。阅读障碍组在低视觉复杂性条件下阅读 1°、1.25°和 1.75°字大小的时间显著低于高视觉复杂性（$p_s < 0.01$）。阅读障碍组在低视觉复杂性条件下阅读 0.75°和 1.5°字大小的时间与高视觉复杂性差异不显著（$p_s > 0.05$）。年龄匹配组和能力匹配组在字大小各水平的趋势一致，在字大小各水平的低视觉复杂性句子的阅读时间均显著低于高视觉复杂性句子（$p_s < 0.005$）。（3）比较每组被试在不同视觉复杂性条件下，各水平间的差

异比较。对阅读障碍组进行被试分析，不同视觉复杂性各字大小水平两两比较的阅读时间差异均不显著（$p_s > 0.05$）。不同的是，对阅读障碍组进行项目分析发现，在高视觉复杂性条件下，1.25°字大的阅读材料的阅读时间显著高于0.75°（$p < 0.05$），在高、低复杂性条件下，其他水平间两两比较差异均不显著（$p_s > 0.05$）。年龄匹配组的被试分析和阅读障碍组一致，两两比较差异均不显著；年龄匹配组的项目分析发现，在低视觉复杂性条件下，年龄匹配组在阅读1.25°字大的句子的阅读时间均显著高于其他水平（$p_s < 0.05$）；在高视觉复杂性条件下，年龄匹配组在阅读1.25°字大的句子的阅读时间均显著高于0.75°、1°和1.5°（$p_s < 0.05$）。能力匹配组在被试分析和项目分析的结果一致，在两种视觉复杂性条件下，各字大小水平间差异均不显著（$p_s > 0.05$）。不同视觉复杂性各字大小水平两两比较的阅读时间差异均不显著（$p_s > 0.05$），如图6-5所示。

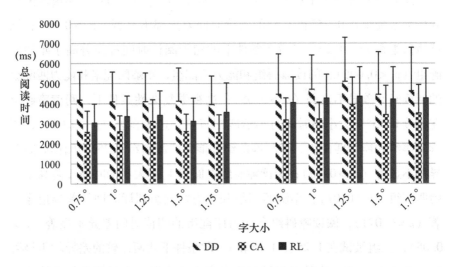

图6-5　三组被试阅读不同字大小低视觉复杂性文本和高视觉复杂性文本时的总阅读时间

（六）阅读速度

被试类型主效应显著，$F_1 (2, 48) = 4.61$，$p < 0.05$，$\eta^2 = 0.161$；$F_2 (2, 159) = 130.1$，$p < 0.001$，$\eta^2 = 0.621$；阅读障碍组的阅读速度显著慢于年龄匹配组，阅读障碍组和能力匹配组、年龄匹配组和能力匹配

组的阅读速度差异不显著（$p_s > 0.05$）。视觉复杂性主效应显著，F_1（1，48）$= 74.93$，$p < 0.001$，$\eta^2 = 0.61$；F_2（1，159）$= 138.81$，$p < 0.001$，$\eta^2 = 0.466$；被试在低视觉复杂性条件下的阅读速度显著快于高视觉复杂性条件。字大小主效应显著，F_1（4，192）$= 2.892$，$p < 0.05$，$\eta^2 = 0.057$；F_2（4，636）$= 9.24$，$p < 0.001$，$\eta^2 = 0.055$；被试在字大小为1.25°时的阅读速度最慢，1.25°条件的阅读速度与0.75°差异边缘显著（$p = 0.065$），其他字大小水平两两比较差异均不显著（$p_s > 0.05$）。

被试类型和视觉复杂性的交互作用显著，F_1（2，48）$= 7.172$，$p > 0.005$，$\eta^2 = 0.23$；F_2（2，159）$= 11.701$，$p < 0.001$，$\eta^2 = 0.13$；阅读障碍组被试在低视觉复杂性条件的速度均显著快于年龄匹配组（$p < 0.05$）。阅读障碍组与年龄匹配组阅读高视觉复杂性句子的阅读速度的差异边缘显著（$p = 0.091$）。阅读障碍组和能力匹配组、年龄匹配组和能力匹配组的阅读高低视觉复杂性句子的速度差异不显著（$p_s > 0.05$）。被试类型和字大小的交互作用被试分析不显著，F_1（8，192）$= 1.04$，$p > 0.05$，$\eta^2 = 0.04$；项目分析差异显著 F_2（8，636）$= 3.21$，$p < 0.005$，$\eta^2 = 0.039$；视觉复杂性和字大小的交互作用不显著，F_1（4，192）$= 0.337$，$p > 0.05$，$\eta^2 = 0.007$；F_2（4，636）$= 0.642$，$p > 0.05$，$\eta^2 = 0.004$。

被试类型、视觉复杂性和字大小的交互作用被试分析不显著，F_1（8，192）$= 1.63$，$p > 0.05$，$\eta^2 = 0.063$；项目分析边缘显著，F_2（8，636）$= 1.78$，$p = 0.077$，$\eta^2 = 0.02$。

进一步分析发现，（1）比较三组被试在高、低视觉复杂性条件下，各字大小水平的差异，低视觉复杂性条件下，阅读障碍组在0.75°、1°、1.5°和1.75°条件的阅读速度分别显著慢于年龄匹配组（$p_s < 0.05$），年龄匹配组和能力匹配组在1.75°的阅读时间差异显著（$p < 0.05$）；高视觉复杂性条件下，阅读障碍组在阅读1°和0.75°字大小的速度与年龄匹配组差异边缘显著（$p = 0.070$、$p = 0.053$），阅读障碍组和能力匹配组、年龄匹配组和能力匹配组在字大小的5个水平上的阅读速度差异都不显著（$p_s > 0.05$）。（2）比较三组被试在各字大小水平上高、低视觉复杂性的差异。阅读障碍组在阅读1°字大小的低视觉复杂性句子的速度与高视觉复杂性的句子速度差异边缘显著（$p = 0.089$），阅读1.25°字大小低视觉复杂性的速度显著慢于高视觉复杂性句子（$p < 0.05$）。阅读障碍组在低视觉复杂性条件下阅读0.75°、1.5°和1.75°字大小的速度与高视觉复杂性差异不显著（$p_s > 0.05$）。年龄匹配组和能力匹配组在字大小各水平的趋势一致，在字大小各水平的低视觉复杂性句子的阅读速度均显著低于高复杂性句子（$p_s < 0.005$）。（3）比较每组被试在不同视觉复杂性条件下，各水平间的差异比较。对阅读障碍组进行被试分析，不同视觉复杂性各字大小水平两两比较的阅读速度差异均不显著（$p_s > 0.05$）。不同的是，对阅读障碍组进行项目分析发现，在高视觉复杂性条件下，1.25°字大的阅读材料的阅读速度显著慢于0.75°（$p < 0.05$），1.25°和1.5°阅读速度的差异边缘显著（$p = 0.079$），在高低复杂性条件下，其他水平间两两比较差异均不显著（$p_s > 0.05$）。在低视觉复杂性条件下，年龄匹配组在阅读1.25°字大的句子的阅读速度显著慢于0.75°（$p < 0.05$）；1.25°条件下的阅读速度与1°、1.75°的差异均边缘显著（$p = 0.080$、$p = 0.079$）。在高视觉复杂性条件下，年龄匹配组在阅读0.75°字大的句子的阅读速度与1.25°差异边缘显著（$p = 0.066$）。能力匹配组在两种视觉复杂性条件下，各字大小水平间阅读速度差异均不显著（$p_s > 0.05$）。不同视觉复杂性各字大小水平两两比较的阅读速度差异均不显著（$p_s > 0.05$），如图6-6所示。

（七）注视点持续时间频率分布

根据Feng、Miller、Shu和Zhang采用的方法，[1] 我们统计注视点持续时间频率，对向前跳的注视点的注视时间进行汇总（见图6-7）。

根据汇总图可以观察到，阅读障碍儿童和正常儿童的注视时间分布在低视觉复杂性和高视觉复杂性的小字时有很大的区别。与Feng等的研究结果一致，[2] 尽管平均数不一致，但是他们的峰值都在180ms左右。在

---

① Feng, G., Miller, K., Shu, H., Zhang, H., "Orthography and the Development of Reading Process: An Eye-movement Study of Chinese and English", *Child Development*, Vol. 80, No. 3, 2009, pp. 720 - 735.

② Feng, G., Miller, K., Shu, H., Zhang, H., "Orthography and the Development of Reading Process: an Eye - Movement Study of Chinese and English", *Child Development*, Vol. 80, No. 3, 2009, pp. 720 - 735.

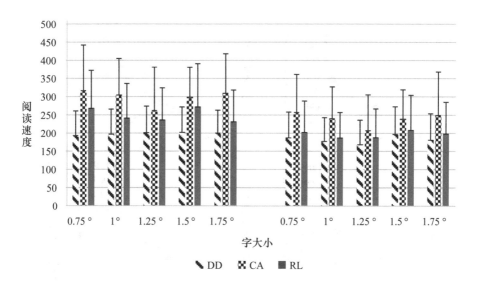

**图 6-6　三组被试阅读不同字大小低视觉复杂性
文本和高视觉复杂性文本时的总阅读速度**

低视觉复杂性条件下，阅读障碍儿童在 0.75°字大小时，有较大的长注视，因此峰值低于正常儿童。随着字从小到大，阅读障碍儿童组和正常儿童的差距逐渐减小，在 1.75°字大小时，阅读障碍儿童组的注视点分布和正常组趋于一致。在高视觉复杂性条件下，阅读障碍儿童在小字条件下，有较大的长注视，因此峰值低于正常儿童。随着字从小到大，阅读障碍儿童组和正常儿童的差距逐渐减小，相比于低视觉复杂性，阅读障碍儿童组的注视点持续时间分布逐渐靠近正常组的速度慢。结果说明，字大小可以调节注视点持续时间模式。

（八）眼跳幅度频率分布

根据 Feng 等采用的方法，[①] 我们对三组被试阅读不同字间距高、低视觉复杂性文本的眼跳幅度频率进行统计汇总，如图 6-8 所示。

根据三组被试的眼跳幅度频率分布图我们发现，相比于年龄匹配组

①　Feng, G., Miller, K., Shu, H., Zhang, H., "Orthography and the Development of Reading Process: An Eye - Movement Study of Chinese and English", *Child Development*, Vol. 80, No. 3, 2009, pp. 720 - 735.

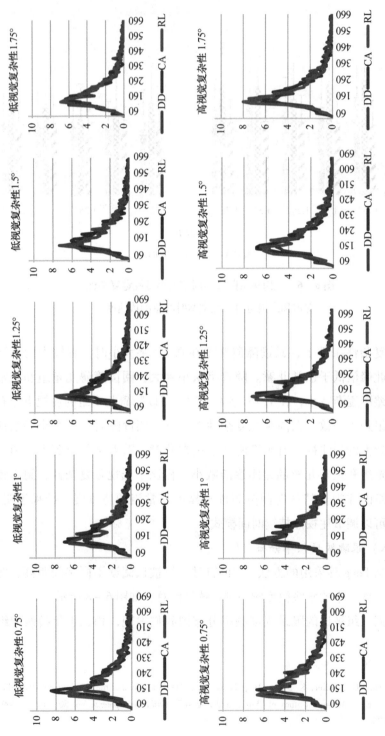

图6-7 三组被试阅读不同字大小低视觉复杂性文本和高视觉复杂性文本注视时间汇总

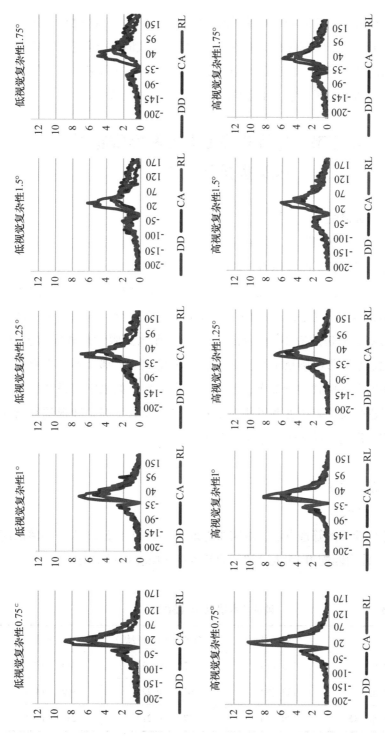

图6-3 三组被试阅读不同字间距低视觉复杂性文本和高视觉复杂性文本时眼跳频率分布图汇总

和能力匹配组，阅读障碍组的眼跳幅度频率分布分散，眼跳幅度短，随着汉字逐渐增大，阅读障碍儿童在低视觉复杂性和高视觉复杂性条件下的眼跳幅度越来越大、峰值越来越低，阅读障碍儿童和正常儿童的差距逐渐减小。结果说明，字大小影响阅读障碍儿童的眼跳模式。

第二节 句子视觉复杂性和字间距对视觉拥挤效应的影响

一 研究目的

本实验考察字间距对不同视觉复杂性的句子阅读是否改善视觉拥挤效应，进而促进汉语阅读障碍儿童的阅读。

本实验假设：如果汉语阅读障碍儿童的视觉拥挤效应受汉字间距的影响，那么其在不同字间距条件下的眼动模式有差异；如果汉语阅读障碍儿童的视觉拥挤效应不受字间距的影响，那么其眼动模式没有差异；如果视觉复杂性影响阅读障碍儿童的视觉拥挤效应，那么不同视觉复杂性条件下的眼动模式差异显著；反之则没有差异。如果字间距和视觉复杂性同时影响阅读障碍儿童的视觉拥挤效应，那么字间距和视觉复杂性则存在交互作用，反之则不存在交互作用。

二 研究方法

（一）被试

根据实验 1 的筛选方法，本实验选取阅读障碍儿童 13 人、年龄匹配组 16 人、能力匹配组 15 人。被试的基本情况如表 6 - 3 所示。

表 6 - 3 被试基本情况 M（SD）

	年龄（月）	智力水平（百分等级）	识字量
阅读障碍组（13）	133（7）	57%（0.23）	2408（337）
年龄匹配组（16）	133（7）	65%（0.22）	3093（146）
能力匹配组（15）	120（6）	57%（0.21）	2510（179）

经 t 检验发现，阅读障碍组和年龄匹配组在识字量上差异显著（$t = 7.35$，$p < 0.05$），在年龄和智力水平上差异不显著（$p_s > 0.05$）。阅读障碍组与能力匹配组在年龄上存在显著差异（$t = 4.87$，$p < 0.05$）在智力水平和识字量上差异不显著（$p_s > 0.05$）。年龄匹配组和能力匹配组在年龄和识字量上差异显著（$t = 5.1$，$p < 0.05$；$t = 9.95$，$p < 0.05$），在智力水平上差异不显著（$p > 0.05$）。

（二）实验设计

实验设计：3（被试类型：阅读障碍组、年龄匹配组、能力匹配组）×2（句子视觉复杂性：高、低）×6（字间距：正常、−6、−3pt、+3pt、+6pt、+12pt），三因素混合实验设计，其中被试类型是被试间变量，句子视觉复杂性和字间距是被试内变量。

（三）实验材料

第一步：根据人民教育出版社（2002 年）三年级教材及同等水平的课外读物编写陈述句 200 个，句子的长度为 10—12 字，句子中间没有标点符号。

第二步：请 3 名语文老师对三年级小学生所有句子的通顺性进行评定，并标出学生三年级不认识的字、词或理解有困难的句子；请 17 名三年级小学生对所有句子进行难度评定；另请 18 名三年级小学生进行熟悉性评定。所有评定均为 7 点量表评定。

第三步：最后产生 108 个正式实验句子，低视觉复杂性句子和高视觉复杂性句子各 54 句，句子的平均长度为 11.05 字。句子的评定结果：通顺性结果为（$M = 6.34$，$SD = 0.61$，7 代表非常通顺），其中低视觉复杂性的通顺性为（$M = 6.43$，$SD = 0.63$）、高视觉复杂性的通顺性为（$M = 6.26$，$SD = 0.59$）；句子的难度结果为（$M = 6.08$，$SD = 0.33$，7 代表非常容易），其中低视觉复杂性的难度为（$M = 6.13$，$SD = 0.31$）、高视觉复杂性的难度为（$M = 6.03$，$SD = 0.34$）；句子的熟悉性结果为（$M = 6.40$，$SD = 0.36$，7 代表非常熟悉），其中低视觉复杂性的熟悉性为（$M = 6.44$，$SD = 0.24$）、高视觉复杂性的熟悉性为（$M = 6.35$，$SD = 0.45$）。对高视觉复杂性和低视觉复杂性的通顺性、难度和熟悉性进行差异检验，均不存在显著性差异（$t_s > 1.17$，$p_s > 0.05$）。

此外，实验中句子是随机呈现，为了避免字大小差异造成的视觉影响，我们在实验句子中加入了 20 个填充句子（高、低视觉复杂性各 10 个）。

实验中包括 6 种字间距和高、低视觉复杂性：将实验句以字间距条件为单位进行拉丁方平衡，每个被试只接受其中一组实验材料。实验中要求被试做出"是/否"判断，被试先进行练习，熟悉实验程序后正式开始。

（四）实验仪器

实验仪器采用由加拿大 SR Research 公司开发的 EyeLink 2000 眼动仪。该设备的两台计算机（被试机和主试机）是通过以太网连接的。被试机呈现材料，主试机记录眼动数据。被试眼睛的注视情况通过微型摄像机输入计算机，采样率为 2000 次/秒。实验过程中要求被试头部尽量保持不动、双眼注视屏幕，但只记录其右眼的眼动轨迹。

全部实验材料以白底黑字呈现在被试机显示器上，显示器的刷新率为 120Hz，分辨率为 1024×768，被试的眼睛之间的距离是 40.83cm，实验刺激以 24 号黑体形式呈现，每个汉字在屏幕上的大小为 32×32 像素，每个汉字形成 1°视角。

（五）实验程序

（1）实验前，主试向被试讲解实验要求、所用仪器、程序以及注意事项。

（2）被试坐在距离被试机屏幕 40.83cm 处，根据被试的身高调整座位的高度，使被试将头放在托上后双眼聚焦在被试机屏幕的中央。

（3）主试对被试进行 C 校准和 V 校准。

（4）校准成功后，首先进行练习，为了让被试熟悉实验流程。练习之后是正式实验，全部实验需要 20—30 分钟。要求被试在实验过程中头部尽量保持不动。

（六）分析指标

总句子阅读时间；总注视次数；平均注视时间；向前眼跳距离；回视眼跳次数；阅读速度；注视点的持续时间和眼跳幅度的频率分布。

三　实验结果

三组被试在阅读理解题中的总正确率为 87.69%，其中阅读障碍组（84%）、年龄匹配组（91.67%）、能力匹配组（86.67%），三组被试的结果差异不显著（$p > 0.05$），表明被试对实验句子进行认真阅读并很好地理解。根据以下标准对有效项目进行筛选：①②③（1）过早按键或错误按键（即在实验过程中，被试连续按键导致句子未呈现完，无法记录被试眼动）；（2）追踪丢失（实验中因被试头动等偶然因素导致眼动仪记录数据丢失）；（3）注视时间小于 80ms 或大于 1200ms；（4）平均数大于或小于三个标准差。总共剔除无效数据占总数据的 2.87%。

本实验总共剔除无效数据占总数据的 3.09%。由于排版要求，三组被试阅读不同字间距低视觉复杂性文本和高视觉复杂性文本时眼动指标的平均数和标准差结果如表 6-4a 和表 6-4b 所示。

表6-4a　　三组被试阅读不同字间距低视觉复杂性文本时眼动指标的平均数和标准差

		-6pt	-3pt	0pt	+3pt	+6pt	+12pt
总阅读时间（ms）	DD	3268 (896)	3261 (1052)	3466 (1133)	3652 (1094)	3787 (1190)	3393 (1018)
	CA	2570 (639)	2703 (685)	2653 (600)	2646 (679)	2709 (669)	2691 (663)
	RL	2743 (605)	2851 (677)	2828 (613)	2911 (738)	2855 (648)	2825 (604)

① Bai, X., Yan, G., Liversedge, S. P., Zang, C., Rayner, K., "Reading Spaced and Unspaced Chinese Text: Evidence from Eye Movements", *Journal of Experimental Psychology: Human Perception and Performance*, Vol. 34, No. 5, 2008, pp. 1277–1287.

② Rayner, K., Liversedge, S. P., White, S. J., "Eye Movements when Reading Disappearing Text: The Importance of the Word to the Right of Fixation", *Vision Research*, Vol. 46, No. 3, 2006, pp. 310–323.

③ 白学军、王永胜、郭志英、高晓雷、闫国利：《汉语阅读中词 N+2 的预视对高频词 N+1 加工影响的眼动研究》，《心理学报》2015 年第 2 期。

续表

		−6pt	−3pt	0pt	+3pt	+6pt	+12pt
平均注视时间（ms）	DD	256 (23)	249 (30)	249 (30)	249 (28)	234 (31)	228 (25)
	CA	244 (29)	244 (24)	241 (22)	237 (28)	231 (27)	223 (27)
	RL	255 (29)	251 (24)	244 (26)	238 (26)	238 (30)	219 (25)
注视次数	DD	11.1 (2.7)	11.0 (2.9)	11.5 (2.6)	12.7 (3.1)	13.3 (3.3)	12.5 (2.9)
	CA	9.2 (2)	9.4 (1.9)	9.0 (1.5)	9.3 (1.8)	9.7 (1.9)	9.8 (1.8)
	RL	9.1 (1.7)	9.6 (2.1)	9.7 (1.8)	10.3 (2.5)	9.8 (2.2)	10.1 (2)
向前眼跳幅度（字）	DD	1.9 (0.6)	2.0 (0.6)	2.2 (0.7)	2.4 (1.0)	2.5 (0.7)	2.8 (0.9)
	CA	2.0 (0.4)	2.4 (0.5)	2.7 (0.6)	2.7 (0.7)	3.1 (0.7)	3.5 (0.8)
	RL	2.1 (0.4)	2.3 (0.6)	2.5 (0.5)	2.9 (0.6)	2.8 (0.6)	3.4 (0.8)
回视次数	DD	3.1 (1.4)	3.0 (1.3)	3.1 (1.1)	3.6 (1.2)	3.8 (1.6)	3.4 (1.3)
	CA	2.7 (1.1)	2.8 (1.1)	2.6 (0.8)	2.7 (0.8)	3.1 (1.2)	2.9 (0.9)
	RL	2.8 (0.9)	2.8 (0.9)	2.8 (0.9)	3.3 (1.2)	3.0 (1.0)	3.1 (0.7)
阅读速度（字/分钟）	DD	257 (81)	260 (72)	230 (68)	234 (84)	224 (82)	243 (68)
	CA	299 (72)	290 (69)	286 (63)	289 (54)	281 (65)	283 (60)
	RL	277 (65)	264 (55)	271 (53)	260 (54)	270 (59)	271 (58)

注：DD 是阅读障碍组，CA 是年龄匹配组，RL 是能力匹配组。

表 6−4b 三组被试阅读不同字间距高视觉复杂性
文本时眼动指标的平均数和标准差

		−6pt	−3pt	0 pt	+3 pt	+6 pt	+12 pt
总阅读时间（ms）	DD	4485 (1266)	4445 (1172)	4194 (1213)	4240 (1273)	4746 (1903)	4408 (1271)
	CA	3780 (1210)	3360 (1083)	3560 (1047)	3210 (740)	3475 (1109)	3318 (945)
	RL	4007 (901)	3572 (926)	3625 (1015)	3858 (923)	3682 (745)	3746 (917)

		-6pt	-3pt	0 pt	+3 pt	+6 pt	+12 pt
平均注视时间（ms）	DD	286 (27)	270 (25)	249 (22)	251 (29)	244 (23)	235 (22)
	CA	275 (34)	251 (25)	252 (31)	232 (23)	231 (25)	222 (22)
	RL	288 (28)	263 (27)	260 (31)	254 (32)	242 (24)	232 (24)
注视次数	DD	13.4 (3.4)	14.4 (3.5)	13.9 (3.8)	14.0 (3.1)	15.8 (5.4)	14.8 (3.8)
	CA	12.1 (2.9)	11.6 (3.3)	12.0 (2.2)	11.5 (2.4)	12.6 (3.6)	12.3 (3.0)
	RL	12.3 (2.5)	11.7 (2.3)	12.0 (3)	13.1 (3.7)	12.9 (2.5)	13.5 (2.9)
向前眼跳幅度（字）	DD	1.7 (0.5)	1.9 (0.6)	2.0 (0.6)	2.1 (0.6)	2.3 (0.7)	2.5 (0.6)
	CA	1.8 (0.6)	2.1 (0.4)	2.3 (0.6)	2.5 (0.6)	2.6 (0.6)	2.9 (0.7)
	RL	1.7 (0.3)	2.0 (0.3)	2.2 (0.4)	2.3 (0.4)	2.5 (0.5)	2.8 (0.5)
回视次数	DD	3.7 (1.1)	4.0 (1.3)	3.9 (1.2)	3.9 (1.2)	4.8 (2.2)	4.4 (2.3)
	CA	3.7 (1.3)	3.9 (1.5)	3.7 (1.2)	3.5 (1.1)	4.0 (1.5)	3.9 (1.6)
	RL	3.5 (0.9)	3.8 (1.3)	3.8 (1.4)	4.1 (1.5)	4.2 (1.5)	4.1 (1.2)
阅读速度（字/分钟）	DD	189 (51)	183 (55)	207 (74)	212 (89)	190 (70)	199 (68)
	CA	215 (69)	240 (71)	229 (58)	247 (67)	230 (63)	238 (69)
	RL	196 (45)	217 (54)	212 (55)	201 (50)	214 (50)	202 (47)

注：DD 是阅读障碍组，CA 是年龄匹配组，RL 是能力匹配组。

（一）平均注视时间

被试类型主效应被试分析不显著，$F_1 (2, 41) = 0.82$，$p > 0.05$，$\eta^2 = 0.04$；项目分析差异显著，$F_2 (2, 159) = 22.63$，$p < 0.001$，$\eta^2 = 0.22$。视觉复杂性主效应显著，$F_1 (1, 41) = 41.56$，$p < 0.001$，$\eta^2 = 0.503$；$F_2 (1, 159) = 71.512$，$p < 0.001$，$\eta^2 = 0.31$；高视觉复杂性条件下平均注视时间显著长于低视觉复杂性（$p < 0.001$）。字间距主效应显著，$F_1 (5, 205) = 86.48$，$p < 0.001$，$\eta^2 = 0.68$；$F_2 (5, 795) = 52.56$，$p < 0.001$，$\eta^2 = 0.25$；-6pt 条件的平均注视时间（267ms）最长、+12pt 的平均注视时间（226ms）最短。比较不同字间距水平与0pt 的差异发现，-6pt 的平均注视时间显著长于0pt；0pt 的平均注视时间显著长于 +3pt、+6pt、+12pt。

被试类型和视觉复杂性的交互作用被试分析不显著，$F_1 (2, 41) =$

2.06, $p > 0.05$, $\eta^2 = 0.091$; 项目分析差异显著, F_2 (2, 159) = 3.396, $p < 0.05$, $\eta^2 = 04$; 被试类型和字间距的交互作用不显著, F_1 (10, 205) = 1.09, $p > 0.05$, $\eta^2 = 0.051$; F_2 (10, 795) = 0.724, $p > 0.05$, $\eta^2 = 0.009$。视觉复杂性和字间距的交互作用显著, F_1 (5, 205) = 13.14, $p < 0.001$, $\eta^2 = 0.243$; F_2 (5, 795) = 10.06, $p < 0.001$, $\eta^2 = 0.06$; 在字间距的 $-6pt$、$-3pt$、$0pt$、$+12pt$ 水平上,低视觉复杂性的平均注视时间均显著少于高视觉复杂性 ($p_s < 0.05$)。低视觉复杂性条件下,$0pt$ 条件下的平均注视时间显著高于 $+6pt$ 和 $+12pt$ 条件 ($p_s < 0.05$);高视觉复杂性条件下,$0pt$ 条件下的平均注视时间显著低于 $-6pt$ ($p < 0.001$),$0pt$ 条件下的平均注视时间显著高于 $+3pt$、$+6pt$、$+12pt$ ($p_s < 0.001$)。

被试类型、视觉复杂性和字间距的交互作用不显著, F_1 (10, 205) = 1.55, $p > 0.05$, $\eta^2 = 0.07$; F_2 (10, 795) = 0.952, $p > 0.05$, $\eta^2 = 0.012$。

进一步分析发现,(1) 比较三组被试在高、低视觉复杂性条件下,各字间距水平的差异,高、低视觉复杂性条件下,阅读障碍组两两比较的差异均不显著 ($p_s > 0.05$)。不同的是,项目分析表明,高视觉复杂性条件下,阅读障碍组在字间距的 $+3pt$、$+6pt$ 水平上的平均注视时间均显著多于年龄匹配组 ($p_s < 0.05$)、阅读障碍组和年龄匹配组在 $+12pt$ 字间距水平上的差异边缘显著 ($p = 0.099$)。(2) 比较三组被试在各字大小因素的各个水平上高、低视觉复杂性的差异。年龄匹配组在低视觉复杂性条件下阅读 $-6pt$ 字间距的平均注视时间显著低于高视觉复杂性句子 ($p_s < 0.05$)。能力匹配组在低视觉复杂性条件下阅读 $-6pt$、$-3pt$、$0pt$、$+3pt$、$+12pt$ 字间距的平均注视时间显著低于高视觉复杂性句子 ($p_s < 0.05$)。(3) 比较每组被试在不同视觉复杂性条件下,各水平间的差异比较。对阅读障碍组进行被试分析,不同视觉复杂性各字大小水平两两比较的平均注视时间差异,低视觉复杂性条件下,$-6pt$ 条件的平均注视时间显著长于 $+6pt$ 和 $+12pt$;$-3pt$ 条件下的平均注视时间长于 $+6pt$ 和 $+12pt$,其中 $-3pt$ 和 $+6pt$ 的差异边缘显著 ($p = 0.081$);$0pt$ 条件下的平均注视时间显著长于 $+6pt$ 和 $+12pt$;$-6pt$ 条件下的平均注视时间显著长于 $+6pt$ 和 $+12pt$;$0pt$、$+3pt$ 条件下的平均注视时间都显著长于 $+12pt$

（p_s < 0.05）；高视觉复杂性条件下，−6pt、−3pt 条件下的平均注视时间分别显著多于 +3pt、+6pt 和 +12pt；对年龄匹配组进行分析，不同视觉复杂性各字大小水平两两比较的平均注视时间差异，低视觉复杂性条件下，−6pt 和 +3pt 条件的平均注视时间差异边缘显著（p = 0.093）；−6pt 条件的平均注视时间显著多于 +12pt（p < 0.05）；−6pt、−3pt、0pt、+3pt、+6pt 条件的平均注视时间显著多于 +12pt（p_s < 0.005）；高视觉复杂性条件下，−6pt 条件的平均注视时间显著多于 −3pt、0pt、+3pt、+6pt 和 +12pt；−3pt、0pt 条件的平均注视时间分别显著多于 +6pt 和 +12pt；其他两两比较平均注视时间的差异均不显著（p_s > 0.05）。对能力匹配组进行分析，不同视觉复杂性各字大小水平两两比较的平均注视时间差异，低视觉复杂性条件下，−6pt、−3pt、0pt 和 +3pt 条件的平均注视时间显著多于 +12pt（p_s < 0.05）；高视觉复杂性条件下，−6pt 条件的平均注视时间显著多于 −3pt、0pt、+3pt、+6pt 和 +12pt；−3pt、0pt 条件的平均注视时间分别显著多于 +3pt、+6pt 和 +12pt；+3pt 条件的平均注视时间显著多于 +12pt（p < 0.05）。其他两两比较平均注视时间的差异均不显著（p_s > 0.05），如图 6 − 9 所示。

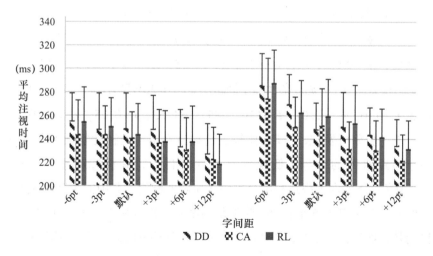

图 6 − 9　三组被试阅读不同字间距高、低视觉复杂性文本的平均注视时间

（二）向前眼跳幅度

被试类型主效应被试分析不显著，F_1（2，41）= 1.63，$p > 0.05$，$\eta^2 = 0.07$；项目分析差异显著，F_2（2，159）= 20.64，$p < 0.001$，$\eta^2 = 0.21$。视觉复杂性主效应显著，F_1（1，41）= 86.99，$p < 0.001$，$\eta^2 = 0.68$；F_2（1，159）= 122.16，$p < 0.001$，$\eta^2 = 0.434$；低视觉复杂性条件下句子的向前眼跳幅度显著长于高视觉复杂性（$p < 0.001$）。字间距主效应显著，F_1（5，205）= 139.43，$p < 0.001$，$\eta^2 = 0.77$；F_2（5，795）= 58.5，$p < 0.001$，$\eta^2 = 0.27$；随着字间距的增大，向前眼跳幅度逐渐增大，−6pt 条件的向前眼跳幅度最短，+12pt 条件向前眼跳幅度最长。字间距 6 个水平进行两两比较，所有比较均差异显著（$p_s < 0.05$）。

被试类型和视觉复杂性的交互作用被试分析边缘显著，F_1（2，41）= 2.87，$p = 0.068$，$\eta^2 = 0.123$；项目分析差异显著，F_2（2，159）= 3.48，$p < 0.05$，$\eta^2 = 0.042$。

三组被试每组在低视觉复杂性的向前眼跳幅度均显著大于高视觉复杂性条件（$p_s < 0.005$）；在高和低视觉复杂性条件下，三组被试间的差异均不显著（$p_s > 0.05$）被试类型和字间距的交互作用不显著，F_1（10，205）= 1.43，$p > 0.05$，$\eta^2 = 0.065$；F_2（10，795）= 0.394，$p > 0.05$，$\eta^2 = 0.005$。视觉复杂性和字间距的交互作用被试分析显著，F_1（5，205）= 2.73，$p < 0.05$，$\eta^2 = 0.062$；项目分析不显著，F_2（5，795）= 1.84，$p > 0.05$，$\eta^2 = 0.019$。被试类型、视觉复杂性和字间距的交互作用不显著，F_1（10，205）= 1.63，$p > 0.05$，$\eta^2 = 0.07$；F_2（10，795）= 1.53，$p > 0.05$，$\eta^2 = 0.02$。

进一步分析发现，（1）比较三组被试在高、低视觉复杂性条件下，各字间距水平的差异，低视觉复杂性条件下，阅读障碍组在 +6pt、+12pt条件下的向前眼跳幅度分别短于年龄匹配组，其中阅读障碍组和年龄匹配组在 +12pt 条件下的向前眼跳幅度差异边缘显著（$p = 0.094$）。不同的是，项目分析表明，阅读障碍组在 0pt 条件下的向前眼跳幅度显著短于年龄匹配组（$p < 0.05$）；高视觉复杂性条件下，阅读障碍组在字间距的 6 个水平上的向前眼跳幅度与年龄匹配组和能力匹配组差异均不显著（$p_s > 0.05$）。（2）比较三组被试的每组在各字大小因素的各个水平上高、低视觉复杂性的差异。阅读障碍组在低视觉复杂性条件下阅读 − 6pt、0pt、+3pt、+12pt 的向前眼跳幅度长于高视觉复杂性句子，其中在 0pt 的差异边缘显著（$p = 0.068$），年龄匹配组和能力匹配组在字间距的 6 个水平上，低视觉复杂性向前眼跳幅度均显著长于高视觉复杂性的句子（$p_s < 0.05$）。（3）比较每组被试在不同视觉复杂性条件下，各水平间的差异比较。对阅读障碍组进行分析，不同视觉复杂性各字大小水平两两比较的向前眼跳幅度差异，低视觉复杂性条件下，− 6pt 条件的向前眼跳幅度显著短于 0pt、+3pt、+6pt 和 +12pt；− 3pt 条件的向前眼跳幅度显著短于 +6pt、+12pt（$p_s < 0.05$）；− 3pt 条件的向前眼跳幅度与 +3pt 差异边缘显著°（$p = 0.076$）；0pt 条件的向前眼跳幅度显著短于 +12pt（$p < 0.05$）；高视觉复杂性条件下，− 6pt 条件的向前眼跳幅度显著短于 0pt、+3pt、+6pt 和 +12pt，− 3pt 条件的向前眼跳幅度显著短于 +3pt、+6pt 和 +12pt，0pt 条件的向前眼跳幅度显著短于 +3pt、+6pt（$p_s < 0.05$）；+3pt 条件的向前眼跳幅度显著短于 +12pt（$p_s < 0.05$）。对年龄匹配组进行分析，不同视觉复杂性各字大小水平两两比较的向前眼跳幅度差异，低视觉复杂性条件下，− 6pt 条件的向前眼跳幅度显著短于 − 3pt、0pt、+3pt、+6pt 和 +12pt；− 3pt、0pt、+3pt 条件的向前眼跳幅度分别显著短于 +6pt、+12pt（$p_s < 0.005$）；+6pt 和 +12pt 的差异边缘显著（$p = 0.072$）；高视觉复杂性条件下，− 6pt 条件的向前眼跳幅度显著短于 − 3pt、0pt、+3pt、+6pt 和 +12pt；− 3pt 条件的向前眼跳幅度分别显著短于 +3pt、+6pt、+12pt（$p_s < 0.005$）；0pt、+3pt、+6pt 条件的向前眼跳幅度显著短于 +12pt（$p_s > 0.05$）。对能力匹配组进行分析，不同视觉复杂性各字大小水平两两比较的向前眼跳幅度差异，低视觉复杂性条件下，− 6pt 条件的向前眼跳幅度显著短于 − 3pt、0pt、+3pt、+6pt 和 +12pt；− 3pt 条件的向前眼跳幅度分别显著短于 +3pt、+6pt、+12pt（$p_s < 0.005$）；+3pt 和 +6pt 的差异边缘显著（$p = 0.055$）；0pt、+3pt、+6pt 条件的向前眼跳幅度分别显著短于 +12pt（$p_s < 0.005$）；高视觉复杂性条件下，− 6pt 条件的向前眼跳幅度显著短于 − 3pt、0pt、+3pt、+6pt 和 +12pt；− 3pt 条件的向前眼跳幅度分别显著短于 +3pt、+6pt、+12pt（$p_s < 0.005$）；0pt 条件的向前眼跳幅度显著短于 +6pt、+12pt

（p_s > 0.05）。+3pt 条件的向前眼跳幅度显著短于 +12pt（p < 0.05）；高视觉复杂性条件下，－6pt 条件的向前眼跳幅度显著短于 －3pt、0pt、+3pt、+6pt 和 +12pt；－3pt 条件的向前眼跳幅度显著短于 +3pt、+6pt 和 +12pt；0pt 条件的向前眼跳幅度显著短于 +6pt、+12pt（p_s < 0.05）；+3pt 的向前眼跳幅度显著短于 +12pt（p < 0.05），如图 6 – 10 所示。

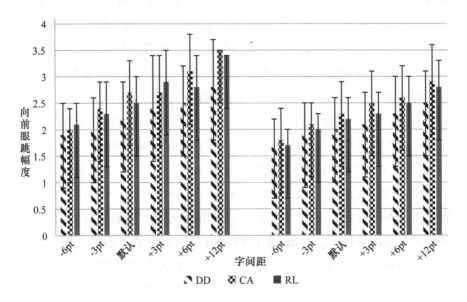

图6 – 10 三组被试阅读不同字间距高、低视觉复杂性文本的向前眼跳幅度

（三）回视次数

被试类型主效应被试分析不显著，F_1（2，41）= 0.62，p > 0.05，η^2 = 0.03；项目分析差异显著，F_2（2，159）= 10.58，p < 0.001，η^2 = 0.12；视觉复杂性主效应显著，F_1（1，41）= 91.97，p < 0.001，η^2 = 0.692；F_2（1，159）= 113.025，p < 0.001，η^2 = 0.415；高视觉复杂性条件下句子的回视次数显著多于低视觉复杂性（p < 0.001）。字间距主效应显著，F_1（5，205）= 6.399，p < 0.001，η^2 = 0.135；F_2（5，795）= 4.49，p < 0.001，η^2 = 0.027；－6pt 条件的回视次数最少，+6pt 条件的回视次数最多。－6pt 的回视次数（3.3）显著少于 +6pt（3.8）。

被试类型和视觉复杂性的交互作用不显著，F_1（2，41）= 0.42，p >

0. 05，$\eta^2 = 0.02$；F_2（2，159）$= 0.288$，$p > 0.05$，$\eta^2 = 0.004$；被试类型和字间距的交互作用不显著，F_1（10，205）$= 1.33$，$p > 0.05$，$\eta^2 = 0.06$；F_2（10，795）$= 0.625$，$p > 0.05$，$\eta^2 = 0.008$。

视觉复杂性和字间距的交互作用不显著，F_1（5，205）$= 0.907$，$p > 0.05$，$\eta^2 = 0.022$；F_2（5，795）$= 0.533$，$p > 0.05$，$\eta^2 = 0.003$。被试类型、视觉复杂性和字间距的交互作用不显著，F_1（10，205）$= 0.282$，$p > 0.05$，$\eta^2 = 0.014$；F_2（10，795）$= 0.352$，$p > 0.05$，$\eta^2 = 0.004$。

进一步分析发现，（1）比较三组被试在高低视觉复杂性条件下，各字间距水平的差异，低视觉复杂性条件下，阅读障碍组在 +3pt 条件下的回视次数与年龄匹配组差异边缘显著（$p = 0.079$）；阅读障碍组和年龄匹配组在其他条件下两两比较的差异均不显著（$p_s > 0.05$）；阅读障碍组和能力匹配组、年龄匹配组和能力匹配组在字间距的各水平上回视次数的差异均不显著（$p_s > 0.05$）；高视觉复杂性条件下，阅读障碍组和年龄匹配组、阅读障碍组和能力匹配组以及年龄匹配组和能力匹配组在字间距的 6 个水平上两两比较的差异均不显著（$p_s > 0.05$）。（2）比较三组被试在各字间距水平上高、低视觉复杂性的差异。阅读障碍组在 +3pt 条件下，阅读高、低视觉复杂性句子的回视次数差异不显著（$p > 0.05$），其他字间距水平上，低视觉复杂性句子的回视次数均显著少于高视觉复杂性句子（$p_s < 0.005$）。年龄匹配组和能力匹配组被试在字间距各水平的趋势一致，在字间距各水平上，低视觉复杂性句子的回视次数均显著少于高视觉复杂性句子（$p_s < 0.005$）。（3）比较每组被试在不同视觉复杂性条件下，各水平间的差异。对阅读障碍组进行分析，低视觉复杂性各字间距水平两两比较的回视次数差异均不显著（$p_s > 0.05$）。高视觉复杂性各字间距水平两两比较，−6pt 条件和 +6pt 条件的差异边缘显著（$p = 0.098$），其他水平两两比较，回视次数的差异均不显著（$p_s > 0.05$）。年龄匹配组和能力匹配组分析的结果一致，在两种视觉复杂性条件下，各字间距水平间回视次数差异均不显著（$p_s > 0.05$），如图 6−11所示。

（四）总注视次数

被试类型主效应差异显著，F_1（2，41）$= 4.458$，$p < 0.05$，$\eta^2 =$

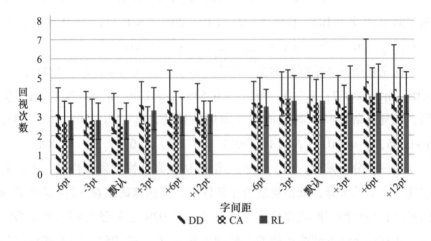

图 6-11 三组被试阅读不同字间距高、低视觉复杂性文本的回视次数

0.179；F_2（2，159）$=58.71$，$p<0.001$，$\eta^2=0.425$；阅读障碍组的总注视次数（13.2）显著多于年龄匹配组（10.7），阅读障碍组和能力匹配组的差异边缘显著（$p=0.082$）、年龄匹配组和能力匹配组的总注视次数差异不显著（$p>0.05$）。视觉复杂性主效应显著，F_1（1，41）$=162.107$，$p<0.001$，$\eta^2=0.798$；F_2（1，159）$=238.702$，$p<0.001$，$\eta^2=0.6$；被试在低视觉复杂性条件下的总注视次数（10.4）显著少于高视觉复杂性条件（13.0）。字间距主效应显著，F_1（5，205）$=9.362$，$p<0.001$，$\eta^2=0.186$；F_2（5，795）$=5.763$，$p>0.001$，$\eta^2=0.035$；被试在字间距为 $-6pt$ 时的总注视次数最少，$+6pt$ 条件时的总注视次数最多。比较字间距因素各水平与 $0pt$ 的差异发现，$+6pt$ 和 $+12pt$ 的字间距水平的总注视次数显著少于 $0pt$（$p_s<0.05$）。此外，两两比较其他字间距水平，$-6pt$、$-3pt$ 条件下的总注视次数都显著少于 $+6pt$ 和 $+12pt$（$p_s<0.05$）。被试类型和视觉复杂性的交互作用不显著，F_1（2，41）$=0.258$，$p>0.05$，$\eta^2=0.012$；F_2（2，159）$=0.619$，$p>0.05$，$\eta^2=0.008$；被试类型和字间距的交互作用被试分析显著，F_1（10，205）$=2.079$，$p<0.05$，$\eta^2=0.092$；项目分析差异不显著，F_2（10，795）$=0.930$，$p>0.05$，$\eta^2=0.017$。视觉复杂性和字间距的交互作用不显著，F_1（5，205）$=$

0.690，$p > 0.05$，$\eta^2 = 0.017$；F_2（5，795）$= 0.643$，$p > 0.05$，$\eta^2 =$ 0.004；被试类型、视觉复杂性和字间距的交互作用不显著，F_1（10，205）$= 0.88$，$p > 0.05$，$\eta^2 = 0.04$；F_2（10，795）$= 1.57$，$p > 0.05$，$\eta^2 = $ 0.019。

　　进一步分析发现，（1）比较三组被试在高、低视觉复杂性条件下，字间距各水平的差异，低视觉复杂性条件下，阅读障碍组在 $-6\mathrm{pt}$ 的阅读总注视次数分别与年龄匹配组和能力匹配组均差异边缘显著（$p = 0.069$，$p = 0.065$），阅读障碍组在 $0\mathrm{pt}$、$+3\mathrm{pt}$、$+6\mathrm{pt}$、$+12\mathrm{pt}$ 条件的阅读总注视次数显著多于年龄匹配组和能力匹配组（$p < 0.05$），年龄匹配组和能力匹配组的总注视次数在字间距的各水平的差异均不显著（$p_s > 0.05$）。高视觉复杂性条件下，阅读障碍组在 $-3\mathrm{pt}$ 的阅读总注视次数分别与年龄匹配组和能力匹配组均差异边缘显著（$p = 0.054$，$p = 0.071$），阅读障碍组在 $+6\mathrm{pt}$ 的阅读总注视次数与年龄匹配组差异边缘显著（$p = 0.092$），阅读障碍组与年龄匹配组在其他字间距水平的差异均不显著（$p_s > 0.05$），年龄匹配组和能力匹配组的总注视次数在字间距的各水平的差异均不显著（$p_s > 0.05$）。（2）比较三组被试在各字间距水平上高、低视觉复杂性的差异。三组被试在字间距各水平的趋势一致，在字间距各水平上，低视觉复杂性句子的总注视次数均显著低于高视觉复杂性句子（$p_s < 0.005$）。（3）比较每组被试在不同视觉复杂性条件下，各水平间的差异比较。对阅读障碍组进行被试分析，不同视觉复杂性各字大小水平两两比较的总注视次数差异，低视觉复杂性条件下，阅读 $-6\mathrm{pt}$、$-3\mathrm{pt}$ 和 $0\mathrm{pt}$ 条件下的总注视次数分别少于 $+3\mathrm{pt}$、$+6\mathrm{pt}$、$+12\mathrm{pt}$，其中 $-6\mathrm{pt}$ 与 $+6\mathrm{pt}$、$0\mathrm{pt}$ 与 $+6\mathrm{pt}$ 的差异边缘显著（$p = 0.063$，$p = 0.093$）。高视觉复杂性条件下，阅读 $-6\mathrm{pt}$ 字间距句子的总注视次数显著少于 $+6\mathrm{pt}$ 字间距，其他字间距水平两两比较差异均不显著（$p_s > 0.05$）。对年龄匹配组进行分析，不同视觉复杂性各字大小水平两两比较的总注视次数差异，高和低视觉复杂性条件下，各字大小因素水平间的差异均不显著（$p_s > 0.05$）。对能力匹配组进行被试分析，不同视觉复杂性各字大小水平两两比较的总注视次数差异，能力匹配组与年龄匹配组的趋势一致。不同的是，对能力匹配组进行项目分析发现，在高视觉复杂性条件下，$-3\mathrm{pt}$ 字间距的阅读材料的总注视次数显著少于 +12pt（$p < 0.05$），如图 6–12 所示。

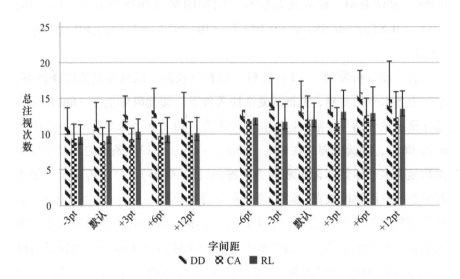

图 6–12 三组被试阅读不同字间距高、低视觉复杂性文本的总注视次数

（五）总阅读时间

被试类型主效应显著，F_1（2，41）= 4.304，$p < 0.05$，$\eta^2 = 0.174$；F_2（2，159）= 64.43，$p < 0.001$，$\eta^2 = 0.448$；阅读障碍组的阅读时间（3945ms）显著长于年龄匹配组（3056ms），阅读障碍组和能力匹配组、年龄匹配组和能力匹配组的阅读时间差异不显著（$p_s > 0.05$）。视觉复杂性主效应显著，F_1（1，41）= 155.72，$p < 0.001$，$\eta^2 = 0.792$；F_2（1，159）= 245.42，$p < 0.001$，$\eta^2 = 0.607$。被试在低视觉复杂性条件下的阅读时间（2989ms）显著低于高视觉复杂性条件（3873ms）。字间距主效应不显著，F_1（5，205）= 1.694，$p > 0.05$，$\eta^2 = 0.04$；F_2（5，795）= 0.907，$p > 0.05$，$\eta^2 = 0.006$。

被试类型和视觉复杂性的交互作用不显著，F_1（2，41）= 0.483，$p > 0.05$，$\eta^2 = 0.023$；项目分析差异显著，F_2（2，159）= 1.938，$p > 0.05$，$\eta^2 = 0.024$。被试类型和字间距的交互作用被试分析边缘显著，F_1（10，205）= 1.65，$p = 0.095$，$\eta^2 = 0.075$；项目分析差异不显著，F_2（10，795）= 0.858，$p > 0.05$，$\eta^2 = 0.011$。视觉复杂性和字间距的交互作用显著，F_1（5，205）=

3.22，$p<0.01$，$\eta^2=0.073$；F_2（5，795）$=2.775$，$p<0.05$，$\eta^2=0.017$；字间距的各个水平上，低视觉复杂性的阅读时间均显著少于高视觉复杂性（$p_s<0.001$）。低视觉复杂性条件下，$+6pt$ 条件下的阅读时间显著高于 $-6pt$ 条件（$p<0.05$）；高视觉复杂性条件下，$-6pt$ 条件下的阅读时间高于 $+3pt$ 条件，差异边缘显著（$p=0.086$），其他字间距条件，两两比较差异均不显著（$p_s>0.05$）。

被试类型、视觉复杂性和字间距的交互作用被试分析不显著，F_1（10，205）$=0.942$，$p>0.05$，$\eta^2=0.044$；项目分析边缘显著，F_2（10，795）$=1.68$，$p=0.081$，$\eta^2=0.021$。

进一步分析发现，（1）比较三组被试在高、低视觉复杂性条件下，各字间距水平的差异，低视觉复杂性条件下，阅读障碍组在 $-6pt$、$0pt$、$+3pt$、$+6pt$ 和 $+12pt$ 条件下的阅读时间均高于年龄匹配组，其中在 $+12pt$ 条件下阅读障碍组与年龄匹配组的差异边缘显著（$p=0.056$），阅读障碍组在 $+6pt$ 条件下的阅读时间显著多于年龄匹配组，阅读障碍组和能力匹配组在 $+3pt$ 的阅读时间差异边缘显著（$p=0.075$）；阅读障碍组在 $1°$、$1.25°$、$1.75°$ 条件下的句子阅读时间都显著高于年龄匹配组（$p_s<0.005$），年龄匹配组和能力匹配组的阅读时间差异不显著（$p_s>0.05$）；高视觉复杂性条件下，阅读障碍组在阅读 $-3pt$、$+3pt$、$+6pt$、$+12pt$ 字间距的时间显著多于年龄匹配组（$p_s<0.05$），阅读障碍组和年龄匹配组在 $-6pt$、$0pt$ 的阅读时间差异都不显著（$p_s>0.05$）；年龄匹配组和能力匹配组在字间距的 6 个水平上的阅读时间差异均不显著（$p_s>0.05$）。（2）比较三组被试在各字间距水平上高低视觉复杂性的差异。三组被试在字间距各水平的趋势一致，在字间距各水平上，低视觉复杂性句子的阅读时间均显著低于高视觉复杂性句子（$p_s<0.005$）。（3）比较每组被试在不同视觉复杂性条件下，各水平间的差异比较。对阅读障碍组进行被试和项目分析，低视觉复杂性条件下，$-6pt$ 和 $-3pt$ 条件的阅读时间显著少于 $+6pt$ 条件，$+6pt$ 条件与 $+12pt$ 条件的阅读时间的差异边缘显著（$p=0.081$）；高视觉复杂性各字大小水平两两比较的阅读时间差异均不显著（$p_s>0.05$）。年龄匹配组的被试分析，在低视觉复杂性条件下，两两比较差异均不显著；在高视觉复杂性条件下，年龄匹配组在 -6pt 条件下的阅读时间显著低于 +6pt（$p < 0.05$）；年龄匹配组的项目分析，在高、低视觉复杂性条件下，两两比较差异均不显著（$p_s > 0.05$）；能力匹配组在被试分析和项目分析的结果一致，在两种视觉复杂性条件下，各字间距水平间差异均不显著（$p_s > 0.05$），如图 6 – 13 所示。

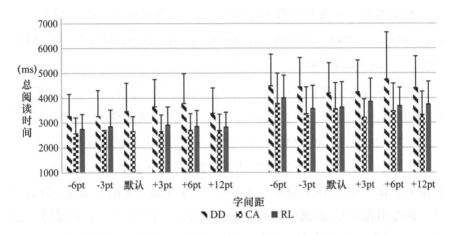

图 6 – 13 三组被试阅读不同字间距高、低视觉复杂性文本的总阅读时间

（六）阅读速度

被试类型主效应被试分析不显著，$F_1 (2, 41) = 2.13$，$p > 0.05$，$\eta^2 = 0.094$；项目分析显著，$F_2 (2, 159) = 17.573$，$p < 0.001$，$\eta^2 = 0.181$。视觉复杂性主效应差异显著，$F_1 (1, 41) = 138.96$，$p > 0.001$，$\eta^2 = 0.792$；$F_2 (1, 159) = 175.51$，$p < 0.001$，$\eta^2 = 0.525$；被试在低视觉复杂性条件下的阅读速度显著快于高视觉复杂性条件。字间距主效应不显著，$F_1 (5, 205) = 0.46$，$p > 0.05$，$\eta^2 = 0.011$；$F_2 (5, 795) = 0.543$，$p > 0.05$，$\eta^2 = 0.003$。

被试类型和视觉复杂性的交互作用不显著，$F_1 (2, 41) = 1.16$，$p > 0.05$，$\eta^2 = 0.053$；$F_2 (2, 159) = 1.51$，$p > 0.05$，$\eta^2 = 0.019$；被试类型和字间距的交互作用不显著，$F_1 (10, 205) = 0.79$，$p > 0.05$，$\eta^2 = 0.037$；$F_2 (10, 795) = 0.527$，$p > 0.05$，$\eta^2 = 0.007$。

视觉复杂性和字间距的交互作用显著，$F_1 (5, 205) = 3.80$，$p <$

0.005，$\eta^2 = 0.085$；F_2（5，795）$= 3.04$，$p < 0.05$，$\eta^2 = 0.019$；字间距的各个水平上，低视觉复杂性的阅读速度均显著慢于高视觉复杂性（$p_s < 0.001$）。低视觉复杂性条件下，两两比较差异均不显著（$p_s > 0.05$）；高视觉复杂性条件下，$-6pt$ 条件下的阅读速度显著慢于 $+3pt$ 条件。差异边缘显著（$p = 0.083$），其他字间距条件，两两比较差异均不显著（$p_s > 0.05$）。被试类型、视觉复杂性和字间距的交互作用被试分析不显著，F_1（10，205）$= 1.36$，$p > 0.05$，$\eta^2 = 0.062$；项目分析边缘显著，F_2（10，795）$= 1.62$，$p = 0.096$，$\eta^2 = 0.02$。

　　进一步分析发现，（1）比较三组被试在高、低视觉复杂性条件下，各字间距水平的差异，低视觉复杂性条件下，阅读障碍组在 0pt、$+3pt$ 条件下的阅读速度显著慢于年龄匹配组（$p_s < 0.05$）；阅读障碍组在 $+6pt$ 条件下的阅读速度与年龄匹配组差异边缘显著（$p = 0.089$）；阅读障碍组和年龄匹配组在其他条件下两两比较的差异均不显著（$p_s > 0.05$）；阅读障碍组和能力匹配组、年龄匹配组和能力匹配组在字间距的各水平上阅读速度的差异均不显著（$p_s > 0.05$）；高视觉复杂性条件下，阅读障碍组在 $-3pt$ 条件下的阅读速度显著慢于年龄匹配组（$p < 0.05$）；阅读障碍组和年龄匹配组在其他条件下两两比较的差异均不显著（$p_s > 0.05$）；阅读障碍组和能力匹配组、年龄匹配组和能力匹配组在字间距的各水平上阅读速度的差异均不显著（$p_s > 0.05$）。（2）比较三组被试在各字间距水平上高低视觉复杂性的差异。阅读障碍组在 $+3pt$ 条件下，阅读高、低视觉复杂性句子的阅读速度差异不显著（$p > 0.05$），其他字间距水平上，低视觉复杂性句子的阅读速度均显著快于高视觉复杂性句子（$p_s < 0.005$）。年龄匹配组和能力匹配组在字间距各水平的趋势一致，在字间距各水平上，低视觉复杂性句子的阅读均显著快于高视觉复杂性句子（$p_s < 0.005$）。（3）比较每组被试在不同视觉复杂性条件下，各水平间的差异比较。三组被试每组被试在高和低视觉复杂性各字间距水平两两比较的阅读速度差异均不显著（$p_s > 0.05$），如图 6 - 14 所示。

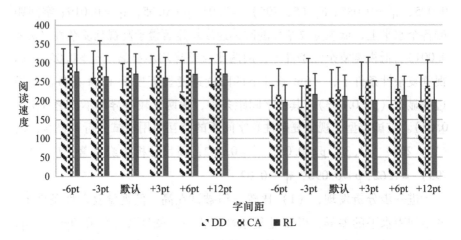

图6-14 三组被试阅读不同字间距高、低视觉复杂性文本的总阅读速度

（七）注视点持续时间频率分布

根据 Feng 等采用的方法，[1] 我们统计注视点持续时间频率，对向前跳的注视点的注视时间进行汇总，如图 6-15 所示。

根据注视点持续时间频率汇总图我们发现，与正常儿童相比，阅读障碍儿童的注视点持续时间分布比较分散，并且分布没有规律。随着字间距的增加，阅读障碍组的注视点持续时间分布在低视觉复杂性和高视觉复杂性的趋势渐渐一致。说明字间距影响阅读障碍儿童注视点持续时间的分布。

（八）眼跳幅度频率分布

根据 Feng 等采用的方法，[2] 我们统计眼跳幅度频率，对向前跳和回视眼跳的幅度频率进行汇总，如图 6-16 所示。

根据眼跳幅度频率汇总图我们发现，在字间距比较小的条件下，相比于正常儿童，阅读障碍儿童的眼跳表现出眼跳幅度短，眼跳没有规则

---

① Feng, G., Miller, K., Shu, H., Zhang, H., "Orthography and the Development of Reading Process: An Eye-Movement Study of Chinese and English", *Child Development*, Vol. 80, No. 3, 2009, pp. 720-735.

② Feng, G., Miller, K., Shu, H., Zhang, H., "Orthography and the Development of Reading process: An Eye-Movement Study of Chinese and English", *Child Development*, Vol. 80, No. 3, 2009, pp. 720-735.

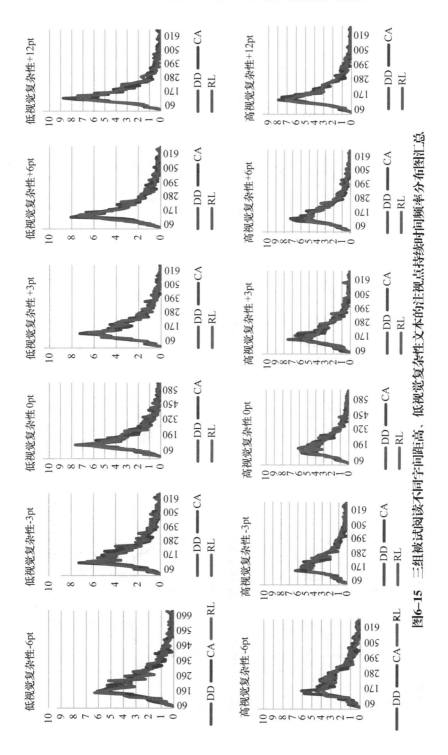

图6–15　三组被试阅读不同字间距高、低视觉复杂性文本的注视点持续时间频率分布图汇总

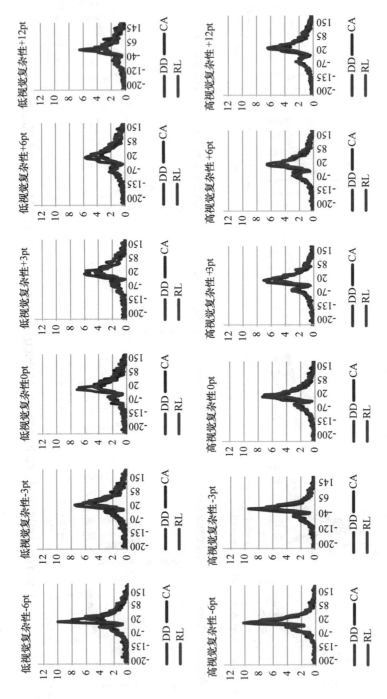

图6-16　三组被试阅读不同字间距高、低视觉复杂性文本的眼跳幅度频率分布汇总

等特点，随着字间距逐渐增大，三组被试在低视觉复杂性和高视觉复杂性条件下的眼跳幅度越来越大、峰值越来越低，在高视觉复杂性条件下，字间距是默认值时，三组被试的眼跳幅度频率分布趋于一致。结果说明，字间距可以调节阅读障碍的眼跳模式。

第三节　文本阅读中的视觉拥挤

一　字大小对文本阅读中视觉拥挤效应的影响

在第六章第一节中，研究主要考察句子阅读中字大小是否对汉语阅读障碍儿童和正常儿童不同视觉复杂性文本阅读的视觉拥挤效应起到调节的作用。

关于字大小对正常儿童的阅读的眼动特点。随着汉字由 0.75° 逐渐增大，平均注视时间越来越小，眼跳幅度越来越大。这与前人的研究结果一致。[1] 正常儿童阅读大字文本的阅读时间比小字的短，但是统计意义上差异不显著。被试阅读低视觉复杂性材料的阅读时间，在字大小的五个水平上均显著低于阅读高视觉复杂性材料。句子的总阅读时间是反映信息加工效率最有效的指标。[2] 说明视觉复杂性对正常群体视觉拥挤效应的影响也很大。这与实验 2 汉字识别任务实验结果一致。

阅读障碍儿童的眼动特点表现为，与正常儿童一样，阅读障碍儿童的平均注视时间在小字上长于大字，随着汉字逐渐增大，眼跳幅度越来越大。不同之处在于，汉语阅读障碍儿童的平均注视时间比正常儿童长、眼跳幅度比正常儿童小。此外，本实验一个重要的发现在于，在阅读高复杂性和低复杂性材料时，阅读障碍儿童在小字（0.75°）条件下的阅读时间显著高于正常儿童，说明小字条件下，阅读障碍儿童的视觉拥挤效应大于正常儿童。而大字条件下，阅读障碍组和控制组的视觉拥挤没有差异，说明中央凹和外周视野区域的目标越大越容易识别，这一结果验

---

[1] 巫金根、闫国利、刘志方：《大小字号的文本对中文读者阅读知觉广度和眼动模式的影响》，《心理科学》2014 年第 1 期。

[2] Rayner, K., Bertera, J. H., "Reading Without a Fovea", *Science*, No. 206, 1979, pp. 468 – 469.

证了前人的研究。①

对正常儿童和阅读障碍儿童注视点持续时间和眼跳幅度的频率进行统计。在低视觉复杂性和高视觉复杂性文本阅读时，随着汉字的逐渐增大，阅读障碍组与正常儿童的差距逐渐减小。

二 字间距对文本阅读中视觉拥挤效应的影响

第二节中，实验目的是考察句子阅读中字间距是否对汉语阅读障碍儿童和正常儿童不同视觉复杂性文本阅读的视觉拥挤效应起到调节的作用。

随着字间距逐渐增大，三组被试的平均注视时间越来越小，眼跳幅度越来越大。这是因为随着文本物理长度的增加，读者一次注视获得的视觉信息量变小，需要移动眼睛去获得更多的文本信息，因此单次注视时间变短、眼睛移动幅度加大。

第一节中的研究结果一致，正常儿童和阅读障碍儿童试阅读低视觉复杂性材料的阅读时间，在字间距的 6 个水平上均显著低于阅读高视觉复杂性材料。实验结果发现，汉语阅读障碍儿童在阅读低视觉复杂性文本时，字间距是 -3pt 的条件下的阅读时间和总注视次数与正常儿童一样；在阅读高视觉复杂性文本时，字间距是默认值时，阅读时间和总注视次数与正常儿童差异不显著。

根据已有基于拼音文字研究的结果，增大字间距可以降低阅读障碍儿童的视觉拥挤效应，进而促进其阅读绩效。② 第二节的研究中，随着汉字间距的增大，汉语阅读障碍儿童的总阅读时间、总注视次数并非随着字间距的增加呈线性相关，之所以出现这样的结果可能的原因在于文本

---

① Levi, D. M., Carney, T., "Crowding in Peripheral Vision: Why Bigger is Better", *Current Biology*, No. 19, 2009, pp. 1988 - 1993.

② Zorzi, M., Barbiero, C., Facoetti, A., et al., "Extra - large Letter Spacing Improves Reading in Dyslexia", *Proceedings of the National Academy of the Sciences of the United States of America*, Vol. 109, No. 28, 2012, pp. 11455 - 11459.

中字与字之间存在词义的联系,*Bai* 等人的研究发现,① 汉语文本阅读是以词为加工单元的,增大字间距打破了汉字与汉字之间的词义联系,对阅读产生干扰,因此,增大字间距降低的视觉拥挤对阅读的促进与词义的干扰发生了抵消,所以,在汉字间增加 3pt 间距时,阅读障碍儿童的阅读时间和总注视次数与默认条件下的一样。而当字间距增大到一定程度时(+6pt),这种干扰大于降低视觉拥挤带来的阅读的促进,因此表现为低视觉复杂性文本时的阅读时间最长、总注视次数最多。但是随着字间距的继续增加(+12pt),这种降低视觉拥挤带来的阅读促进大于破坏词义联系的干扰,使得阅读障碍儿童的阅读时间减少和总注视次数降低,而正常儿童不存在这种现象。说明字间距对阅读障碍儿童的视觉拥挤效应有影响,但是字间距大小和阅读障碍儿童的视觉拥挤效应强度的关系需要进一步探讨。

对正常儿童和阅读障碍儿童注视点持续时间和眼跳幅度的频率进行统计。阅读障碍儿童的注视点持续时间频率分布在不同的字间距水平上与正常儿童趋势一致。随着字间距逐渐增大,三组被试在低视觉复杂性和高视觉复杂性条件下的眼跳幅度越来越大、峰值越来越低,在高视觉复杂性条件下,字间距是默认值时,三组被试的眼跳幅度频率分布趋于一致。

本研究条件下,得出以下结论。

(1) 文本的视觉复杂性影响正常儿童和阅读障碍儿童的视觉拥挤效应。

(2) 字大小和字间距影响正常儿童的眼动模式:主要表现于平均注视时间和眼跳幅度。

(3) 相比于小字,大字条件下阅读障碍儿童与正常儿童的眼动模式差异小。

(4) 不管阅读高视觉复杂性文本还是低视觉复杂性文本,字大小影

① Bai, X. , Yan, G. , Liversedge, S. P. , Zang, C. , Rayner, K. , "Reading Spaced and Unspaced Chinese Text: Evidence from Eye Movements", *Journal of Experimental Psychology*: *Human Perception and Performance*, Vol. 34, No. 5, 2008, pp. 1277 – 1287.

响阅读障碍儿童文本阅读中的视觉拥挤效应，尤其是小字时（0.75°）的视觉拥挤显著大于正常儿童。而正常儿童则不受字大小的影响。

（5）字间距影响阅读障碍儿童文本阅读中的视觉拥挤效应。视觉复杂性与字间距存在相互作用。但是字间距大小和阅读障碍儿童的视觉拥挤效应强度的数量关系需要进一步探讨。

第 七 章

解码阅读障碍中的视觉拥挤

第一节 汉语阅读障碍与视觉拥挤效应的关系

关于阅读障碍成因的争论依然存在，但是视觉认知加工在阅读障碍中的作用受到研究者越来越多的关注。所有的视觉因素中，视觉拥挤是最重要的影响。

本书通过第五章和第六章的三项研究八个实验来探讨汉语阅读障碍和视觉拥挤效应的关系。该问题的探讨有助于我们对汉语阅读障碍的成因有进一步的认识，为建立汉语阅读的视觉拥挤模型提供数据支持和理论依据，同时也为提高汉语阅读障碍儿童的阅读效率提供建议与策略。

一 汉语阅读障碍儿童的视觉拥挤效应大于正常儿童

通过第五章第一节的实验论证，我们发现了汉语阅读障碍儿童的视觉拥挤效应大于正常儿童。这一结果在第五章第二节的四个实验中也同样得到了验证。目前关于阅读障碍儿童与视觉拥挤更多的是基于拼音文字的研究。最早发现视觉拥挤效应对阅读障碍儿童有重要作用的是 Bouma 等人。[①] 在他们的研究中，用速示仪呈现目标字母，让被试识别所呈现的字母。字母的呈现方式有两种：单独呈现或目标左、右两侧各有一个无关字母。比较在这两种呈现条件下，中央凹及副中央凹视觉下两组儿童

---

① Bouma, H., Legein, C. P. "Foveal and Parafoveal Recognition of Letters and Words by Dyslexics and by Average Readers", *Neuropsychologia*, Vol. 15, No. 1, 1977, pp. 69 – 80.

的识别成绩。结果发现，当字母单独呈现时两组儿童的识别成绩没有差异，而当目标字母两侧有其他字母时，阅读障碍儿童的识别成绩显著受损。第五章的研究所采用的经典视觉拥挤范式就是 Bouma 的实验范式。①此后，越来越多的研究者开始关注阅读障碍者的视觉拥挤效应领域，大量文献研究表明，阅读障碍儿童比正常儿童受拥挤效应的影响更大，拥挤效应对阅读障碍有重要影响，②③④ 甚至有研究者认为它可能是导致阅读障碍的根本原因，对于该问题还需要进一步的验证。

与基于拼音文字的研究结果一致，汉语阅读障碍儿童的视觉拥挤也比正常儿童的大，产生的原因是什么呢？英语和汉语语言特性的差异是一种可能的解释：（1）在视觉形式上，英语字母书写简单，只有 26 个字母组成；汉字字形十分复杂，汉字有 8 万个，常用汉字就有 3500 个。（2）英文是以语音为基础的，有强烈的形—音对应或形—音转换的规则；汉语文本是以字为基础，汉字字形的语音记录单位是音节，字形不与语言的音素相对应。（3）英文的词很确定，但汉语的词很不确定，词的界定很模糊。汉语是由汉字与汉字紧密排列组成的密集文本，词与词之间也不存在空格。汉字比拼音文字更复杂，正字法更严谨，比起语音意识，视觉因素在汉语中起更大的作用，⑤ 读者阅读汉字时需要依赖更多的视觉认知资源。因此，汉语阅读中视觉拥挤效应该更强，汉语阅读障碍儿童受视觉拥挤的影响可能更大。

---

① Bouma, H. , "Interaction Effects in Parafoveal Letter Recognition", *Nature*, No. 226, 1970, pp. 177 – 178.

② Callens, M. , Whitney, C. , Tops, W. , Brysbaert, M. , "No Deficiency in Left-to-right Processing of Words in Dyslexia but Evidence for Enhanced Visual Crowding", *The Quarterly Journal of Experimental Psychology*, Vol. 6, No. 99, 2013, pp. 1803 – 1817.

③ Martelli, M. , Filippo, G. D. , Spinelli, D. , Zoccolotti, P. , "Crowding, Reading, and Developmental Dyslexia", *Journal of Vision*, No. 9, 2009, pp. 1 – 18.

④ Moll, K. , Jones, M. , "Naming Fluency in Dyslexic and Nondyslexic Readers: Differential Effects of Visual Crowding in Foveal, Parafoveal, and Peripheral Vision", *The Quarterly Journal of Experimental Psychology*, Vol. 6, No. 11, 2013, pp. 2085 – 2091.

⑤ McBride-Chang, C. , Lam, F. , Lam, C. , Chan, B. , Fong, C. Y. , Wong, T. T. , Wong, S. W. , "Early Predictors of Dyslexia in Chinese Children: Familial History of Dyslexia, Language Delay, and Cognitive Profiles", *Journal of Child Psychology and Psychiatry*, Vol. 52, No. 2, 2011, pp. 204 – 211.

二　汉语阅读障碍儿童视觉拥挤影响因素探讨

第五章第一节的研究中，我们验证假说：阅读障碍儿童的视觉拥挤效应大于正常儿童。这种差异产生的原因是什么，或者说哪些因素导致这种差异？我们从以下几个方面进行探讨。

（一）与汉字的本身视觉特征：结构和复杂性（笔画数）有关

汉语文本是由一系列象形文字组成的。汉字具有结构性。汉字是由一系列笔画组成的。汉字的信息进入视网膜后，视觉特征（笔画、结构）被检测、整合，之后进入视觉编码阶段，形成汉字的整体视认知。

关于汉语视觉拥挤的研究刚刚起步。关于汉字结构视觉拥挤的研究更少。在汉字识别任务中，当目标字是左右结构时，视觉拥挤效应不受干扰刺激类型（左右和上下）的影响，三组被试结果一样；当目标字是上下结构，正常儿童的视觉拥挤效应受干扰刺激类型的影响，阅读障碍儿童在一定程度上受干扰刺激结构的影响。因此，三组被试的视觉拥挤效应在一定程度上受汉字结构的调节，不同的是，阅读障碍儿童受结构的调节较弱。

汉字复杂性对视觉拥挤效应的影响。与 Zhang 等的研究结果一致，[1]我们也发现汉字复杂性对视觉拥挤的影响，正常儿童和阅读障碍儿童的视觉拥挤受汉字复杂性的影响，并且阅读障碍儿童对汉字复杂性更敏感。如果目标字和干扰字都是低复杂性汉字，阅读障碍组的正确率（16%）低于年龄匹配组（23%）、能力匹配组（21%），但差异不显著。即阅读障碍组的视觉拥挤效应在目标和干扰都是低视觉复杂性汉字时与年龄匹配组、能力匹配组一样。这是本研究的一个重要发现。之所以出现这种现象，可能的解释是，相比于高视觉复杂性（多笔画）的汉字，阅读障碍儿童对于少笔画汉字的整合难度要低很多，比如对丁字串"汀"师"攻"中的目标字"师"的识别，由于干扰字都是少笔画，视觉特征比较

---

① Zhang, J., Zhang, T., Xue, F., Liu, L., Yu, C., "Legibility of Chinese Characters in Peripheral Vision and the Top-down Influences on Crowding", *Vision Research*, Vol. 49, No. 1, 2009, pp. 44–53.

少，需要的认知资源相对较少，根据错误整合模型，[1] 视觉系统错误地将干扰刺激与目标刺激的特征进行整合发生错觉联合的概率降低。因此，阅读障碍儿童没有产生更大的视觉拥挤。

（二）与目标刺激与干扰刺激的视觉属性关系有关

以光栅为研究对象的视觉拥挤研究发现，视觉拥挤主要与目标刺激和干扰刺激的视觉属性有关，本研究首次考察汉字间的视觉属性，主要考察干扰刺激的大小。汉语阅读障碍儿童在四种干扰刺激大小条件下的正确率小于年龄匹配组和能力匹配组，说明汉语阅读障碍儿童的视觉拥挤效应大于正常儿童。随着干扰刺激的逐渐增大，三组被试的视觉拥挤效应越来越大；随着干扰刺激的逐渐增大，相比于正常组，阅读障碍儿童的视觉拥挤效应代价更大。错误整合理论认为，随着干扰刺激的增大，视觉拥挤效应会逐渐减小。因此，本实验研究结果支持错误整合模型。

（三）与目标刺激与干扰刺激的空间距离有关

根据 Bouma 定律，为了避免视觉拥挤效应，目标刺激与干扰刺激的临界间距应该是离心率的一半。[2] 第五章第二节基于 Bouma 定律，设计三个间距实验条件，离心率都是 5°，三种间距与离心率的比值分别是 0.4、0.5、0.6。结果发现，随着间距的逐渐增大，三组被试的视觉拥挤效应越来越小，结论支持错误整合模型；适用于拼音文字的 Bouma 定律中的临界间距不适用于汉字识别中的避免拥挤效应发生，汉字的临界间距可能需要大于 0.5 倍的离心率，汉语阅读障碍儿童的临界间距更大；间距增大可以降低拥挤效应。本实验结果与 Bouma 的结果不一致，[3] 主要原因在于语言视觉和加工特性的差异。

（四）与视野范围有关

如前文所述，视觉拥挤效应与周边视野范围有关。[4] 离心率越小，离

---

[1] Pelli, D. G., Tillman, K. A., "The Uncrowded Window of Object Recognition", *Nature Neuroscience*, Vol. 11, No. 10, 2008, pp. 1129 –1135.

[2] Bouma, H., "Interaction Effects in Parafoveal Letter Recognition", *Nature*, No. 226, 1970, pp. 177 –178.

[3] Bouma, H., "Interaction Effects in Parafoveal Letter Recognition", *Nature*, No. 226, 1970, pp. 177 –178.

[4] 刘婷婷:《视觉拥挤效应神经机制的研究》，博士学位论文，复旦大学，2009 年，第 65 页。

中央凹越近；离心率越大，离中央凹越远。在第五章第二节中，研究探讨汉字视觉拥挤效应与离心率的关系。结果发现，在单字和三字条件下，随着离心率的增大，三组被试在两种条件下的正确率均降低，说明离心率越大，视觉拥挤效应越大。我们比较了三组被试在两种离心率条件下的差异。随着离心率的逐渐增大，正常控制组的拥挤效应越来越大，阅读障碍儿童组在4°离心率条件下的拥挤程度逐渐增大，几乎出现"地板效应"，因此不受离心率的调节，视觉拥挤效应的大小和副中央凹视野的视敏度有关。

三 汉语文本阅读中的视觉拥挤

第五章的研究都是基于汉字识别任务的研究，汉字识别是汉语阅读的基础。我们知道，如果提高汉字识别能力，进而也就可以提升文本阅读效率。在第五章研究的基础上，第六章的研究重点关注文本阅读中影响视觉拥挤的因素能否对阅读有调节。同时考察了文本阅读中阅读障碍儿童的眼动模式。

第五章第二节探讨了影响汉语阅读障碍儿童视觉拥挤效应的因素。结果发现，汉字的复杂性对正常儿童和阅读障碍儿童视觉拥挤都有重要的影响，尤其在目标字和干扰字都是低复杂性的条件下，阅读障碍儿童的视觉拥挤效应和正常儿童一致。此外，刺激大小和关键间距也影响视觉拥挤效应。结合已有关于文本阅读的研究发现，字大小[1][2][3][4][5]和字间距[6]影响文本阅读绩效。

———————

[1] Alotaibi, A. Z. , "The Effect of Font Size and Type on Reading Performance with Arabic Words in Normally Sighted and Simulated Cataract Subjects", *Clinical and Experimental Optometry*, Vol. 90, No. 3, 2007, pp. 203 – 206.

[2] DeLamater, W. E. , "How Larger Font Size Impacts Reading and the Implications for Educational Use of Digital Text Readers", *Retrieved November*, No. 23, 2010, pp. 1 – 3.

[3] 白学军、曹玉肖、顾俊娟、郭志英、闫国利：《窗口大小、呈现速度和字号对引导式文本阅读的影响》，《心理科学》2011 年第 2 期。

[4] 巫金根、闫国利、刘志方：《大小字号的文本对中文读者阅读知觉广度和眼动模式的影响》，《心理科学》2014 年第 1 期。

[5] 祝莲、王晨晓、贺极苍、陈湘君、郭迎暄、吕帆：《中文字体大小、笔画数和对比度对阅读速度的影响》，《眼视光学杂志》2008 年第 10 卷第 2 期。

[6] Zorzi, M. , Barbiero, C. , Facoetti, A. , et al. , "Extra-large Letter Spacing Improves Reading in Dyslexia", *Proceedings of the National Academy of the Sciences of the United States of America*, Vol. 109, No. 28, 2012, pp. 11455 – 11459.

第六章的研究中考察句子阅读中操纵字大小和字间距是否对不同视觉复杂性文本阅读的视觉拥挤效应起到调节的作用。结果发现，字大小与视觉复杂性在注视次数指标上存在交互作用。字间距与视觉复杂性在阅读时间、阅读速度、平均注视时间、眼跳幅度指标上均存在交互作用。

关于字大小对正常儿童阅读影响的眼动特点。随着汉字由 0.75°逐渐增大，平均注视时间越来越小，眼跳幅度越来越大。这与前人的研究结果一致。[①] 读者一次注视获得的视觉信息量变小，需要移动眼睛去获得更多的文本信息，因此单次注视时间变短、眼睛移动幅度加大。阅读障碍儿童的眼动特点表现为，与正常儿童一样，阅读障碍儿童的平均注视时间在小字上长于大字。随着汉字逐渐增大，眼跳幅度越来越大。不同之处在于，汉语阅读障碍儿童的平均注视时间比正常儿童长、眼跳幅度比正常儿童小。此外，本研究一个重要的发现在于，在阅读高复杂性和低复杂性材料时，阅读障碍儿童在小字（0.75°）条件下的阅读时间显著低于正常儿童，说明小字条件下，阅读障碍儿童的视觉拥挤效应大于正常儿童。

关于字间距对阅读障碍儿童和正常儿童的阅读的眼动模式。随着字间距逐渐增大，三组被试的平均注视时间越来越小，眼跳幅度越来越大。与第六章第一节研究的结果趋势一致，正常儿童和阅读障碍儿童阅读低视觉复杂性材料的阅读时间，在字间距的 6 个水平上均显著低于阅读高视觉复杂性材料。结果发现，汉语阅读障碍儿童在阅读低视觉复杂性文本时，字间距是 −3pt 的条件下的阅读时间和总注视次数与正常儿童一样；在阅读高视觉复杂性文本时，字间距是默认值时，阅读时间和总注视次数与正常儿童差异不显著。

汉语阅读障碍儿童的总阅读时间、总注视次数并非随着字间距的增加呈线性相关，其在阅读字间距是 +6pt 的低视觉复杂性文本时的阅读时间最长、总注视次数最多。而正常儿童不存在这种现象。说明字间距对

---

① 巫金根、闫国利、刘志方：《大小字号的文本对中文读者阅读知觉广度和眼动模式的影响》，《心理科学》2014 年第 1 期。

阅读障碍儿童的视觉拥挤效应有影响，但是字间距大小和阅读障碍儿童的视觉拥挤效应强度的关系需要进一步探讨。

总之，与前人的研究一致，本研究发现，与正常儿童相比，汉语阅读障碍儿童的眼动控制能力比较弱，表现在注视时间长、注视次数多、眼跳距离短。[1][2][3][4] 不同之处在于，本研究没有发现更多的回视，可能是由于本研究所采用的实验材料长度较短（10—12 字）以及阅读障碍群体异质性引发的阅读策略差异造成的。

第二节　视觉拥挤对建构汉语阅读模型的启示

阅读的首要任务是视觉信息的获得，[5] 个体对信息进行加工时分为早期阶段加工和晚期阶段加工。早期阶段的信息处理包括两个任务：一是对视觉信息进行特征检测；二是简单的加工处理；晚期阶段加工中视觉系统将对已经提取出来的视觉信息进行整合、绑定等进一步分析处理。[6]

如上文所述，Pelli 等采用错误整合模型对视觉拥挤效应进行解释。[7] 该模型将物体识别分为两个阶段：首先是特征检测阶段。该阶段发生视觉初级视觉皮层（V1 区），主要是对干扰刺激和目标刺激的特征分别进

---

① Rayner, K., "Eye Movements and Attention in Reading, Scene Perception, and Visual Search", *The Quarterly Journal of Experimental Psychology*, No. 62, 2009, pp. 1457 – 1506.

② Thaler, V., Urton, K., Heine, A., et al., "Different Behavioral and Eye Movement Patterns of Dyslexic Readers with and Without Attentional Deficits During Single word Reading", *Neuropsychologia*, Vol. 47, No. 12, 2009, pp. 2436 – 2445.

③ Trauzettel-Klosinski, S., Koitzsch, A. M., Dürrwächter, U., "Eye Movements in German-speaking Children with and without Dyslexia When Reading Aloud", *Acta Ophthalmologica*, Vol. 88, No. 6, 2010, pp. 681 – 691.

④ Pan, J., Yan, M., Laubrock, J., Shu, H., Kliegl, R., "Saccade-target Selection of Dyslexic Children When Reading Chinese", *Vision Research*, No. 97, 2014, pp. 24 – 30.

⑤ Miller, G. A., "The Challenge of Universal Literacy", *Sciece*, No. 241, 1988, pp. 1293 – 1299.

⑥ 刘婷婷：《视觉拥挤效应神经机制的研究》，博士学位论文，复旦大学，2009 年，第 70 页。

⑦ Pelli, D. G., Palomares, M., Majaj, N. J., "Crowding is Unlike Ordinary Masking: Distinguishing Feature Integration from Detection", *Journal of vision*, Vol. 4, No. 12, 2004, pp. 1136 – 1169.

行独立而完整的检测；其次是特征整合阶段，该阶段发生在高级视觉皮层（如 V4 区），个体将来自 V1 区的特征整合成物体。物体是否能够被正确整合取决于干扰刺激与目标刺激的间距，若两者的间距小于临界间距，干扰刺激与目标刺激的特征将被错误整合；若两者的间距大于或等于临界间距，干扰刺激与目标刺激的特征将被正确整合，个体对物体的视觉特征会形成正确的知觉，导致目标刺激被成功识别。那些不能被成功整合的视觉特征即产生视觉拥挤效应。

关于汉语阅读中汉字的识别模型，主要代表模型是合体字字形的识别模型（见图 7-1）。该模型是沈模卫和朱祖祥在借鉴 Johnston 和 Mc-Clelland 的层次模型基础上提出的。①

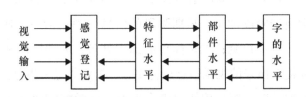

图 7-1 合体汉字字形的识别模型

合体字字形的识别模型假设人脑中存在一个觉察器网络，该网络由汉字特征、部件和字三部分构成。觉察器网络中的特征水平与部件水平、部件水平与字水平的觉察器之间存在着双向联系，这种联系既可表现为兴奋，也可表现为抑制。当汉字刺激出现时，首先对其进行预加工处理，汉字中的部件通过预加工被分配到特定的部件空间通道上，然后对部件进行特征分析。特定通道上部件的特征将被觉察器激活，被激活的特征觉察器向部件觉察器传递兴奋和抑制。特征觉察器向相容的部件觉察器传递兴奋；将抑制传递给不相容的部件觉察器。与特征觉察器相容的部件觉察器被激活后，部件觉察器再将兴奋传递给与该部件及其位置相容的字觉察器，同时部件觉察器向不相容的字觉察器传递抑制。

---

① 沈模卫、朱祖祥：《对汉字字形识别层次模型的实验验证》，《心理学报》1997 年第 4 期。

目前汉语文本阅读中比较流行的模型是 Li 等人提出的词汇切分和识别的计算机模型。[①] 该模型借用英文词汇识别的交互激活模型的一些基本假设，认为识别汉语词汇时，需要三层加工。首先是视觉侦查模块；其次是汉字识别模块；再次是词切分和词识别模块。该模型的重要假设包括：（1）词切分与词识别是一个完整统一的过程。（2）读者对于知觉广度内字的加工是平行的，加工效率从视野区域的增大逐渐降低，即在中央凹最高、外周最低。（3）读者一次只能识别一个词，词识别和词切分是系列加工。（4）读者一旦完成词识别，则该词或组成该词的字会被抑制。下一个词的识别过程立刻开始。[②]

在已有研究结果的基础上，借鉴错误整合模型、合体字汉字字形的识别模型和中文词切分与词识别模型，结合本书前六章系列研究发现，我们提出一个新的理论模型，具体如图 7 - 2 所示。

具体解释为：当汉字以视觉形式呈现时，位于视觉广度内的所有视觉信息（包括邻近字结构、笔画、大小、字间距、离心率等）被特征察觉器感知，这些传递是双向的，这种联系既可表现为兴奋，也可表现为抑制。视觉特征一经呈现，就进行预加工处理。参与预加工处理的包括：目标字、邻近字以及目标字和邻近字的关系，这种关系包括字结构一致与否、复杂性一致与否、物理大小、间距、离心率。这些视觉特征被分配到特定的特征空间通道上进行特征检测。经过预加工处理后，视觉特征分为一级相容特征和不相容特征。特定通道上所含的相容特征被特征觉察器激活后，开始传递兴奋参与特征整合，同时将不相容特征抑制。特征觉察器将相容特征的兴奋传输到特征整合器。首先对这些一级相容特征进行进一步处理，一级相容特征再次分类为二级相容特征和不相容特征；然后特征整合器对二级相容特征进行整合、绑定；最后特征整合器向与该特征整合器相容的字觉察器传递兴奋，特征整合器也将抑制传递给那些不相容的字觉察器。

---

① Li, X. S., Rayner, K., Cave, K. R., "On the Segmentation of Chinese Words During Reading", *Cognitive Psychology*, No. 58, 2009, pp. 525 - 552.

② 李兴珊、刘萍萍、马国杰：《中文阅读中词切分的认知机理述评》，《心理科学进展》2011 年第 4 期。

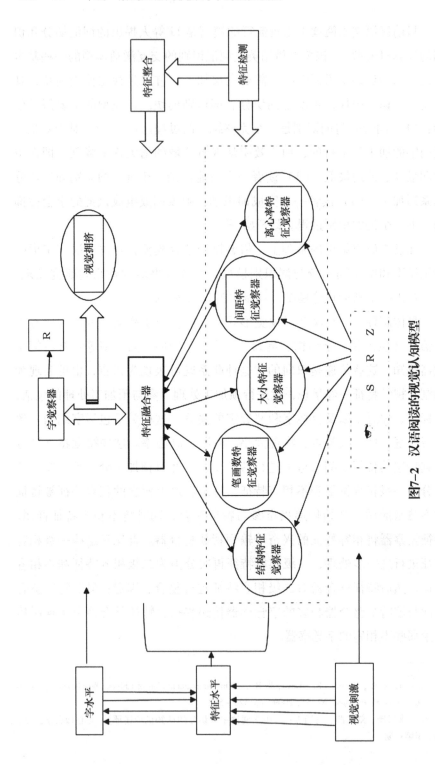

图7-2 汉语阅读的视觉认知模型

该模型主要包括以下几个假设。

（1）与中央凹视野汉字识别不一样，副中央凹及外周视野的汉字识别受更多因素的影响。

（2）每一种类型的特征觉察器是独立进行加工的。

（3）读者可以同时平行加工视野内的视觉信息。

（4）特征检测是反复的，检测之后是整合。

（5）扩大了特征的范围，将邻近字以及空间距离都纳入。

（6）不仅存在特征觉察器，还存在特征整合器。

（7）字觉察器不能成功识别目标字即产生视觉拥挤。

为了更清楚地解释该模型，我们以汉字结构特征为例进行详细说明，具体如图 7 - 3 所示。

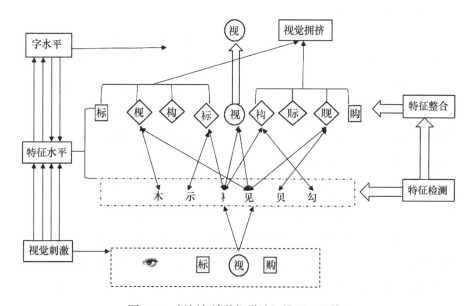

图 7-3 汉语阅读的视觉认知模型（结构）

当被拥挤的汉字"视"呈现时，预加工处理开始。参与预加工处理的包括：目标字"视"、邻近字"标"和"购"，以及它们的部件：礻、见、木、示、贝、勾。这些视觉特征被分配到特定的特征空间通道上进行特征检测。随后，视觉特征分为一级相容特征和不相容特征。特定通道上所含的相容特征被特征觉察器激活后，开始传递兴奋参与特征整合，同时将不相容特征抑制。特征觉察器将相容特征的兴奋传输到特征整合器。假设这些特征都相容，可能的绑定诸如标、木见、构、衤示、视、衤勾、贝示、贝见、购。首先对这些一级相容特征进行进一步处理，一级相容特征再次分类为二级相容特征和不相容特征；然后特征整合器对二级相容特征进行整合、绑定；最后特征整合器向与该特征整合器相容的字觉察器传递兴奋则目标字"视"识别成功，特征整合器也将抑制传递给那些不相容的字觉察器，如果不能成功识别，则产生视觉拥挤。

第三节　汉语阅读中视觉拥挤研究的方法论

本书第五章和第六章的研究均采用眼动记录法，理由如下。

第五章的实验任务都是通过汉字识别任务，采用的是 Bouma 实验的范式，① 即经典的视觉拥挤的范式。由于视觉拥挤考察的是副中央凹和外周视觉范围，需要被试眼睛注视当前，而目标刺激在副中央凹或外周，被试会无意识地移动眼睛，这时目标刺激可能就处于中央凹视野，那么所考察的就不是视觉拥挤效应了。此外，本书的研究对象是汉语发展性阅读障碍儿童，这一群体的眼动控制能力弱，② 因此需要采用一种技术使得被试的眼睛必须注视当前点，如果移动眼睛，目标刺激将不会出现在副中央凹或外周，而眼动追踪技术即可满足这一研究需要。

在第六章中，研究主要考察字大小和字间距对汉语文本阅读中不同视觉复杂性文本阅读中视觉拥挤的影响。作为文本阅读的研究，眼动追踪技术可以即时、精确地记录阅读的全过程，是研究阅读的最好方法。③

① Bouma, H. , "Interaction Effects in Parafoveal Letter Recognition", *Nature*, No. 226, 1970, pp. 177 – 178.

② Rayner, K. , "Eye Movements and Attention in Reading, Scene Perception, and Visual Search", *The Quarterly Journal of Experimental Psychology*, No. 62, 2009, pp. 1457 – 1506.

③ Huestegge, L. , Radach, R. , Corbic, D. , Huestegge, S. , "Oculomotor and Linguistic Determinants of Reading Development: A Longitudinal Study", *Vision Research*, No. 49, 2009, pp. 2948 – 2959.

自 1879 年 Javal 首先采用眼动追踪技术研究以来，迄今为止，已有140 多年的历史。随着眼动研究技术的逐渐成熟，越来越多的眼动研究的优势被发掘。首先，眼动追踪技术有良好的生态效度。读者的阅读不受干扰，其阅读的眼动轨迹在自然状态下可以实时被记录下来。其次，眼动追踪技术的精准度较高。眼动仪采样率高，本书所采用的 EyeLink 2000 的最高采样率已达 2000Hz，也就是说，1 秒钟有 2000 个数据被记录。再次，眼动追踪技术记录的多维度数据丰富了研究内容。眼动追踪技术可以提供时间、空间和生理等维度的数据。第六章的文本阅读中，我们采用了时间和空间维度上的指标。时间维度的指标主要包括：平均注视时间、总阅读时间和注视点持续时间频率分布；空间维度的指标主要采用了向前眼跳幅度、回视次数和眼跳幅度频率分布。由于大量关于阅读障碍的研究采用阅读速度来作为阅读绩效的重要指标，本研究也分析阅读速度这一指标，便于做比较。而阅读速度是读者每分钟阅读汉字的字数，阅读速度是通过句子长度调节后的总阅读时间，该研究中文本长度在 10—12 字，因此，第六章的研究中总阅读时间和阅读速度的总趋势是一致的。

文本阅读主要通过阅读时间和总注视次数这两个总体指标来考察读者阅读的整体情况。而眼动的其他指标均可以作为眼动模式的特征表现。第六章中，在阅读高视觉复杂性和低视觉复杂性材料时，阅读障碍儿童在小字（0.75°）条件下的阅读时间显著低于正常儿童，说明小字条件下，阅读障碍儿童的视觉拥挤效应大于正常儿童。汉语阅读障碍儿童的总阅读时间、总注视次数并非随着字间距的增加呈线性相关，其在阅读字间距是 +6pt 的低视觉复杂性文本时的阅读时间最长、总注视次数最多。而正常儿童不存在这种现象。说明字间距对阅读障碍儿童的视觉拥挤效应有影响。关于字大小和字间距对阅读障碍儿童和正常儿童阅读影响的眼动模式：随着字和字间距逐渐增大，阅读障碍儿童和正常儿童的平均注视时间越来越小，眼跳幅度越来越大。

总之，眼动追踪仪是探讨阅读过程的基本问题和揭示阅读认知机制的客观而有效的研究工具，[①] 眼动追踪技术也是研究阅读的重要方法。[②] 但是由于眼睛本身会有固颤和眨眼，并且眨眼的频率又存在个体差异，因此会影响眼动追踪技术记录数据的精确性。此外，有研究发现，眼动研究汇总的注视时间指标只能反映词汇的整体加工，单词的注视时间包括词汇加工时间和眼跳计划时间，所以对于单词的注视和直接加工单词并非理想耦合。[③] 因此，研究者结合当前心理学研究出现的新方法，如事件相关电位（ERP）、功能磁共振、脑电图、近红外等方法更系统地研究阅读领域的相关问题。我们也期待眼动技术和这些技术相结合来探讨汉语阅读障碍儿童视觉拥挤效应的机制问题。

第四节　视觉拥挤在教与学和临床中的应用

阅读是一项基本的生存技能，也是一种后天习得的能力。在阅读能力的不同发展阶段，有不同的培养目标和教育手段。有研究者将阅读分成阅读准备、学习阅读、在阅读中学习和基于阅读学会思考四个阶段。（1）阅读准备阶段是指在进入学习阅读阶段之前，应该培养孩子的口语能力或听力理解能力。阅读能力的发展是以口语能力的发展为基础，重点发展听和说的能力。（2）学习阅读阶段的孩子能够理解汉字和它在口语里的语音是什么样的对应关系。（3）阅读中学习阶段，应该让孩子阅读多样的文本，包括记叙文、说明文、议论文等多种文体，在阅读当中获取信息。到了更高年级，阅读就不仅是要获取书中作者的观点，更重要的是基于不同的视角，进行理性思考，提出自己的看法，形成自己的思想。（4）基于阅读学会思考阶段的孩子要从阅读中获取信息，更重要的是学会表达自己的观点，并且倾听别人不一样的观点，要通过阅读明

---

① 梁菲菲：《中文词切分认知机制的眼动研究》，博士学位论文，天津师范大学，2013 年，第 79 页。

② 孟红霞：《中文阅读中注视位置效应研究》，博士学位论文，天津师范大学，2012 年，第 1 页。

③ 陈庆荣、王梦娟、刘慧凝、谭顶良、邓铸、徐晓东：《语言认知中眼动和 ERP 结合的理论、技术路径及其应用》，《心理科学进展》2011 年第 2 期。

白：我们能够彼此倾听，彼此理解。这个阶段的核心能力是理性思考能力以及沟通能力。[①] 为了高效培养阅读习惯和兴趣，李虹教授建议，在三年级之前，儿童的阅读材料应该足够简单，根据难度进行分级，让识字量少的孩子也有阅读的成就感。我们认为，对于阅读障碍儿童而言，这些建议依然行之有效，这个群体掌握这项基本技能时可能受阻，但是越来越多的研究成果证明，科学的干预可以帮助他们提升阅读水平。

本研究的选题、设计和材料选择和数据收集都与学校教育实践紧密结合，而汉语阅读障碍儿童这一特殊群体与临床也有重要的关系。因此，研究成果对汉语阅读教与学以及临床都有一些启示。

一 提高阅读障碍儿童的阅读能力

汉语阅读的基础是汉字成功识别。而阅读障碍儿童的视觉拥挤大于正常儿童，因此可以通过降低视觉拥挤来提高阅读能力。字间距和字大小影响阅读障碍儿童视觉拥挤，因此调整阅读文本的字大小和字间距可以提高阅读障碍儿童的阅读绩效。

让儿童在适龄期学习更多的汉字、掌握更多的词汇，进而学会有效阅读，一直是汉语教与学的热点课题。[②] Nagy 等人研究发现，[③] 学龄儿童大多数词汇的获得不是通过课堂学习的，而是通过课外读物学习到的。已有研究发现，在中央凹视野正常儿童和阅读障碍儿童都会受视觉拥挤效应的影响，因此适当改变出版物的字号和字间距可以降低这两个群体的视觉拥挤效应，从而改善阅读障碍儿童的阅读现状，同时使阅读障碍儿童爱上阅读。此外，这种方式对正常儿童的阅读水平的提高也有调节，甚至可以推广到更大的低视力群体，比如老年人以及患有黄斑变性

---

① 罗燕：《北京师范大学心理学部教授李虹：阅读能力，是可以培养的》，《民生周刊》2021 年第 9 期。

② 梁菲菲：《中文词切分认知机制的眼动研究》，博士学位论文，天津师范大学，2013 年，第 80 页。

③ Nagy, W. E., Herman, P. A., "Breadth and Depth of Vocabulary Knowledge: Implications for Acquisition and Instruction", in M. G. McKeown and M. E. Curtis, eds., *The Nature of Vocabulary*, Hillsdale, NJ: Erlbaum, 1987, pp. 19 – 36.

的患者。

二 能为阅读障碍儿童认知训练提供新参考

对阅读障碍的研究最终目标都是为了帮助这个群体获得有效的阅读技能。已有阅读障碍的矫治方法存在很多弊端，诸如矫正过程繁杂、耗时较长、花费较高，受场地和设备限制等特点。根据第六章研究发现，改变字大小或者改变汉语文本的字间距可以提高文本易读性，有效提升阅读障碍儿童的阅读效率，通过阅读障碍儿童阅读材料的文本形式调整、改变文本的物理形式——这种简便、有效、易操作的方法无疑为提高阅读障碍儿童言语技能提供了直接的指导，有巨大的实践价值。

三 能为阅读障碍的诊断、预防提供指导

目前，中国的汉语阅读障碍儿童已经成为一个庞大的群体，应该受到更多的关注。已有对阅读障碍者的诊断大都是在严重影响学习的状况下才被发现。早诊断、早矫治无疑是对阅读障碍群体获得有效的言语技能最大限度的帮助。[①]

阅读障碍的筛选标准是开展阅读障碍研究的基石，只有基于统一、科学、有效的阅读障碍筛查标准，研究结果才具有可比性和有效性。[②] 孟红霞对 2004—2020 年中国（港澳台除外）学者发表的汉语发展性阅读障碍的实证研究进行分析（见表 7 - 1），可以看出，前 5 年每年的文献数量呈逐年上升的趋势，尤其是最近 5 年，文献数量较前 12 年有了明显的增加。近 5 年每年发表的文献数量大约是 30 篇，表明自 2016 年起中国（港澳台除外）阅读障碍的研究进入了一个相对稳定、比较成熟的发展阶段，并且发表在国外期刊的文献数量呈逐年上升的趋势，不断提高了中国在国际阅读障碍研究领域的影响力。总之，近 17 年中国汉语阅读障碍的研究有了长足的发展。[③]

---

① Rayner, K., "Eye Movements in Reading and Information Processing: 20 Years of Research", *Psychological Bulletin*, Vol. 124, No. 3, 1998, pp. 372 – 422.

② 孟红霞：《走近阅读障碍》，天津社会科学院出版社 2021 年版，第 77 页。

③ 孟红霞：《汉语发展性阅读障碍儿童筛选方法回顾与前瞻》，《天津市教科院学报》2021 年第 4 期。

表7-1　　　　　　　2004—2020 年文献量年度分布表（单位：篇）

	2004	2005	2006	2007	2008	2009	2010	2011	2012	2013	2014	2015	2016	2017	2018	2019	2020	合计
国内	11	4	4	7	14	7	9	11	4	7	4	3	4	4	12	9	10	124
国外	1	1	1	1	1	2	2	2	3	6	6	4	11	4	11	8	11	75
硕博	2	1	4	2	2	3	2	3	3	7	5	3	11	7	8	16	10	89
合计	14	6	9	10	17	12	13	16	10	20	15	10	26	15	31	33	31	288

　　然而，中国（港澳台除外）至今没有统一、标准的阅读障碍筛选标准，严重影响了阅读障碍筛选的有效性。因此，建立统一的阅读障碍筛选标准是摆在中国（港澳台除外）研究者面前的一个关键问题。值得关注的是，随着汉语阅读障碍研究的逐渐深入，近期有研究者采用专家书面反馈意见和视频会议谈论的形式，以发展性阅读障碍的病因学基础为指导，对发展性阅读障碍的临床表现、诊断流程及干预原则等形成统一意见。① 研究者将阅读障碍的诊断流程包括线索、临床评估筛选、阅读障碍初筛、临床资料收集（排除标准和阅读障碍相关认知测验 5 个步骤，并通过评估共患病来诊断阅读障碍是否共患其他障碍）。具体如图 7-4 所示。

　　与拼音文字的阅读障碍者一样，汉语阅读中，被诊断为阅读障碍儿童的视觉拥挤效应同样大于正常儿童，而本研究的操作具有很强的可操作性，不仅可以作为诊断流程的一个环节，更为重要的是可以作为前期预防性筛查使用。我们可以采用眼动追踪技术，通过设计简单的测试比较儿童间视觉拥挤的差异，作为初步的筛选。这一指标具有易操作性。通过这种方法，可以尽可能早地对儿童进行筛选，避免错过最佳矫正时期。

四　研究结论

（1）汉语阅读障碍儿童的视觉拥挤效应大于正常儿童。这种差异不受汉字结构、干扰刺激大小和间距的影响。

（2）汉字的复杂性影响正常儿童和阅读障碍儿童的视觉拥挤，在目

---

　　① 王久菊、孟祥芝、李虹等：《汉语发展性阅读障碍诊断与干预的专家意见》，《中国心理卫生杂志》2023 年第 3 期。

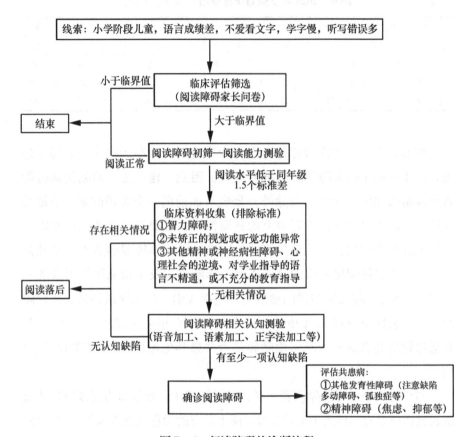

图 7-4 阅读障碍的诊断流程

标字和干扰汉字都是低复杂性时，阅读障碍儿童和正常儿童的视觉拥挤一样。汉字结构对阅读障碍儿童的影响较弱。

（3）正常儿童和阅读障碍儿童的视觉拥挤都受干扰刺激的大小影响，结果支持错误整合模型；随着干扰刺激的增大，阅读障碍的视觉拥挤效应代价更大。

（4）适用于拼音文字的临界间距不适合汉字识别，汉字的临界间距可能需要大于离心率的一半，因此阅读障碍儿童的临界间距更大。视觉拥挤受间距和离心率的影响，间距增大可以降低拥挤效应。

（5）文本阅读中，视觉复杂性对正常儿童和阅读障碍儿童视觉拥挤都有影响。字大小影响阅读障碍儿童文本阅读中的视觉拥挤效应，尤其是小字时（0.75°），阅读障碍儿童的视觉拥挤显著大于正常儿童。阅读障碍儿童和正常儿童的眼动模式受汉字大小的影响。

（6）文本阅读中，字间距影响阅读障碍儿童的视觉拥挤效应。阅读障碍儿童阅读低视觉复杂性文本时，随着字间距的不断增加，字间距增加到一定程度时（+6pt）阅读时间最长、总注视次数最多，随后在本实验字间距最大条件下（+12pt）阅读时间变短、总注视次数变少。正常儿童不存在这种现象。但是阅读障碍儿童的视觉拥挤效应强度和字间距大小的数量关系需要进一步探讨。

下　篇

不同群体多种语言阅读中
视觉拥挤效应的研究进展

第 八 章

文本呈现方式对视觉拥挤
效应影响的研究

第一节　增大间距降低阅读障碍者的视觉拥挤效应

阅读是一个复杂的过程，涉及低层次的视觉加工、语音加工和高层次的语义加工。鉴于熟练阅读需要在这些不同的系统之间整合信息，阅读障碍（即诵读困难症）可能会在阅读过程的任何阶段出现障碍。发展性阅读障碍是一种严重的学习障碍，尽管智力正常且接受了足够的教育，但仍影响约5%的学生的识字能力。目前，尽管研究者对于导致阅读障碍的原因仍然在进行激烈的争论，仍存在许多争议，但对于"如何找到让阅读障碍的儿童在更短的时间内阅读更多词语的方法"这一挑战却达成了共识。[①] 随着阅读障碍研究的深入，阅读障碍的干预方法大量涌现。研究者发现，阅读更多无疑是对阅读障碍最有效的干预。对阅读障碍的干预训练通常是针对阅读技能训练，如语音意识。然而，成分技能得到提高后，主要的挑战仍然存在，也就是说，阅读障碍必须通过"阅读更多"来治疗。无疑，对于阅读障碍儿童来说，似乎成为"阅读障碍—阅读更多补救—阅读障碍"循环。为解决这一问题，最常见的方法是设计复杂的补救方案提升阅读技能，特别是语音技能和听觉技能虽然相当成功，

① Zorzi, M., Barbiero, C., Facoetti, A., et al., "Extra-large Letter Spacing Improves Reading in Dyslexia", *Proceedings of the National Academy of the Sciences of the United States of America*, Vol. 109, No. 28, 2012, pp. 11455–11459.

但这种方法耗时且难以在现实的学校环境中实施，这些子技能的改进并不会自动提高阅读能力。①②

　　研究者就此展开了研究，③④⑤⑥⑦ 通过展示简单的字母间距操纵大大提高了文本阅读表现，而非通过任何形式的训练。特大的字母间距有助于阅读，因为阅读障碍者更容易受到视觉拥挤效应的影响，这是一种对字母识别有不利影响的感知现象，字母间距可以调节这种影响。增大字母间距可能有助于打破恶性循环，使阅读材料更容易获得。

一　增大间距降低阅读障碍儿童阅读拼音文本视觉拥挤效应的研究

　　间距是视觉拥挤效应的一个重要的影响因素。间距是指干扰刺激中心到目标刺激中心的距离。研究发现，间距越大阅读障碍者受视觉拥挤效应的干扰越小；当干扰刺激与目标刺激之间的距离为临界间距时，视觉拥挤效应最小，甚至消失。⑧ 研究者通过实验材料呈现方式的改变（字母间距、行间距等）来操纵拼音文本的呈现形式，试图改善阅读障碍者

　　① Habib, M., Espesser, R., Rey, V., Giraud, K., Gres, C., "Training Dyslexics with A-coustically Modified Speech: Evidence of Improved Phonological Performance", *Brain & Cognition*, Vol. 40, No. 1, 1999, pp. 143 – 146.

　　② Agnew, J. A., Dorn, C., Eden, G. F., "Effect of Intensive Training on Auditory Processing and Reading Skills", *Brain Lang*, Vol. 88, 2004, pp. 21 – 25.

　　③ Perea, M., Panadero, V., Moret-Tatay, C., Gómez, P., "The Effects of Inter-letter Spacing in Visual-word Recognition: Evidence with Young Normal Readers and Developmental Dyslexics", *Learning and Instruction*, Vol. 22, No. 6, 2012a, pp. 420 – 430.

　　④ Joo, S. J., White, A. L. A., Strodtman, D. J., Yeatman, J. D., "Optimizing Text for an Individual's Visual System: The Contribution of Visual Crowding to Reading Difficulties", *Cortex*, Vol. 103, 2018, pp. 291 – 301.

　　⑤ Zorzi, M., Barbiero, C., Facoetti, A., et al., "Extra-large Letter Spacing Improves Reading in Dyslexia", *Proceedings of the National Academy of the Sciences of the United States of America*, Vol. 109, No. 28, 2012, pp. 11455 – 11459.

　　⑥ 王敬欣、李莎、郝立莎等：《空格减少汉语发展性阅读障碍儿童的视觉拥挤效应：来自眼动的证据》，《心理科学》2019 年第 4 期。

　　⑦ 孟红霞、白学军、谭珂等：《间距和语义对阅读障碍儿童拥挤效应的影响》，《心理与行为研究》2020 年第 4 期。

　　⑧ Bouma, H. and Legein, C. P., "Foveal and Parafoveal Recognition of Letters and Words by Dyslexics and by Average Readers", *Neuropsychologia*, Vol. 15, No. 1, 1977, pp. 69 – 80.

单位时间内阅读更多的词汇，进而促进阅读障碍儿童的阅读。研究者选择年龄在8—14岁（平均年龄＝10.4岁，SD＝1.5）的74名儿童，考察超宽间距对阅读障碍儿童阅读表现的影响，所有招募的被试被专科医院诊断为发展性阅读障碍。阅读障碍样本包括34名意大利儿童和40名法国儿童。需要注意的是，意大利语有一个透明的书写系统，而法语有一个相对不透明的书写系统，类似于英语。根据标准排除/纳入标准，被诊断为阅读障碍儿童的阅读表现（准确性和/或速度）至少比适龄标准低2个标准差。被试需要阅读一篇由24个彼此无关的有意义的短句组成的文章，以防止使用上下文线索。文字以黑色字体打印在A4白色纸张上，使用Times-Roman字体，打印尺寸为14点（pt；1pt＝0.353mm，按照排版标准）。在间隔文本条件下，标准间隔增加了2.5pt。例如，意大利语单词il（the）中i和l之间的空格在正常文本中为2.7pt，在空格文本中为5.2pt。（见图8-1）

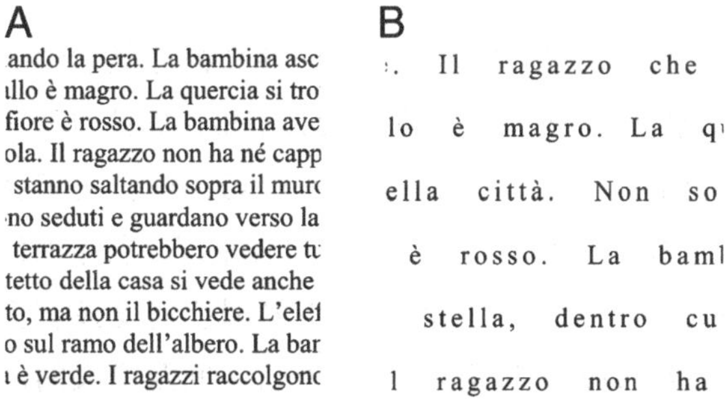

A

ando la pera. La bambina asc
llo è magro. La quercia si tro
fiore è rosso. La bambina ave
ola. Il ragazzo non ha né capp
stanno saltando sopra il muro
no seduti e guardano verso la
terrazza potrebbero vedere tu
tetto della casa si vede anche
to, ma non il bicchiere. L'elef
o sul ramo dell'albero. La bar
t è verde. I ragazzi raccolgono

B

. Il ragazzo che

lo è magro. La qu

ella città. Non so

è rosso. La bamt

stella, dentro cu

l ragazzo non ha

图8-1　阅读障碍和适龄匹配组阅读文本样例①（A. 正常文本；B. 空格文本）

研究者发现，增大字母间距有助于阅读，因为阅读障碍者会受到拥挤的不正常影响，字母间距可以调节这种影响，超大的字母间距可能有助于帮助阅读障碍儿童在较短的时间内阅读更多的单词。同时，这种阅

---

① Zorzi, M., Barbiero, C., Facoetti, A., et al., "Extra-large Letter Spacing Improves Reading in Dyslexia", *Proceedings of the National Academy of the Sciences of the United States of America*, Vol. 109, No. 28, 2012, pp. 11455 – 11459.

读材料更容易获得，可以显著提高阅读障碍儿童的即时文本阅读能力。

此外，有研究者以阅读障碍的成年人为研究对象，进行了视觉拥挤的心理物理测量，并测试了每个人的阅读表现是如何受到增加的文本间距的影响，目的在于缓解严重的视觉拥挤效应。结果发现，当字母间距和行距同时增加时，美国阅读障碍者的阅读速度更快。[①]

二 增大间距降低阅读障碍儿童汉语文本阅读中视觉拥挤效应的研究

与拼音文字不同，汉字属于意音文字，基本书写单位为汉字。汉字经历了图形符号、象形符号和纯线条符号三个阶段，是一种全方位立体组合的方块结构。汉字由笔画构成，笔画是构成汉字的最小结构单位。最少笔画的汉字 1 画，如"一""乙"，笔画较多的有"齉" 36 画等。因此，不同汉字的视觉空间差异显著。不同笔画组合成不同的部件，不同部件的组合构成汉字的上下、上中下、左右、左中右等结构。汉字组成文本构成视觉上的复杂性。由此推测，汉字识别中的视觉拥挤效应对读者的影响更大。

相比于拼音文字系统，汉语文本是一种高视觉复杂性的文本，包含了更多的视觉信息。[②] 由于汉语文本中没有空格，阅读过程中个体需要在副中央凹中进行词切分，因此汉语文本阅读相比拼音文字会产生更多的视觉拥挤效应。[③] 宋星操纵了汉语文本中单独呈现一行字时汉字之间的间距，发现阅读障碍儿童在正常间距条件下的阅读速度显著快于其他间距条件（1/4 字间距、1/2 字间距），研究者认为间距增大的确减少了阅读障碍儿童的视觉拥挤效应，然而由于被试不熟悉间距增大的文本呈现形式，因此对文本的不熟悉抵消了视觉拥挤效应减少带来的促进作用，使

① Joo, S. J., White, A. L. A., Strodtman, D. J., Yeatman, J. D., "Optimizing Text for an Individual's Visual System: The Contribution of Visual Crowding to Reading Difficulties", *Cortex*, Vol. 103, 2018, pp. 291 – 301.

② 王敬欣、李莎、郝立莎等：《空格减少汉语发展性阅读障碍儿童的视觉拥挤效应：来自眼动的证据》，《心理科学》2019 年第 4 期。

③ Zhang, J., Zhang, T., Xue, F., Liu, L., Yu, C., "Legibility of Chinese Characters in Peripheral Vision and the Top-down Influences on Crowding", *Vision Research*, Vol. 49, No. 1, 2009, pp. 44 – 53.

得被试在正常间距下的阅读速度最快。[①] 王敬欣等人使用眼动仪记录汉语
发展性阅读障碍儿童、正常年龄匹配和能力匹配儿童阅读插入空格文本
时的眼动，考察在字、词以及非词间插入空格对汉语发展性阅读障碍儿
童阅读加工过程的影响。[②] 实验材料为沈德立等研究中使用的材料。[③] 材
料共60个实验句子，每个句子长度为15—17个字（平均15.8±0.8字）。
实验句子中没有三年级学生不认识、不理解的字词，句子均通过通顺性
评定（1＝非常不通顺，7＝非常通顺，评分结果为6.69分）及词边界划
分的认同度评定（12名不参与实验的大学生对词进行划分，划分一致性
分数达到91%）。实验材料举例如图8－2所示。

（1）正常条件
农民伯伯在温室里种植了各种蔬菜。

（2）字间空格条件
农 民 伯 伯 在 温 室 里 种 植 了 各 种 蔬 菜。

（3）词间空格条件
农民 伯伯 在 温室 里 种植 了 各种 蔬菜。

（4）非词空格条件
农 民伯 伯在温 室里 种 植了 各 种蔬 菜。

图8－2　实验材料举例

　　结果发现，阅读障碍儿童在字间空格条件下平均注视时间减少的程
度大于正常儿童，注视次数在字间和词间空格条件下未见显著增加，能
力匹配儿童的注视次数在这两种空格条件下却显著增加。结果说明，字
间和词间空格不能促进能力匹配组儿童的阅读，但能减少阅读障碍儿童

---

　　① 宋星：《字号和字间距对发展性阅读障碍儿童句子阅读的影响》，硕士学位论文，天津
师范大学，2016年。

　　② 王敬欣、李莎、郝立莎等：《空格减少汉语发展性阅读障碍儿童的视觉拥挤效应：来自
眼动的证据》，《心理科学》2019年第4期。

　　③ 沈德立、白学军、臧传丽等：《词切分对初学者句子阅读影响的眼动研究》，《心理学
报》2010年第2期。

句子的总阅读时间。说明空格对汉语发展性阅读障碍儿童具有促进作用，这种促进作用主要是由于空格减少了其视觉拥挤效应所致。①

三 间距和语义对阅读障碍儿童汉语文本阅读中视觉拥挤效应的影响

上述研究一致发现适当增加间距，一定程度上减少了视觉拥挤效应对阅读障碍者的干扰，进而提高了其阅读能力。这些结果表明低水平视觉特征影响视觉拥挤效应的大小，为视觉加工阶段假设和注意调节下的视觉加工阶段假设提供了数据支持。此外，研究发现，视觉拥挤效应的影响因素除了低水平视觉特征外，高水平语言信息也是重要的影响因素。② 孟红霞等人以 14 名阅读障碍儿童以及与其年龄和阅读水平相匹配的儿童为实验对象，采用 3（被试类型：DD、CA、RL）×3（呈现条件：单独呈现、三字词、无关三字）的混合实验设计。考察了间距和语义对阅读障碍儿童拥挤效应的影响。③

实验材料（1）根据《现代汉语词典》选取三字词，保证三字词的中间汉字（即目标字，左右结构）出现在小学一年级至三年级语文课本（人教版）的生字表中，共选出 184 个三字词。（2）请不参加正式实验的 15 名三年级小学生评定三字词的熟悉性，"1"代表非常不熟悉，"5"代表非常熟悉。剔除平均分在 3.00 以下的三字词，剩下 129 个三字词（15 个用于练习），评定结果为 M = 4.45，SD = 0.55。基于 SUBTLEX – CH 语料库，三字词的平均词频为 6.82 次/百万，目标字的平均字频为 357.39 次/百万，笔画数在 7—13 画。（3）根据三字词的首字和尾字选取干扰字，干扰字和目标字不能组成有意义的词。本实验的离心率为 5°视角，间距为 2°视角。

---

① 王敬欣、李莎、郝立莎等：《空格减少汉语发展性阅读障碍儿童的视觉拥挤效应：来自眼动的证据》，《心理科学》2019 年第 4 期。

② Gori, S., Facoetti, A., "How the Visual Aspectscan be Crucial in Reading Acquisition?, The Intriguing case of Crowding and Developmental Dyslexia", *Journal of Vision*, Vol. 5, No. 1, 2015, pp. 1 –20.

③ 孟红霞、白学军、谭珂等：《间距和语义对阅读障碍儿童拥挤效应的影响》，《心理与行为研究》2020 年第 4 期。

结果发现，阅读障碍儿童受视觉拥挤效应的影响显著大于正常儿童，表明阅读障碍存在视觉加工缺陷；间距和语义均影响阅读障碍儿童的视觉拥挤效应，表明影响阅读障碍儿童视觉拥挤效应的因素既有刺激的低水平视觉特征，也有高水平语言信息；间距与阅读障碍儿童视觉拥挤效应的关系呈 U 形。

第二节　视觉复杂性和字间距调节汉语发展性阅读障碍儿童的视觉拥挤效应[①]

一　研究目的

阅读是个体发展的一项基本技能，在儿童的认知发展中具有非常重要的作用。发展性阅读障碍（developmental dyslexia，DD）指个体不存在脑的器质性损伤、精神或智力障碍，但在与同龄人接受相同教育条件下仍表现出无法准确和流畅地对字词进行识别、拼写和解码等不同程度的阅读困难。[②] 学龄儿童阅读障碍的发生率为 5%—10%。[③][④][⑤] 中国小学生在读人数为 9913 万，[⑥] 据此可推测中国 DD 儿童 496 万—991 万。视觉认知在 DD 的成因中起着重要作用。在众多与阅读障碍相关的因素中，研究者关注视觉拥挤效应（visual crowding effect）。[⑦] 所谓视觉拥挤效应，指由于周围其他刺激的存在，使得对副中央凹及外周视觉区域内目标刺激的

---

①　郭志英、谭珂、宋星、彭国慧、白学军：《视觉复杂性和字间距调节汉语发展性阅读障碍儿童的视觉拥挤效应：来自眼动的证据》，《心理与行为研究》2018 年第 5 期。

②　Lyon，G. R.，Shaywitz，S. E.，"A Definition of Dyslexia"，*Annals of Dyslexia*，No. 53，2003，p. 1.

③　Stevenson，H. W.，Stigler，J. W.，Lucker，G. W.，Lee，S. Y.，Kitamura，H. S.，"Reading Disabilities：The Case of Chinese，Japanese，and English"，*Child Development*，Vol. 53，No. 5，1982，p. 1165 –1181.

④　张承芬、张景焕、常淑敏、周晶：《汉语阅读困难儿童认知特征研究》，《心理学报》1998 年第 1 期。

⑤　周晓林、孟祥芝：《中文发展性阅读障碍研究》，《应用心理学》2001 年第 1 期。

⑥　中华人民共和国国家统计局编：《中国统计年鉴 2015》，中国统计出版社 2015 年版。

⑦　Gori，S.，Facoetti，A.，"How the Visual Aspects Can be Crucial in Reading Acquisition？The Intriguing Case of Crowding and Developmental Dyslexia"，*Journal of Vision*，Vol. 5，No. 1，2015，p. 10.

识别受损的现象。①②③ 大量研究发现，即使在最佳的视觉条件下，DD 儿童比正常儿童更容易受视觉拥挤效应的影响。④⑤⑥⑦ 因此，越来越多的研究者认为视觉拥挤效应可能是导致阅读障碍的重要原因。⑧⑨⑩⑪⑫ 汉语是由汉字与汉字紧密排列组成的密集文本，词与词之间也不存在空格，因此视觉因素在汉语阅读中起更大的作用。⑬ 汉字是由一系列笔画组成的，汉字的信息进入视网膜后，视觉特征（笔画）被检测、整合，之后进入视觉编码阶段，最后形成对该字的整体视觉认知。汉字的字间拥挤的效

① Bouma, H., "Interaction Effects in Parafoveal Letter Recognition", *Nature*, No. 226, 1970, pp. 177 – 178.

② Levi, D. M., "Crowding-An Essential Bottleneck for Object Recognition: A Mini-review", *Vision Research*, Vol. 48, No. 5, 2008, pp. 635 – 654.

③ Whitney, D., Levi, D. M., "Visual Crowding: A Fundamental Limit on Conscious Perception and Object Recognition", *Trends in Cognitive Sciences*, Vol. 15, No. 4, 2011, pp. 160 – 168.

④ Bouma, H., Legein, C. P., "Foveal and Parafoveal Recognition of Letters and Words by Dyslexics and by Average Readers", *Neuropsychologia*, Vol. 15, No. 1, 1977, pp. 69 – 80.

⑤ Spinelli, D., MD Luca, Judica, A., Zoccolotti, P., "Crowding Effects on word Identification in Developmental Dyslexia", *Cortex*, Vol. 38, No. 2, 2002, pp. 179 – 200.

⑥ Martelli, M., Filippo, G. D., Spinelli, D., Zoccolotti, P., "Crowding, Reading, and Developmental Dyslexia", *Journal of Vision*, No. 9, 2009, p. 14.

⑦ Lorusso, M. L., et al., "Wider Recognition in Peripheral Vision Common to Different Subtypes of Dyslexia", *Vision Research*, *Vol.* 44, No. 20, 2004, pp. 2413 – 2424.

⑧ Bouma, H., Legein, C. P., "Foveal and Parafoveal Recognition of Letters and Words by Dyslexics and by Average Readers", *Neuropsychologia*, Vol. 15, No. 1, 1977, pp. 69 – 80.

⑨ Callens, M., Whitney, C., Tops, W., Brysbaert, M., "No Deficiency in Left-to-right Processing of Words in Dyslexia But Evidence for Enhanced Visual Crowding", *The Quarterly Journal of Experimental Psychology*, Vol. 6, No. 99, 2013, pp. 1803 – 1817.

⑩ Moll, K., Jones, M., "Naming Fluency in Dyslexic and Nondyslexic Readers: Differential Effects of Visual Crowding in Foveal, Parafoveal, and Peripheral Vision", *The Quarterly Journal of Experimental Psychology*, Vol. 66, No. 11, 2013, pp. 2085 – 2091.

⑪ Montani, V., Facoetti, A., Zorzi, M., "The Effect of Decreased Interletter Spacing on Orthographic Processing", *Psychonomic Bulletin & Review*, Vol. 22, No. 3, 2015, pp. 824 – 832.

⑫ Perea, M., Panadero, V., Moret-Tatay, C., Gómez, P., "The Effects of Inter-letter Spacing in Visual-word Recognition: Evidence with Young Normal Readers and Developmental Dyslexics", *Learning and Instruction*, Vol. 22, No. 6, 2012a, pp. 420 – 430.

⑬ McBride-Chang, C., Lam, F., Lam, C., Chan, B., Fong, C. Y., Wong, T. T., Wong, S. W. L., "Early Predictors of Dyslexia in Chinese Children: Familial History of Dyslexia, Language Delay, and Cognitive Profiles", *Journal of Child Psychology and Psychiatry*, Vol. 52, No. 2, 2011, pp. 204 – 211.

应大于字内拥挤。有关汉语 DD 儿童的研究发现，汉语 DD 儿童的视觉拥挤效应大于正常儿童。汉字的复杂性（笔画数）影响视觉拥挤，当目标刺激和干扰刺激的复杂性程度不一致时，视觉拥挤效应降低。[①]

拼音文字的研究发现，文本阅读中视觉拥挤效应受刺激间的间距影响，适当增大字母间隔或词间隔可以显著提升 DD 儿童的阅读效率，且 DD 儿童的获益比正常读者更大。[②][③] Chuang 通过实验考察了字间距和行间距对汉语阅读的作用，研究发现字间距对阅读有影响，而印刷文本的行间距对汉语阅读不存在显著影响。[④] 随后，其他研究者也得出同样的结论，研究者通过考察字间距对视频显示终端的静态和动态文本阅读的影响，研究发现了字间距对这两种文本的促进作用。[⑤] 沈模卫、李忠平、张光强考察大学生阅读引导式文本 10 字窗口和 20 字窗口下，五种字间距水平：标准字距（0 字距）、1/8 字距、1/4 字距、1/2 字距和 1 字距文本阅读中，字间距对汉语文本阅读的影响。结果发现，字间距在不同窗口大小的影响有差别，字间距增大影响 10 字窗口的阅读正确率，但对 20 字窗口的阅读正确率没有影响。[⑥] 表明字间距对汉语文本阅读工效有显著影响。这些研究都是以成年人为研究对象，字间距对汉语阅读的影响是否存在发展的差异，并且儿童接受系统教育更多地以自然、静态的文本为主，因此字间距对于儿童阅读汉语文本的影响是怎样的，字间距会调节自然阅读中的视觉拥挤效应吗？

---

① Zhang, J., Zhang, T., Xue, F., Liu, L., Yu, C., "Legibility of Chinese Characters in Peripheral Vision and the Top-down Influences on Crowding", *Vision Research*, Vol. 49, No. 1, 2009, pp. 44 – 53.

② Perea, M., Gómez, P., "Increasing Interletter Spacing Facilitates Encoding of Words", *Psychonomic Bulletin and Review*, Vol. 19, No. 2, 2012b, pp. 332 – 338.

③ Zorzi, M., Barbiero, C., Facoetti, A., et al., "Extra-large Letter Spacing Improves Reading in Dyslexia", *Proceedings of the National Academy of the Sciences of the United States of America*, Vol. 109, No. 28, 2012, pp. 11455 – 11459.

④ Chuang, C. R., "Effects of Inter-word and Inter-line Space on Reading Chinese", *Acta Psychologica Taiwanica*, Vol. 24, No. 2, 1982.

⑤ Hwang, S. L., Wang, M. Y., Her, C. C., "An Experimental Study of Chinese Information Displays on VDTs", *Human Factors the Journal of the Human Factors & Ergonomics Society*, Vol. 30, No. 30, 1988, pp. 461 – 471.

⑥ 沈模卫、李忠平、张光强：《词切分与字间距对引导式汉语文本阅读工效的影响》，《心理学报》2001 年第 5 期。

汉语文本是一种汉字排列紧密的密集文本，视觉上更拥挤，改变文本中汉字与汉字的间距能调节汉语 DD 儿童的阅读绩效吗？

基于以上问题，我们开展了本项研究。本研究主要目的是考察句子阅读中操纵视觉复杂性和字间距是否对汉语 DD 儿童的视觉拥挤效应起到调节的作用。

不同视觉复杂性的阅读材料是由多笔画汉字组成的高视觉复杂性句子和少笔画数汉字组成的低视觉复杂性句子，通过在不同视觉复杂性的正常文本形式中字空间的基础上增大和缩小原有空间，构成视觉上拥挤和不拥挤的形式，来考察汉语阅读中拥挤的代价和不拥挤的获益。

眼动追踪技术可以即时、精确地记录阅读的全过程，是研究阅读的最优技术手段。[1] 因此，本研究采用眼动追踪技术记录被试句子阅读任务中的阅读行为，探讨视觉复杂性和字间距对汉语 DD 儿童视觉拥挤效应的影响。

作为阅读水平较低的 DD，其阅读过程中的眼动模式异于正常者，主要表现为：总阅读时间长（阅读速度慢）、注视次数较多、眼跳幅度较短且不规则。[2][3][4][5] Rayner 研究发现，英语 DD 儿童在阅读中的眼动控制能力比较弱，眼动模式异常，他们的边缘视觉广度小，不能有效利用副中央凹和边缘视觉系统加工信息，眼动指标上表现为注视时间长，注视次数多，回视频率高，眼跳距离短，回视距离不规则等。[6] 有研究发现，汉

① Rayner, K. , "Eye Movements in Reading and Information Processing: 20 Years of Research", *Psychological Bulletin*, Vol. 124, No. 3, 1998, pp. 372 – 422.

② Bayram, S. , Camnalbur, M. , Esgin, E. , "Analysis of Dyslexic Students Reading Disorder with Eye movement Tracking", *Cypriot Journal of Educational Sciences*, Vol. 7, No. 2, 2012, pp. 129 – 148.

③ Hawelka, S. , Gagl, B. , Wimmer, H. , "A Dual-route Perspective on Eye Movements of Dyslexic Readers", *Cognition*, No. 115, 2010, pp. 367 – 379.

④ Thaler, V. , Urton, K. , Heine, A. , Hawelka, S. , Engl, V. , Jacobs, A. M. , "Different Behavioral and Eye Movement Patterns of Dyslexic Readers with and without Attentional Deficits During Single Word Reading", *Neuropsychologia*, Vol. 47, No. 12, 2009, pp. 2436 – 2445.

⑤ Trauzettel-Klosinski, S. , Koitzsch, A. M. , Dürrwächter, U. , "Eye Movements in German-speaking Children with and without Dyslexia When Reading Aloud", *Acta Ophthalmologica*, Vol. 88, No. 6, 2010, pp. 681 – 691.

⑥ Rayner, K. , "The 35th sir Frederick Bartlett Lecture: Eye Movements and Attention in Reading, Scene Perception, and Visual Search", *The Quarterly Journal of Experimental Psychology*, Vol. 62, No. 8, 2009, pp. 1457 – 1506.

语 DD 儿童的平均注视时间延长、注视次数和眼跳次数增多、平均眼跳幅度减小的眼动模式。[1][2][3]　此外，白学军等人研究发现，汉语 DD 儿童的眼跳模式也与正常儿童不同。[4]

　　本研究假设：如果字间距和视觉复杂性同时影响汉语 DD 儿童的视觉拥挤效应，那么字间距和视觉复杂性则存在交互作用；如果字间距和视觉复杂性独立影响汉语 DD 儿童的视觉拥挤效应，那么字间距和视觉复杂性则不存在交互作用。

二　研究方法

（一）被试筛选

　　根据已有研究对汉语 DD 儿童进行筛选所使用的方法如下：[5][6][7][8][9]采用王孝玲和陶保平在 1996 年编制的《小学生汉字识字量测试》[10] 和北

① 黄旭、吴汉荣、静进、邹小兵、王梦龙、李秀红等：《汉语阅读障碍儿童在快速命名时的眼动特征》，《中国心理卫生杂志》2007 年第 6 期。

② 李秀红、静进、邹小兵、黄旭、陈学彬、杨斌让：《汉语阅读障碍儿童阅读文章的眼动试验研究》，《中国心理卫生杂志》2007 年第 6 期。

③ Pan, J., Yan, M., Laubrock, J., Shu, H., Kliegl, R., "Saccade-target Selection of Dyslexic Children When Reading Chinese", *Vision Research*, No. 97, 2014, pp. 24 – 30.

④ 白学军、孟红霞、王敬欣、田静、臧传丽、闫国利：《阅读障碍儿童与其年龄和能力匹配儿童阅读空格文本的注视位置效应》，《心理学报》2011 年第 8 期。

⑤ Shu, H., McBride-Chang, C., Wu, S. N., Liu, H. Y., "Understanding Chinese Developmental Dyslexia: Morphological Awareness as a Core Cognitive Construct", *Journal of Educational Psychology*, Vol. 98, No. 1, 2006, pp. 122 – 133.

⑥ Meng, X., Cheng-Lai, A., Zeng, B., Stein, J. F., Zhou, X., "Dynamic Visual Perception and Reading Development in Chinese School Children", *Annals of Dyslexia*, Vol. 61, No. 2, 2011, pp. 161 – 176.

⑦ Meng, X., Lin, O., Wang, F., Jiang, Y., Song, Y., "Reading Performance is Enhanced by Visual texture Discrimination Training in Chinese-speaking Children with Developmental Dyslexia", *Plos One*, Vol. 9, No. 9, 2013, pp. 1 – 18.

⑧ Qian, Y., Bi, H. Y., "The Effect of Magnocellular-based Visual-motor Intervention on Chinese Children with Developmental Dyslexia", *Frontiers in Psychology*, No. 6, 2015, pp. 1529.

⑨ Wang, J. J, Bi, H. Y, Gao, L. Q., Wydell, T. N., "The Visual Magnocellular Pathway in Chinese-speaking Children with Developmental Dyslexia", *Neuropsychologia*, Vol. 48, No. 12, 2010, pp. 3627 – 3633.

⑩ 王孝玲、陶保平：《小学生识字量测试题库及评价量表》，上海教育出版社 1996 年版。

京师范大学张厚粲和王晓平（1985）修订的《瑞文标准推理测验》。①

《小学生汉字识字量测试》主要用来测评儿童识字量，提供识字量筛选依据。

《瑞文标准推理测验》主要测评儿童的非言语推理能力，提供儿童的智力水平依据。每个测验时间均为 40—50 分钟。

对天津三所中等水平小学三年级、四年级和五年级的学生进行测验。排除智力不正常者（智力测验等级处于 25% 以下）、排除语文教师、研究者共同认为是由于发挥失常、情绪等因素导致成绩偏低的儿童，选取四年级、五年级识字量成绩低于 1.5 个年级的学生作为 DD；年龄匹配（chronological age，CA）来自四年级、五年级中与 DD 年龄相近且智力水平相当的学生；能力匹配（reading level，RL）来自三年级学生中与 DD 识字量水平相当且智力水平相近的学生。此外，所有参与研究的儿童裸眼视力或矫正视力正常，他们都没有参加过眼动实验。被试的基本情况如表 8 - 1 所示。

表 8 - 1　　　　　　　　　　被试基本情况 M（SD）

	年龄（月）	智力水平（百分等级）	识字量
DD（13）	133（7）	57%（0.23）	2408（337）
CA（16）	133（7）	65%（0.22）	3093（146）
RL（15）	120（6）	57%（0.21）	2510（179）

经 t 检验发现，DD 和 CA 在识字量上差异显著（$t = 7.35$，$p < 0.05$），在年龄和智力水平上差异不显著（$p_s > 0.05$）。DD 与 RL 在年龄上存在显著差异（$t = 4.87$，$p < 0.05$）在智力水平和识字量上差异不显著（$p_s > 0.05$）。CA 和 RL 在年龄和识字量上差异显著（$t = 5.1$，$p < 0.05$；$t = 9.95$，$p < 0.05$），在智力水平上差异不显著（$p > 0.05$）。

---

① 张厚粲、王晓平：《瑞文标准推理测验手册》（中国城市修订版），北京师范大学出版社 1985 年版。

（二）实验设计

采用 3（被试类型：DD、CA、RL）×2（句子视觉复杂性：高、低）×6［字间距：默认（0pt）、 -6、 -3pt、 +3pt、 +6pt、 +12pt］的三因素混合实验设计。其中被试类型是被试间变量，句子视觉复杂性和字间距是被试内变量。

（三）实验材料

第一步：根据人民教育出版社（2002 年）三年级教材及同等水平的课外读物编写陈述句 200 个，句子的长度为 10—12 字，句子中间没有标点符号。

第二步：请 3 名语文老师三年级小学生对所有句子的通顺性进行评定，并标出学生三年级不认识的字、词或理解有困难的句子；请 17 名三年级小学生对所有句子进行难度评定；另请 18 名三年级小学生进行熟悉性评定。所有评定均为 7 点量表评定。

第三步：最后产生 108 个正式实验句子，低视觉复杂性句子和高视觉复杂性句子各 54 句，句子的平均长度为 11.05 字。句子的评定结果：通顺性结果为（M = 6.34, SD = 0.61, 7 代表非常通顺），其中低视觉复杂性的通顺性为（M = 6.43, SD = 0.63）、高视觉复杂性的通顺性为（M = 6.26, SD = 0.59）；句子的难度结果为（M = 6.08, SD = 0.33, 7 代表非常容易），其中低视觉复杂性的难度为（M = 6.13, SD = 0.31）、高视觉复杂性的难度为（M = 6.03, SD = 0.34）；句子的熟悉性结果为（M = 6.40, SD = 0.36, 7 代表非常熟悉），其中低视觉复杂性的熟悉性为（M = 6.44, SD = 0.24）、高视觉复杂性的熟悉性为（M = 6.35, SD = 0.45）。对高视觉复杂性和低视觉复杂性的通顺性、难度和熟悉性进行差异检验，均不存在显著性差异（ts > 1.17, ps > 0.05）。

此外，实验中句子是随机呈现，为了避免字大小差异造成的视觉影响，我们在实验句中加入了 20 个填充句子（高低视觉复杂性各 10 个）。

实验中包括 5 种字大小和高低视觉复杂性：将实验句以字大小条件为单位进行拉丁方平衡，每个被试只接受其中一组实验材料。练习部分包括高、低视觉复杂性各 4 个句子，实验共有 12 个问题。实验中要求被试做出"是/否"判断，被试先进行练习，熟悉实验程序后正式开始。

材料举例：

低视觉复杂性：少儿节目受到小朋友的欢迎。

高视觉复杂性：熟睡的璐璐被隆隆雷声震醒。

（四）实验仪器

加拿大 SR Research 公司开发的 EyeLink 2000 眼动仪来记录被试的眼睛注视情况。该设备的两台计算机（被试机和主试机）是通过以太网连接的。被试机呈现材料，主试机记录眼动数据。被试眼睛的注视情况通过微型摄像机输入计算机，采样率为 2000 次/秒。

全部实验材料以白底黑字呈现在被试机显示器上，显示器的刷新率为 120Hz，分辨率为 1024×768，被试的眼睛之间的距离是 40.83cm，每一屏幕呈现一个句子，句子只占一行。汉字为黑体，大小为 32×32 像素，每个汉字约为 1°视角。

（五）实验程序

（1）实验前，主试向被试讲解实验要求、所用仪器、程序以及注意事项。

（2）被试坐在距离被试机屏幕 40.83cm 处，根据被试的身高调整座位的高度，使被试将头放在托上后双眼聚焦在被试机屏幕的中央。

（3）主试对被试进行 C 校准和 V 校准。

（4）校准成功后，首先进行练习，为了让被试熟悉实验流程。练习之后是正式实验，全部实验需要 20—30 分钟。要求被试在实验过程中头部尽量保持不动。

（六）分析指标

在阅读的研究过程中，用不同的眼动参数来反映即时的认知加工，主要从时间、距离、次数等方面进行考察。[1][2] 本实验采用以句子为单位的整体测量（global measure），选用指标具体如下：总阅读时间（total reading time）：阅读一句话所用的时间。总注视次数（total number of fixa-

---

① Rayner, K., "Eye Movements in Reading and Information Processing: 20 Years of Research", *Psychological Bulletin*, Vol. 124, No. 3, 1998, pp. 372 –422.

② 白学军、郭志英、顾俊娟、曹玉肖、闫国利：《词切分对日—汉双语者汉语阅读影响的眼动研究》，《心理学报》2011 年第 11 期。

tions)：落在句子上的注视点个数。平均注视时间（mean fixation dura-
tions）：落在句子上的所有注视点的持续时间的平均值。向前眼跳距离
（mean saccade lengths）：句子上发生的所有眼跳距离的平均值。回视眼跳
次数（number of regressive saccades）：句子上发生的所有从右到左眼跳的
次数。阅读速度（number of characters per min）：每分钟阅读的总字数。

三　结果

三组被试在阅读理解题中的总正确率为 87.69%，其中 DD 组
（84%）、CA 组（91.67%）、RL 组（86.67%），三组被试的结果差异不
显著（p > 0.05），表明被试对实验句子进行认真阅读并很好地理解。

根据以下标准对有效项目进行筛选：①②③④⑤ （1）过早按键或错误按
键（即在实验过程中，被试连续按键导致句子未呈现完，无法记录被试
眼动；（2）追踪丢失（实验中因被试头动等偶然因素导致眼动仪记录数
据丢失）；（3）注视时间小于 80ms 或大于 1200ms；（4）平均数大于或小
于三个标准差。共剔除无效数据占总数据的 2.87%。

用 EyeLink 2000 提供的数据分析软件将数据导出，使用 SPSS16.0 for
Windows 对数据进行处理。三组被试阅读不同字间距低、高视觉复杂性文
本性时眼动指标的结果如表 8 - 2 和表 8 - 3 所示。所有变量进行被试分析
（F_1，t_1）和项目分析（F_2，t_2）的重复测量方差分析，只报告差异显著
的结果。

① Bai, X., Yan, G., Liversedge, S. P., Zang, C., Rayner, K., "Reading Spaced and Uns-
paced Chinese Text: Evidence from Eye Movements", *Journal of Experimental Psychology: Human Percep-
tion and Performance*, Vol. 34, No. 5, 2008, pp. 1277 - 1287.

② Rayner, K., Liversedge, S. P., White, S. J., "Eye Movements When Reading Disappearing
Text: The Importance of the Word to the Right of Fixation", *Vision Research*, Vol. 46, No. 3, 2006,
pp. 310 - 323.

③ 沈德立、白学军、臧传丽、闫国利、冯本才、范晓红：《词切分对初学者句子阅读影响
的眼动研究》，《心理学报》2010 年第 2 期。

④ 白学军、郭志英、王永胜、高晓雷、闫国利：《老年人与青年人阅读空格文本的注视位
置效应》，《心理发展与教育》2015 年第 2 期。

⑤ 白学军、王永胜、郭志英、高晓雷、闫国利：《汉语阅读中词 N + 2 的预视对高频词 N +
1 加工影响的眼动研究》，《心理学报》2015 年第 2 期。

表8-2　　　三组被试阅读不同字间距低视觉复杂性
文本时眼动指标的结果（M ± SD）

		−6pt	−3pt	0pt	+3pt	+6pt	+12pt
总阅读时间 （ms）	DD	3268（896）	3261（1052）	3466（1133）	3652（1094）	3787（1190）	3393（1018）
	CA	2570（639）	2703（685）	2653（600）	2646（679）	2709（669）	2691（663）
	RL	2743（605）	2851（677）	2828（613）	2911（738）	2855（648）	2825（604）
平均注视时间 （ms）	DD	256（23）	249（30）	249（30）	249（28）	234（31）	228（25）
	CA	244（29）	244（24）	241（22）	237（28）	231（27）	223（27）
	RL	255（29）	251（24）	244（26）	238（26）	238（30）	219（25）
总注视次数	DD	11.1（2.7）	11.0（2.9）	11.5（2.6）	12.7（3.1）	13.3（3.3）	12.5（2.9）
	CA	9.2（2）	9.4（1.9）	9.0（1.5）	9.3（1.8）	9.7（1.9）	9.8（1.8）
	RL	9.1（1.7）	9.6（2.1）	9.7（1.8）	10.3（2.5）	9.8（2.2）	10.1（2）
向前眼跳幅度 （字）	DD	1.9（0.6）	2.0（0.6）	2.2（0.7）	2.4（1.0）	2.5（0.7）	2.8（0.9）
	CA	2.0（0.4）	2.4（0.5）	2.7（0.6）	2.7（0.7）	3.1（0.7）	3.5（0.8）
	RL	2.1（0.4）	2.3（0.6）	2.5（0.5）	2.9（0.6）	2.8（0.6）	3.4（0.8）
回视次数	DD	3.1（1.4）	3.0（1.3）	3.1（1.1）	3.6（1.2）	3.8（1.6）	3.4（1.3）
	CA	2.7（1.1）	2.8（1.1）	2.6（0.8）	2.7（0.8）	3.1（1.2）	2.9（0.9）
	RL	2.8（0.9）	2.8（0.9）	2.8（0.9）	3.3（1.2）	3.0（1.0）	3.1（0.7）
阅读速度 （字/分钟）	DD	257（81）	260（72）	230（68）	234（84）	224（82）	243（68）
	CA	299（72）	290（69）	286（63）	289（54）	281（65）	283（60）
	RL	277（65）	264（55）	271（53）	260（54）	270（59）	271（58）

表8-3　　　三组被试阅读不同字间距高视觉复杂性
文本时眼动指标的结果（M ± SD）

		−6pt	−3pt	0 pt	+3 pt	+6 pt	+12 pt
总阅读时间 （ms）	DD	4485（1266）	4445（1172）	4194（1213）	4240（1273）	4746（1903）	4408（1271）
	CA	3780（1210）	3360（1083）	3560（1047）	3210（740）	3475（1109）	3318（945）
	RL	4007（901）	3572（926）	3625（1015）	3858（923）	3682（745）	3746（917）
平均注视时间 （ms）	DD	286（27）	270（25）	249（22）	251（29）	244（23）	235（22）
	CA	275（34）	251（25）	252（31）	232（23）	231（25）	222（22）
	RL	288（28）	263（27）	260（31）	254（32）	242（24）	232（24）

续表

		−6pt	−3pt	0 pt	+3 pt	+6 pt	+12 pt
总注视次数	DD	13.4 (3.4)	14.4 (3.5)	13.9 (3.8)	14.0 (3.1)	15.8 (5.4)	14.8 (3.8)
	CA	12.1 (2.9)	11.6 (3.3)	12.0 (2.2)	11.5 (2.4)	12.6 (3.6)	12.3 (3.0)
	RL	12.3 (2.5)	11.7 (2.3)	12.0 (3)	13.1 (3.7)	12.9 (2.5)	13.5 (2.9)
向前眼跳幅度（字）	DD	1.7 (0.5)	1.9 (0.6)	2.0 (0.6)	2.1 (0.6)	2.3 (0.7)	2.5 (0.6)
	CA	1.8 (0.6)	2.1 (0.4)	2.3 (0.6)	2.5 (0.6)	2.6 (0.6)	2.9 (0.7)
	RL	1.7 (0.3)	2.0 (0.3)	2.2 (0.4)	2.3 (0.4)	2.5 (0.5)	2.8 (0.5)
回视次数	DD	3.7 (1.1)	4.0 (1.3)	3.9 (1.2)	3.9 (1.2)	4.8 (2.2)	4.4 (2.3)
	CA	3.7 (1.3)	3.9 (1.5)	3.7 (1.2)	3.5 (1.1)	4.0 (1.5)	3.9 (1.6)
	RL	3.5 (0.9)	3.8 (1.3)	3.8 (1.4)	4.1 (1.5)	4.2 (1.5)	4.1 (1.2)
阅读速度（字/分钟）	DD	189 (51)	183 (55)	207 (74)	212 (89)	190 (70)	199 (68)
	CA	215 (69)	240 (71)	229 (58)	247 (67)	230 (63)	238 (69)
	RL	196 (45)	217 (54)	212 (55)	201 (50)	214 (50)	202 (47)

（一）总阅读时间

被试类型主效应显著，F_1（2，41）=4.304，$p < 0.05$，$\eta^2 = 0.174$；F_2（2，159）=64.43，$p < 0.001$，$\eta^2 = 0.448$；DD 的阅读时间（3945ms）显著长于 CA（3056ms），DD 和 RL、CA 和 RL 的总阅读时间差异不显著（$p_s > 0.05$）。视觉复杂性主效应显著，F_1（1，41）=155.72，$p < 0.001$，$\eta^2 = 0.792$；F_2（1，159）=245.42，$p < 0.001$，$\eta^2 = 0.607$。被试在低视觉复杂性条件下的阅读时间（2989ms）显著低于高视觉复杂性条件（3873ms）。被试类型和视觉复杂性的交互作用不显著，F_1（2，41）=0.483，$p > 0.05$；项目分析差异显著，F_2（2，159）=1.938，$p < 0.05$，$\eta^2 = 0.024$。被试类型和字间距的交互作用被试分析边缘显著，F_1（10，205）=1.65，$p = 0.095$，$\eta^2 = 0.075$；项目分析差异不显著，F_2（10，795）=0.858，$p > 0.05$。视觉复杂性和字间距的交互作用显著，F_1（5，205）=3.22，$p < 0.01$，$\eta^2 = 0.073$；F_2（5，795）=2.775，$p < 0.05$，$\eta^2 = 0.017$；字间距的各个水平上，低视觉复杂性的阅读时间均显著少于高视觉复杂性（$p_s < 0.001$）。低视觉复杂性条件下，+6pt 条件下的阅读时间显著高于 −6pt 条件（$p < 0.05$）；高视觉复杂性条件下，−6pt 条件

下的阅读时间高于 +3pt，差异边缘显著（$p = 0.086$）。

（二）平均注视时间

被试类型主效应被试分析不显著，F_1（2，41）$= 0.82$，$p > 0.05$；项目分析差异显著，F_2（2，159）$= 22.63$，$p < 0.001$，$\eta^2 = 0.22$。视觉复杂性主效应显著，F_1（1，41）$= 41.56$，$p < 0.001$，$\eta^2 = 0.503$；F_2（1，159）$= 71.512$，$p < 0.001$，$\eta^2 = 0.31$；高视觉复杂性条件下平均注视时间显著长于低视觉复杂性（$p < 0.001$）。字间距主效应显著，F_1（5，205）$= 86.48$，$p < 0.001$，$\eta^2 = 0.68$；F_2（5，795）$= 52.56$，$p < 0.001$，$\eta^2 = 0.25$；$-6pt$ 条件的平均注视时间（267ms）最长、$+12pt$ 的平均注视时间（226ms）最短。比较字间距水平与 0pt 的差异发现，$-6pt$ 的平均注视时间显著长于 0pt；0pt 的平均注视时间显著长于 $+3pt$、$+6pt$、$+12pt$。视觉复杂性和字间距的交互作用显著，F_1（5，205）$= 13.14$，$p < 0.001$，$\eta^2 = 0.243$；F_2（5，795）$= 10.06$，$p < 0.001$，$\eta^2 = 0.06$；在字间距的 $-6pt$、$-3pt$、0pt、$+12pt$ 水平上，低视觉复杂性的平均注视时间均显著少于高视觉复杂性（$p_s < 0.05$）。低视觉复杂性条件下，0pt 条件下的平均注视时间显著高于 $+6pt$ 和 $+12pt$ 条件（$p_s < 0.05$）；高视觉复杂性条件下，0pt 条件下的平均注视时间显著低于 $-6pt$（$p < 0.001$），0pt 条件下的平均注视时间显著高于 $+3pt$、$+6pt$、$+12pt$（$p_s < 0.001$）。

（三）总注视次数

被试类型主效应差异显著，F_1（2，41）$= 4.458$，$p < 0.05$，$\eta^2 = 0.179$；F_2（2，159）$= 58.71$，$p < 0.001$，$\eta^2 = 0.425$；DD 的总注视次数（13.2）显著多于 CA（10.7），DD 和 RL 的差异边缘显著（$p = 0.082$）、CA 和 RL 的总注视次数差异不显著（$p > 0.05$）。视觉复杂性主效应显著，F_1（1，41）$= 162.107$，$p < 0.001$，$\eta^2 = 0.798$；F_2（1，159）$= 238.702$，$p < 0.001$，$\eta^2 = 0.6$；被试在低视觉复杂性条件下的总注视次数（10.4）显著少于高视觉复杂性条件（13.0）。字间距主效应显著，F_1（5，205）$= 9.362$，$p < 0.001$，$\eta^2 = 0.186$；F_2（5，795）$= 5.763$，$p < 0.001$，$\eta^2 = 0.035$；被试在字间距为 $-6pt$ 时的总注视次数最少，$+6pt$ 条件时的总注视次数最多。比较字间距因素各水平与 0pt 的差异发现，$+6pt$ 和 12pt 的

字间距水平的总注视次数显著少于0pt（$p_s < 0.05$）。此外，两两比较其他字间距水平，$-6pt$、$-3pt$条件下的总注视次数都显著少于$+6pt$和$+12pt$（$p_s < 0.05$）。被试类型和字间距的交互作用被试分析显著，F_1（10，205）$= 2.079$，$p < 0.05$，$\eta^2 = 0.092$；项目分析差异不显著，F_2（10，795）$= 0.930$，$p > 0.05$。

（四）向前眼跳幅度

被试类型主效应被试分析不显著，F_1（2，41）$= 1.63$，$p > 0.05$；项目分析差异显著，F_2（2，159）$= 20.64$，$p < 0.001$，$\eta^2 = 0.21$。视觉复杂性主效应显著，F_1（1，41）$= 86.99$，$p < 0.001$，$\eta^2 = 0.68$；F_2（1，159）$= 122.16$，$p < 0.001$，$\eta^2 = 0.434$；低视觉复杂性条件下句子的向前眼跳幅度显著长于高视觉复杂性（$p < 0.001$）。字间距主效应显著，F_1（5，205）$= 139.43$，$p < 0.001$，$\eta^2 = 0.77$；F_2（5，795）$= 58.5$，$p < 0.001$，$\eta^2 = 0.27$；随着字间距的增大，向前眼跳幅度逐渐增大，$-6pt$条件的向前眼跳幅度最短，$+12pt$条件向前眼跳幅度最长。字间距6个水平进行两两比较，所有比较均差异显著（$p_s < 0.05$）。被试类型和视觉复杂性的交互作用被试分析边缘显著，F_1（2，41）$= 2.87$，$p = 0.068$，$\eta^2 = 0.123$；项目分析差异显著，F_2（2，159）$= 3.48$，$p < 0.05$，$\eta^2 = 0.042$。三组被试每组在低视觉复杂性的向前眼跳幅度均显著大于高视觉复杂性条件（$p_s < 0.005$）；在高和低视觉复杂性条件下，三组被试间的差异均不显著（$p_s > 0.05$）。被试类型和字间距的交互作用不显著，F_1（10，205）$= 1.43$，$p > 0.05$；F_2（10，795）$= 0.394$，$p > 0.05$。视觉复杂性和字间距的交互作用被试分析显著，F_1（5，205）$= 2.73$，$p < 0.05$，$\eta^2 = 0.062$；项目分析不显著，F_2（5，795）$= 1.84$，$p > 0.05$。

（五）回视次数

被试类型主效应被试分析不显著，F_1（2，41）$= 0.62$，$p > 0.05$；项目分析差异显著，F_2（2，159）$= 10.58$，$p < 0.001$，$\eta^2 = 0.12$；视觉复杂性主效应显著，F_1（1，41）$= 91.97$，$p < 0.001$，$\eta^2 = 0.692$；F_2（1，159）$= 113.025$，$p < 0.001$，$\eta^2 = 0.415$；高视觉复杂性条件下句子的回视次数显著多于低视觉复杂性（$p < 0.001$）。字间距主效应显著，F_1（5，

205）=6.399，$p < 0.001$，$\eta^2 = 0.135$；F_2（5，795）=4.49，$p < 0.001$，$\eta^2 = 0.027$；-6pt 条件的回视次数最少，+6pt 条件的回视次数最多。-6pt 的回视次数（3.3）显著少于+6pt（3.8）。

（六）阅读速度

被试类型主效应被试分析不显著，F_1（2，41）=2.13，$p > 0.05$；项目分析显著，F_2（2，159）=17.573，$p < 0.001$，$\eta^2 = 0.181$。视觉复杂性主效应差异显著，F_1（1，41）=138.96，$p < 0.001$，$\eta^2 = 0.792$；F_2（1，159）=175.51，$p < 0.001$，$\eta^2 = 0.525$；被试在低视觉复杂性条件下的阅读速度显著快于高视觉复杂性条件。视觉复杂性和字间距的交互作用显著，F_1（5，205）=3.80，$p < 0.005$，$\eta^2 = 0.085$；F_2（5，795）=3.04，$p < 0.05$，$\eta^2 = 0.019$；字间距的各个水平上，低视觉复杂性的阅读速度均显著慢于高视觉复杂性（$p_s < 0.001$）。低视觉复杂性条件下，两两比较差异均不显著（$p_s > 0.05$）；高视觉复杂性条件下，-6pt 条件下的阅读速度显著慢于高于+3pt。差异边缘显著（$p = 0.083$），其他字间距条件，两两比较差异均不显著（$p_s > 0.05$）。被试类型、视觉复杂性和字间距的交互作用被试分析不显著，F_1（10，205）=1.36，$p > 0.05$；项目分析边缘显著，F_2（10，795）=1.62，$p = 0.096$。

四 讨论

本研究中操纵了阅读文本的视觉复杂性，同时操纵字间距，以此来考察视觉复杂性和字间距对 DD 儿童视觉拥挤效应的调节作用。结果发现，文本阅读中，字间距影响 DD 儿童的视觉拥挤效应。DD 儿童阅读低视觉复杂性文本时，随着字间距的不断增加，字间距增加到一定程度时（+6pt）阅读时间最长、总注视次数最多，在字间距最大条件下（+12pt）阅读时间变短、总注视次数变少，CA 和 RL 儿童不存在这种现象，但是 DD 儿童的视觉拥挤效应强度和字间距大小的关系需要进一步探讨。

（一）视觉复杂性对汉语 DD 儿童视觉拥挤效应的影响

在拼音文字的研究中发现，DD 儿童比正常儿童更容易受视觉拥挤效应的影响。与拼音文字不同，汉字是由笔画按照一定规则和顺序组合而成的，[①] 笔画是汉字的最小结构单位。在视觉拥挤条件下，物体识别受损发生在意识水平上，[②] 被拥挤物体的特性仍被加工，比如物体的结构。[③④] 许多研究表明，汉字存在笔画数效应。[⑤⑥⑦] 汉字识别从笔画开始到更高层次上的处理，最后达到对字的整体识别，笔画有可能是汉字视觉加工的最小单元。[⑧] Zhang 等人以大学生为被试考察汉字复杂性（笔画）对视觉拥挤效应的影响。发现汉语存在字内和字间的拥挤效应。[⑨] 由于汉语 DD 儿童受的视觉拥挤效应大于正常儿童。因此本研究中，相比于低复杂性，汉字的高复杂性对于 DD 儿童视觉拥挤的影响更大。

（二）字间距对汉语 DD 儿童视觉拥挤效应的影响

本研究发现，随着字间距逐渐增大，三组被试的平均注视时间越来越小，眼跳幅度越来越大。这是因为随着文本物理长度的增加，读者一次注视获得的视觉信息量变小，需要移动眼睛去获得更多的文本信息，因此单次注视时间变短、眼睛移动幅度加大。

关于字间距对 DD 儿童和正常儿童阅读影响的眼动模式。随着字间距

---

① 彭聃龄、王春茂：《汉字加工的基本单元：来自笔画数效应和部件数效应的证据》，《心理学报》1997 年第 1 期。

② Zhou, J., Lee, C. L., Li, K. A., Tien, Y. H., Yeh, S. L., "Does Temporal Integration Occur for Unrecognizable Words in Visual Crowding?", *PLOS ONE*, No. 11, 2016, pp., 1 – 15.

③ Livne, T., Sagi, D., "Configuration Influence on Crowding", *Journal of Vision*, Vol. 7, No. 2, 2007, pp. 1 – 12.

④ Louie, E. G., Bressler, D. W., David, W., "Holistic Crowding: Selective Interference Between Configural Representations of Faces in Crowded Scenes", *Journal of Vision*, Vol. 7, No. 2, 2007, pp. 102 – 104.

⑤ 谭力海、彭聃龄：《关于语义情境与汉语单字词特征分析之间关系的实验研究》，《心理学动态》1990 年第 2 期。

⑥ 喻柏林、曹河圻：《笔画数配置对汉字认知的影响》，《心理科学》1992 年第 4 期。

⑦ 孟红霞、白学军、闫国利、姚海娟：《汉字笔画数对注视位置效应的影响》，《心理科学》2014 年第 4 期。

⑧ 彭聃龄、王春茂：《汉字加工的基本单元：来自笔画数效应和部件数效应的证据》，《心理学报》1997 年第 1 期。

⑨ Zhang, J., Zhang, T., Xue, F., Liu, L., Yu, C., "Legibility of Chinese Characters in Peripheral Vision and the Top-down Influences on Crowding", *Vision Research*, Vol. 49, No. 1, 2009, pp. 44 – 53.

逐渐增大，三组被试的平均注视时间越来越小，眼跳幅度越来越大。DD儿童和CA、RL儿童阅读不同字间距水平的低视觉复杂性材料的阅读时间，均显著少于阅读高视觉复杂性材料。实验结果发现，DD儿童在阅读低视觉复杂性文本时，字间距是 −3pt 的条件下的阅读时间和总注视次数与正常儿童一样；在阅读高视觉复杂性文本时，字间距是默认值时，阅读时间和总注视次数与正常儿童差异不显著。

DD儿童的总阅读时间、总注视次数并非随着字间距的增加呈线性相关，其在阅读字间距是 +6pt 的低视觉复杂性文本时的阅读时间最长、总注视次数最多。而正常儿童不存在这种现象。说明字间距对DD儿童的视觉拥挤效应有影响，但是字间距大小和DD儿童的视觉拥挤效应强度的关系需要进一步探讨。

总之，与前人的研究一致，本研究发现与正常儿童相比，汉语DD儿童的眼动控制能力比较弱，注视时间长、注视次数多、眼跳距离短。[1][2][3]不同之处在于本研究没有发现更多的回视，可能是由于本研究所采用的实验材料长度较短（10—12字）以及阅读障碍群体的异质性引发的阅读策略差异造成的。

根据已有基于拼音文字研究的结果，增大字间距可以降低DD儿童的视觉拥挤，进而促进其阅读绩效。[4] 而在本研究中，随着汉字间距的增大，汉语DD儿童的总阅读时间、总注视次数并非随着字间距的增加呈线性相关，之所以出现这样的结果可能是由于文本中字与字之间存在词义的联系，Bai等人的研究发现，汉语文本阅读是以词为加工单元的，增大

① Thaler, V., Urton, K., Heine, A., et al., "Different Behavioral and Eye Movement Patterns of Dyslexic Readers with and without Attentional Deficits During Single Word Reading", *Neuropsychologia*, Vol. 47, No. 12, 2009, pp. 2436 –2445.

② Trauzettel-Klosinski, S., Koitzsch, A. M., Dürrwächter, U., "Eye Movements in German-speaking Children with and without Dyslexia When Reading Aloud", *Acta Ophthalmologica*, Vol. 88, No. 6, 2010, pp. 681 –691.

③ Pan, J., Yan, M., Laubrock, J., Shu, H., Kliegl, R., "Saccade-target Selection of Dyslexic Children When Reading Chinese", *Vision Research*, No. 97, 2014, pp. 24 –30.

④ Zorzi, M., Barbiero, C., Facoetti, A., et al., "Extra-large Letter Spacing Improves Reading in Dyslexia", *Proceedings of the National Academy of the Sciences of the United States of America*, Vol. 109, No. 28, 2012, pp. 11455 –11459.

字间距打破了汉字与汉字之间的词义联系，对阅读产生干扰。[①]因此，增大字间距降低的视觉拥挤对阅读的促进与词义的干扰发生了抵消，所以，在汉字间增加3pt间距时，DD儿童的阅读时间和总注视次数与默认条件下的一样。而当字间距增大到一定程度时（+6pt），这种干扰大于降低视觉拥挤带来的阅读的促进，因此表现为低视觉复杂性文本时的阅读时间最长、总注视次数最多。但是随着字间距的继续增加（+12pt），这种降低视觉拥挤带来的阅读促进大于破坏词义联系的干扰，使得DD儿童的阅读时间减少和总注视次数降低，而正常儿童不存在这种现象。说明字间距对DD儿童的视觉拥挤效应有影响，但是字间距大小和DD儿童的视觉拥挤效应强度的关系需要进一步探讨。

五　结论

本研究结果发现，文本阅读中，低视觉复杂性文本可以降低DD儿童的视觉拥挤效应，字间距和视觉复杂性对DD儿童的视觉拥挤效应起到调节作用。

---

① Bai, X. J., Yan, G. L., Liversedge, S. P., Zang, C. L., Rayner, K., "Reading Spaced and Unspaced Chinese Text: Evidence from Eye Movements", *Journal of Experimental Psychology: Human Perception and Performance*, Vol. 34, No. 5, 2008, pp. 1277 – 1287.

第九章

空格对阅读中视觉拥挤的促进作用

阅读是一种很复杂的认知任务。Miller指出阅读包括三个关键的加工阶段：（1）解码，即将书面的文字转化为语言学的信息；（2）认知加工，即将转化了的语言学信息进行整合；（3）元认知加工过程，即将文本信息与原来头脑中的知识建立联系。[1]

从书写形式上看，大多数拼音文字的词与词之间都存在空格。在文本阅读中，空格有助于读者确定词与词之间的界限。国外关于空格的研究很多，包括英语、德语、西班牙语等。目前比较一致的观点认为：拼音文字的词间空格不仅有利于文本阅读，还能促进词汇识别，这是因为词间空格给文本中的字母串划分了界限，使词语保持独立性，删除拼音文字的词间空格会影响阅读中的词汇识别和眼动控制。Rayner等人发现，英语的词间空格不仅能促进词汇识别，还有助于眼跳计划在"何时"开始和下一次眼跳到达"何处"。[2] 大多数关于英语空格的研究结果表明，删除英语的词间空格对阅读产生干扰作用，主要表现在文本阅读和词汇识别的眼动模式上，同时还会使阅读速度降低30%—50%。Inhoff等人对德语复合词进行了研究。[3] 相对正常无空格条件，将德语复合词中插入不

① Miller, G. A., "The Challenge of Universal Literacy", *Science*, Vol. 241, 1988, pp. 1293 – 1299.

② Rayner, K., Fischer, M. H., Pollatsek, A., "Unspaced Text Interferes with Both Word Identification and Eye Movement Control", *Vision Research*, Vol. 38, 1998, pp. 1129 – 1144.

③ Inhoff, A., Radach, R., Heller, D., "Complex Compounds in German: Interword Spaces Facilitate Segmentation but Hinder Assignment of Meaning", *Journal of Memory and Language*, Vol. 42, 2000, pp. 23 – 50.

合理的空格，被试命名的潜伏期明显变短，首次注视时间和凝视时间也变短。然而如果被试对复合词进行了三次或四次注视，在空格条件下，对复合词的最后一次注视时间明显变长。Inhoff 等人得出以下结论：作为词切分的一种强线索，空格有利于词汇分解，但是会阻碍阅读者准确估计复合词的意义。Perea 等人研究了空格在西班牙语阅读中的作用，实验的三个条件为：正常有空格、无空格和隔词加粗。① 结果发现，删除词间空格会降低被试的阅读速度，与英语阅读研究结论一致。隔词加粗条件虽然删除了词间空格，但是被试通过视觉线索来判断词边界。被试阅读该条件下的句子时，仍然会出现阅读代价，相对来说，这种代价比无空格条件小得多，基本不会妨碍词汇识别过程。

汉语是以汉字为基本的书写单元，而不是字母。汉字是一种结构复杂的方块字，不同汉字具有不同的视觉复杂性，如笔画数不同、部件数不同、构字方式不同。汉字之间以自然存在的空间而均匀间隔，除了以标点符号标注语义停顿和划分外，词与词之间没有明显的边界标记。Bai 等人研究发现，被试阅读词空格句子和正常无空格句子没有显著差异，这就是说，不管是用空格还是阴影来界定词切分，对阅读既没有阻碍作用，也没有表现出促进作用，且字空格句子和非词空格句子的阅读速度较慢。② 沈德立等人以小学三年级学生为被试，来探讨词切分对初学者汉语句子阅读的影响。③ 结果发现：小学三年级学生在阅读有词间空格的文本和正常的无空格文本一样容易。尽管词切分文本对阅读技能高和阅读技能低的学生来说一样容易，但非词空格呈现条件会对阅读技能低的学生产生更大的干扰作用。阅读技能低的学生在阅读过程中更依赖于文本的视觉呈现形式。

---

① Perea, M., Acha, J., "Space Information is Important for Reading", *Vision Research*, Vol. 49, 2009, pp. 1994 – 2000.

② Bai, X. J., Yan, G. L., Liversedge, S. P., Zang, C. L., Rayner, K., "Reading Spaced and Unspaced Chinese Text: Evidence from Eye Movements", *Journal of Experimental Psychology: Human Perception and Performance*, No. 34, 2008, pp. 1277 – 1287.

③ 沈德立、白学军、臧传丽、闫国利、冯本才、范晓红：《词切分对初学者句子阅读影响的眼动研究》，《心理学报》2010 年第 2 期。

随着社会的发展，中国老龄人越来越多，如何帮助老年人群体顺利度过晚年是全社会关注的问题。有知识和文化的老年人群体的阅读经验已比较丰富且已具有一定的阅读习惯。随着年龄的增长，老年人的心理和生理都会发生变化，比如原来喜欢做的事情现在力不从心，也由于生理原因，视力下降，使得原来有阅读习惯的老年人的阅读变得困难。冷选英研究表明，老年读者的心理特点：（1）反应迟钝。由于生理原因，致使老年人对外界刺激的反应能力下降。反应时间长，动作灵活性降低，不稳定，协调性差。（2）活动能力差。由于老年人反应迟钝，动作迟缓，体力降低，影响了老年人的活动能力，活动能力和适应能力都降低。很多老人在未离退休前就喜欢读书看报。①

第一节　词切分对老年人阅读效率
促进作用的眼动心理②

一　研究目的

阅读是老年人获得信息和促进智力发展的重要手段。阅读中的老化问题是目前老年心理学研究的一个热点问题。王丽红等的研究表明，老年人的阅读模式和加工策略与青年人不同，知觉广度具有不对称性。③ Wingfield 等研究认为，与青年人不同，老年人倾向于更慢速地阅读，采用更小单元去分割句子。④ 汉语是无空格文本，如果将汉语句子人为地分割好，对于老年人的阅读速度会有影响吗？本研究将使用眼动追踪技术，考察词切分对老年人阅读有无空格文本的影响。旨在为心理学研究老年人阅读特点和如何促进老年人有效阅读提供进一步的理论和实践支

---

① 冷选英：《老年读者的阅读心理》，《科技情报开发与经济》2006 年第 21 期。

② 白学军、郭志英、曹玉肖、顾俊娟、闫国利：《词切分对老年人阅读效率促进作用的眼动心理》，《中国老年学杂志》2012 年第 6 期。

③ 王丽红、石凤妍、吴捷、白学军：《老年人汉语阅读时知觉广度的眼动变化》，《中国老年学杂志》2010 年第 2 期。

④ Wingfield, Arthur, Ducharme, et al., "Effects of Age and Passage Difficulty on Listening-rate Preferences for Time-altered Speech", *Journals of Gerontology Series B: Psychological Sciences & Social Sciences*, Vol. 54B, No. 3, 1999, pp. 199 – 202.

持。对于老年人来说，词是否更具有心理现实性。由于老年人的生理原因，主要是视力方面，他们的阅读会表现出一些困难。因此，我们假设如果人为地在汉语文本的词之间加入词边界，将有利于老年人的阅读理解。

（一）对象与方法

1. 研究对象

天津市某高校18名老年人，平均年龄（69.8±5.2）岁，其中中专学历8名、大专学历3名、本科学历7名。所有被试都从未参加过眼动实验，视力或矫正视力正常。实验结束后得精美礼品一份。

2. 实验设计与材料

实验为单因素被试内设计，共有四种不同的空格呈现条件：（1）正常条件；（2）词间空格条件；（3）非词空格条件；（4）字间空格条件。实验材料举例如图9-1所示。

实验共有4组材料，每一组包括60个正式实验句子，材料举例如图9-1所示。每种条件下有15个句子，实验条件按照拉丁方顺序进行轮组。在每一组内句子随机呈现。每一个实验句子所含19—23个汉字（平均20.83字）。请天津师范大学20名大学生对句子顺畅性进行九点量表评定（M=2.04，1代表非常通顺）。

为确定读者对词切分的一致性，由12名大学生被试对句子中词边界的划分进行评定，结果显示一致性百分数达到91%。

3. 实验仪器

实验采用由加拿大 SR Research 公司开发的 EyeLink 2000 眼动仪记录被试右眼眼动数据。该设备由两台计算机组成，通过以太网连接。其中一台计算机呈现材料，另一台计算机记录眼动数据。被试眼睛的注视情况通过微型摄像机输入计算机，采样率为1000次/秒。在实验过程中被试双眼注视屏幕，但只记录其右眼的眼动轨迹。

实验材料呈现于19英寸纯平 Dell 显示器上，显示器的刷新率为150Hz，分辨率为1024×768。全部实验材料以白底黑字呈现在屏幕上，每一屏幕呈现一个句子，句子只占一行。被试眼睛与屏幕之间的距离为75cm。汉字为宋体，21号，每三个汉字的大小是2°视角。

（1）正常条件

每天下午我和爸爸去公园散步。

（2）词间空间条件

每天 下午 我 和 爸爸 去 公园 散步。

（3）非词空间条件

每 天下 午我 和爸 爸去 公 园散 步。

（4）字间空格条件

每 天 下 午 我 和 爸 爸 去 公 园 散 步。

图 9 - 1 汉语实验材料举例

4. 实验程序

（1）在被试进入实验室之前，主试或助手给被试一份眼动实验的说明书，详细介绍本实验的目的、所有仪器、施测程序以及注意事项。如被试仍有疑问，主试或助手予以解答。（2）被试进入实验室，熟悉实验室环境，然后坐在距离眼动仪 75cm 处，将下颌放在下颌托上并将前额贴在前方，主试告知被试在实验过程中尽量保持不动。如果实验过程中觉得眼睛疲劳，可以告诉主试要求休息。（3）主试对被试进行校准，以保障被试眼动轨迹记录的准确性。（4）校准成功后，进行练习，之后是正式实验，全部实验大约需要 15min。

5. 统计学处理

18 名被试在阅读理解题中的总正确为 92.5%。根据以下标准对有效项目进行筛选：（1）被试过早按键或错误按键导致句子呈现中断；（2）追踪丢失（实验中因被试头动等偶然因素导致眼动仪记录数据丢失）；（3）注视时间小于 80ms 或大于 1200ms；（4）平均数大于或小于三个标准差。总共剔除无效数据占总数据的 2.76%。

用 EyeLink 2000 提供的数据分析软件将数据导出，使用 SPSS13.0 for Windows 对数据进行处理。所有变量进行被试分析（$F1$，$t1$）和项目分析（$F2$，$t2$）的重复测量方差分析。

（二）结果

1. 整体结果分析

对老年人阅读进行整体分析，如表 9 - 1 所示。

（1）总注视次数

经检验，在四种空格呈现条件下的注视次数有显著差异，F_1（3，51）= 13.643，$p_1 < 0.001$；在项目分析上显著 F_2（3，177）= 9.979，$p_2 < 0.001$。进一步分析发现，正常条件下的注视次数显著少于非词间空格条件和字间空格条件（$p_s < 0.05$）；词间空格条件下的注视次数显著少于非词间空格条件和字间空格条件（$p_s < 0.05$）；正常条件和词间空格条件下的注视次数差异不显著（$p > 0.05$）；非词间空格条件和字间空格条件下的注视次数差异不显著（$p > 0.05$）。表明被试在阅读的过程中需要反复多次注视非词间空格条件和字间空格条件下呈现方式下的文本。

（2）总阅读时间

经检验，在四种空格呈现条件下的句子阅读时间有显著差异，F_1（3，51）= 7.916，$p_1 < 0.001$；F_2（3，177）= 4.756，$p_2 < 0.05$。进一步分析发现，正常条件下的句子阅读时间显著少于非词间空格条件和字间空格条件（$p_s < 0.05$）；词间空格条件下的句子阅读时间显著少于非词间空格条件和字间空格条件（$p_s < 0.05$）；正常条件和词间空格条件下的句子阅读时间差异不显著（$p > 0.05$）；非词间空格条件和字间空格条件下的句子阅读时间差异不显著（$p > 0.05$）。表明被试在阅读的过程中，需要较多时间阅读非词间空格条件和字间空格条件下呈现方式下的文本，词间空格条件下的阅读和正常条件下的一样容易，但空格在一定程度上促进了词汇识别。

表 9 - 1　　　四种空格呈现条件下的总体眼动特征（$M \pm SD$）

眼动特征	正常	词间空格	非词间空格	字间空格
总注视次数	25.03 ± 8.33	24.73 ± 7.99	28.62 ± 9.74	29.76 ± 9.55
总阅读时间（ms）	8526 ± 3151	8117 ± 2835	9717 ± 3656	9361 ± 3456

2. 局部结果分析

局部分析是指从不同空格呈现条件的句子中，选择一个更小的区域，即词或字作为兴趣区进行分析。目的是进一步了解当包含相同的空间信息时不同条件下的词汇识别。

具体做法是选择由两个字组成的一个到四个兴趣区进行分析，这些区域不会出现在句子的开头和结尾，这样可以避免与阅读发生和结束有关注视点的干扰。

局部分析的兴趣区如图 9 – 2 所示。

局部分析 正常条件和词间空格条件下词的比较

每天 下午 我和 爸爸 去 公园 散步。

正常条件

每天 下午 我 和 爸爸 去 公园 散步。

词间空格

图 9 – 2 局部分析的兴趣区样例（图中方框代表兴趣区）

对老年人阅读进行局部分析，结果如表 9 – 2 所示。

表 9 – 2 老年人阅读有无空格文本局部分析结果（$M \pm SD$）

条件	首次注视时间	凝视时间	总注视时间	第一遍阅读次数	总注视次数
正常	303 ± 43	453 ± 97	773 ± 297	1.51 ± 0.23	2.56 ± 0.87
词间空格	285 ± 38	377 ± 91	561 ± 218	1.30 ± 0.21	1.96 ± 0.62

进一步比较相同空间包含的信息，来考察正常条件与词间空格条件下的词汇识别。

在首次注视时间、凝视时间和总注视时间上，正常条件和词间空格条件均存在显著差异，具体为，在首次注视时间上，t_1（17）$= 2.72$，$p_1 < 0.05$，t_2（59）$= 2.71$，$p_2 < 0.01$；在凝视时间上，t_1（17）$= 3.91$，$p_1 < 0.01$，t_2（59）$= 5.61$，$p_2 < 0.001$；在总注视时间上，t_1（17）$=$

5.67，$p_1 < 0.001$，t_2（59）＝6.60，$p_2 < 0.001$。在第一遍阅读次数和总注视次数指标上，两种条件存在显著差异。正常无空格条件比词间空格条件下需要更多的注视次数。具体为，在第一遍阅读次数上，t_1（17）＝3.13，$p_1 < 0.01$，t_2（59）＝5.26，$p_2 < 0.001$；在总注视次数上，t_1（17）＝4.23，$p_1 < 0.001$，t_2（59）＝5.95，$p_2 < 0.001$。

（三）讨论

1. 词切分对老年人汉语文本阅读的影响

沈德立等人的研究认为，词切分问题是指在汉语阅读过程中读者如何确定所读的哪些字构成一个词。阅读中的词切分是指个体在阅读过程中将词汇单元从文本中辨认出来即切分的过程。李兴珊等人的研究认为词切分是汉语阅读的一个必然的过程。① 它是阅读心理学研究的基本问题之一。因此，老年人阅读中的词切分问题的研究有助于深化对老年人阅读心理机制的认识。

本研究选择母语为汉语的老年人为被试，通过在汉语文本中插入空格的方法，造成老年人不熟悉的文本呈现方式，考察词切分老年人汉语文本阅读的眼动模式。

实验的总体分析结果显示，与字间空格和非词空格条件相比，被试在词间空格条件和正常无空格条件下的阅读速度更快，而字间空格条件和非词空格条件会干扰正常的阅读过程，因为在这两种条件下被试需要更长的阅读时间、更多的注视次数；局部分析结果进一步显示，与正常无空格条件相比，被试在词间空格条件下对词的注视时间（包括首次注视时间、凝视时间和总注视时间）显著变短、注视次数（包括第一遍阅读次数和总注视次数）显著减少。导致这一结果的原因是在汉语文本中插入词间空格，使所读材料中的词更加清晰和凸显，从而促进了老年人对汉语词汇的识别。这与沈德立等人以小学三年级学生为被试的研究结果一致，阅读技能低的三年级学生在阅读过程中更依赖于文本的视觉呈

---

① 李兴珊、刘萍萍、马国杰：《中文阅读中词切分的认知机理述评》，《心理科学进展》2011 年第 4 期。

现方式。① 说明老年人随着年龄的增长，以生理为基础的流体智力（知觉、记忆和推断等）有所下降，而与词汇概念、言语理解有关的晶体智力是保持不变的。

　　阅读经验在阅读中有重要的作用。李馨等人的研究认为，空格在汉语阅读中的作用受被试阅读经验的影响。② 白学军等人的研究表明，对于母语有空格的汉语学习者，比如英—汉双语者，汉语文本插入词间空格有利于他们的汉语阅读。③ 张涛的研究考察了汉语空格文本的学习对美国留学生汉语阅读的影响，在被试学习空格文本一个半月和 3 个月时分别进行前测和后测，结果发现加入词空格有利于美国留学生汉语文本阅读，这种促进作用在初学汉语阶段更为明显。④ 田瑾的研究以韩国留学生为被试，考察词切分对其汉语阅读的影响。实验结果发现，通过插入词间空格提供汉语词切分线索，对韩国留学生的汉语阅读都起到了一定的促进作用。⑤ 这些研究对象的母语中是有空格的，被试具有空格文本阅读的经验，所以在汉语中插入熟悉的空格后促进他们的汉语理解。本研究的对象没有空格文本阅读的经验，所以实验结果与以中国大学生和小学三年级学生为研究对象的结果是一致的。本研究使词切分研究对象的年龄段扩展到了老年，说明阅读经验在阅读中的重要作用并未随着年龄的增长而减弱。由于增加空格后在视觉上使得字符之间的存在一定的空间，对于老年人来说，人为增加的空间改变了阅读模式，词间空格文本虽然改变了文本呈现的视觉方式，这种不熟悉度在某种程度上阻碍老年人的识别，但是被切分的词汇所产生的促进作用平衡了阻碍作用，从而使得被

---

　　① 沈德立、白学军、臧传丽、闫国利、冯本才、范晓红：《词切分对初学者句子阅读影响的眼动研究》，《心理学报》2010 年第 2 期。

　　② 李馨、白学军、闫国利、臧传丽、梁菲菲：《空格在文本阅读中的作用》，《心理科学进展》2010 年第 9 期。

　　③ 白学军、田瑾、闫国利等：《词切分对美国大学生汉语阅读影响的眼动研究》，《南开语言学刊》2009 年第 1 期。

　　④ 张涛：《词切分对美国留学生汉语阅读影响的眼动研究》，硕士学位论文，天津师范大学，2010 年。

　　⑤ 田瑾：《词切分对韩国、泰国留学生汉语阅读影响的眼动研究》，硕士学位论文，天津师范大学，2009 年。

试阅读词间空格文本和正常文本一样容易。非词间的空格和字间空格对于被试的影响是由不熟悉的文本呈现方式所引起的阻碍作用，被切分的部分是非词所以需要被试花费更多的资源去重新组织和加工词汇识别，从而影响阅读理解。

2. 老年人词切分研究的价值

本实验通过研究老年人在不同词切分条件下阅读的眼动特点，进一步从理论上分析老年人的阅读特点及有利于老年人阅读的方式，并为老年人阅读领域相关问题的解决提供理论指导和研究手段，例如老年人读物的呈现方式。老年人对于实验探测问题回答的总正确率为高达 92.5%，说明老年人阅读虽然存在老化现象，但是在很大程度上对于阅读的需求是有着很高要求的。本研究在实践中的价值体现在：（1）图书出版，使出版供老年人所使用的读物时更有针对性；（2）老年人智力的开发与促进，老年人通过阅读获得的有效信息越多，不仅越能延缓他们大脑的衰老，而且提高他们的生活幸福感。

通过本实验可以得出以下结论：（1）老年人阅读词间空格文本和正常文本一样容易；（2）词切分对老年人汉语阅读中的词汇识别有促进作用。

第二节　老年人与青年人阅读空格 文本的注视位置效应[①]

一　引言

阅读是人类的一项重要认知活动。阅读的眼动控制有两个基本问题，注视点持续时间（when）和下一个注视点将移动到何处（where）。通常研究注视位置效应可回答读者的下一个注视点将移动到何处这个问题。[②]所谓注视位置效应，指在阅读过程中读者的眼跳往往定位于单词的某个

---

① 白学军、郭志英、王永胜、高晓雷、闫国利：《老年人与青年人阅读空格文本的注视位置效应》，《心理发展与教育》2015 年第 2 期。

② Rayner, K., "Eye Movements and Attention in Reading, Scene Perception, and Visual Search", *The Quarterly Journal of Experimental Psychology*, Vol. 62, 2009, pp. 1457–1506.

特定位置,① 它包括最佳注视位置和偏向注视位置。最佳注视位置（Optimal viewing position, OVP）指当读者首次注视位置是位于单词中心位置时，其对该单词的再注视概率最小。②③④ 偏向注视位置（preferred viewing location, PVL）是指读者首次注视一个词的位置。已有研究发现，在英语阅读过程中，读者的最佳注视位置是位于单词的中间，而偏向注视位置是位于单词开头的 1/4 处。⑤ 对此现象的解释是像英语之类的拼音文字，读者的眼跳受低水平的视觉因素的影响，且眼跳目标是基于词。⑥⑦⑧⑨⑩ 有研究发现，如果删除英语文本中的空格，读者阅读英语的速度会下降近 50%。⑪ 这表明空格是英语单词的词边界信息，它可帮助读者单词识别

① 臧传丽、孟红霞、闫国利、白学军:《阅读过程中的注视位置效应》,《心理科学》2013 年第 4 期。

② Vitu, F. , O'Regan, J. F. , Mittau, M. , "Optimal Landing Position in Reading Isolated Words and Continuous Text", *Attention, Perception & Psychophysics*, Vol. 47, 1990, pp. 583 – 600.

③ O'Regan, J. K. , "Optimal Viewing Position in Words and the Strategy-tactics Theory of Eye Movements in Reading", in K. Rayner, ed. , *Eye Movements and Visual Cognition: Scene Perception and Reading*, New York: Spring-Verlag, 1992, pp. 333 – 354.

④ O'Regan, J. K. , Jacobs, A. M. , "Optimal Viewing Position Effect in Word Recognition: A Challenge to Current Theory", *Journal of Experimental Psychology: Human Perception and Performance*, Vol. 18, 1992, pp. 185 – 197.

⑤ Rayner, K. , "Eye Guidance in Reading: Fixation Locations Within Words", *Perception*, Vol. 8, 1979, pp. 21 – 30.

⑥ McConkie, G. W. , Kerr, P. W. , Reddix, M. D. , Zola, D. , "Eye Movement Control During Reading: I . The Location of Initial Fixations in Words", *Vision Research*, Vol. 28, 1988, pp. 1107 – 1118.

⑦ McConkie, G. W. , Kerr, P. W. , Reddix, M. D. , Zola, D. , Jacobs, A. M. , "Eye Movement Control During Reading. II . Frequency of Refixation a Word", *Perception & Psychophysics*, Vol. 46, 1989, pp. 245 – 253.

⑧ Radach, R. , Kennedy, A. , "Theoretical Perspectives on Eye Movements in Reading: Past Controversies, Current Deficits, and an Agenda for Future Research", *European Journal of Cognitive Psychology*, Vol. 16, 2004, pp. 3 – 26.

⑨ Reichle, E. D. , Rayner, K. , Pollatsek, A. , "Eye Movement Control in Reading: Accounting for Initial Fixation Location and Refixations Within the E-Z Reader Model", *Vision Research*, Vol. 39, 1999, pp. 4403 – 4411.

⑩ Reilly, R. G. , O'Regan, J. K. , "Eye Movement Control During Reading: A Simulation of Some Word-targeting Strategies", *Vision Research*, Vol. 38, 1998, pp. 303 – 317.

⑪ Rayner, K. , "Eye Movements in Reading and Information Processing: 20 Years of Research", *Psychological Bulletin*, Vol. 124, No. 3, 1998, pp. 372 – 422.

和选择眼跳目标。①

随着年龄的增长老年人会出现认知老化，表现为感知速度减慢、工作记忆下降、抑制无关刺激影响的能力减弱、②③ 老年人阅读理解更困难、阅读速度更慢。Rayner 等人的研究探讨了导致老年人阅读速度变慢的原因。在研究中，以老年人和青年人为被试，要求他们阅读正常有空格的文本（如 Christine put the money...）和删除单词空格的文本（如 Christineputthemone...）。结果发现：老年人和青年人阅读英语文本的注视位置位于词首和词中的中间，即出现了 PVL。删除英语中的词间空格后，他们的注视位置倾向于词首。此外，他们的眼跳的起跳位置更接近词首，老年人的眼跳起跳幅度显著大于青年人。因此，相比于青年人，删除词间空格对于老年人英语阅读的影响更大。研究者提出词间空格和注视位置共同影响老年人阅读速度。④

与拼音文字（如英语）不同，汉语文本中词与词之间没有明显的词边界信息，那么对于中国老年人来说，他们阅读速度变慢的原因与以英文为母语的老年人原因相同吗？需要进一步探讨。已有研究认为，在汉语阅读过程中读者首先需要解决所读的哪些字可以构成一个词，换言之，读者需要将从所读句子的字中切分出词来，即进行词切分。⑤⑥⑦

---

① Rayner, K., Fischer, M. H., Pollatsek, "Unspaced Text Interferes with Both Word Identification and Eye Movement Control", *Vision Research*, Vol. 38, 1998, pp. 1129 – 1144.

② Morrell, R. W., Park, D. C., Poon, L. W., "Effect of Labeling Techniques on Memory and Comprehension of Prescription Information in Young and Old Adults", *Journal of Gerontology: Psychological Seiences*, Vol. 45, No. 4, 1990, pp. 166 – 172.

③ 王丽红：《老年人词频与语境效应及知觉广度的眼动研究》，硕士学位论文，天津师范大学，2009 年。

④ Rayner, K., Yang, J., Schuett, S., Slattery, T. J., "Eye Movements of Older and Younger Readers When Reading Unspaced Text", *Experimental Psychology*, Vol. 60, No. 5, 2013, pp. 354 – 361.

⑤ 白学军、郭志英、曹玉肖、顾俊娟、闫国利：《词切分对老年人阅读效率促进作用的眼动心理》，《中国老年学杂志》2012 年第 6 期。

⑥ 李馨、白学军、闫国利：《词边界信息和词频在汉语阅读中的作用》，《心理与行为研究》2011 年第 2 期。

⑦ 李兴珊、刘萍萍、马国杰：《中文阅读中词切分的认知机理述评》，《心理科学进展》2011 年第 4 期。

　　在汉语阅读过程中，读者下一个注视点的移动与英语阅读是否相同？已有研究发现在汉语阅读中，首次注视位置比较均匀地落在词或字的每一个位置。①② Yan、Kliegl、Richter、Nuthmann 和 Shu 在研究中控制中文词边界信息的模糊性，结果发现被试单次注视的首次注视位置倾向于落在词的中心，多次注视的首次注视倾向于落在词的开头。③ Zhou、Shu、Yan 和 Kliegl 考察汉字字号对中文阅读过程中眼跳目标选择的影响，④ 实验结果与 Yan 等人的一致。⑤ 这些研究表明，以母语为汉语的成人读者阅读中文时是否存在 PVL 效应尚存在争议。

　　中文阅读中是否存在 PVL 效应的争议，仅是发生在成人被试的汉语文本阅读过程吗？在其他年龄阶段的被试中是否存在该效应呢？儿童和成年人存在阅读能力和年龄的差异，那么眼跳目标的选择是否会受阅读能力和年龄差异的影响？白学军等人对此问题进行了探讨，他们以阅读障碍儿童、年龄匹配儿童和能力匹配儿童为被试，材料选取正常无空格和插入词间空格的中文句子。结果发现，阅读障碍儿童、年龄匹配儿童和能力匹配儿童的注视位置效应没有差异，但在单次注视时存在 PVL 效应。词间空格没有对三组儿童的注视位置效应产生影响。三组被试的眼动控制水平接近成人水平，并且词边界信息并未对这三组儿童阅读过程中的注视位置产生影响。研究者还认为，儿童与成人的眼跳目标选择采

---

　　① Tsai, J. L., McConkie, G. W., "Where do Chinese Readers Send Their Eyes?", in J. Hyönä, R. Radach, H. Deubel, eds., *The Mind's Eye: Cognitive and Applied Aspects of Eye Movement Research*, Oxford, UK: Elsevier, 2003, pp. 159 – 176.

　　② Yang, H. M., McConkie, G. W., Wang, J., Inhoff, A. W., Chen, H. C., "Reading Chinese: Some Basic Eye-movement Characteristics", in H. C. Chen (ed.), *Reading Chinese script: A cognitive analysis*, Mahwah, NJ: Lawrence Erlbaum Associates, 1999. pp. 207 – 222.

　　③ Yan, M., Kliegl, R., Richter, E. M., Nuthmann, A., Shu, H., "Flexible Saccade-target Selection in Chinese Reading", *Quarterly Journal of Experimental Psychology*, Vol. 63, 2010, pp. 705 – 725.

　　④ Zhou, W., Shu, H., Yan, M., Kliegl, R., "Font Size Modulates Saccade-target Selection in Chinese Reading", Paper Presented at the Meeting of the 4th China International Conference on Eye Movement, Tianjin, 2010, May.

　　⑤ Yan, M., Kliegl, R., Richter, E. M., Nuthmann, A., Shu, H., "Flexible Saccade-target Selection in Chinese Reading", *Quarterly Journal of Experimental Psychology*, Vol. 63, 2010, pp. 705 – 725.

取的策略可能是战略—战术策略。[①]

老年人阅读汉语文本是否存在注视位置效应呢？在正常无空格的汉语文本中加入词间空格对老年人的阅读注视位置效应有影响吗？因此，在前人研究的基础上，本章将探讨老年人和青年人中文阅读时眼跳目标选择的特点。换言之，通过考察老年人和青年人阅读正常无空格文本和词间空格文本的注视位置差异，来探讨老年人在汉语文本阅读时阅读效率降低的原因是否同 Rayner 等人删除英语文本空格后老年人阅读效率下降受注视位置效应影响的结果一致。[②]

二 研究方法

（一）被试

天津市某高校 14 名青年人，年龄（19±0.88 岁；18—21 岁），在读大二学生，女生 8 名，男生 6 名；14 名老年人，年龄（70±4.83 岁；63—76 岁），女性 10 人，男性 4 人，其中本科 6 人、大专 2 人、中专 6 人。所有被试都从未参加过眼动实验，视力或矫正视力正常。实验结束后得精美礼品一份。

（二）实验材料

实验材料采用白学军等人研究中的实验材料[③]，实验包括 60 个正式实验句子，实验材料举例如图 9-3 所示。每一个实验句子含 19—23 个汉字（平均 20.83 字）。请天津师范大学 20 名大学生对句子顺畅性进行九点量表评定（M=2.04，1 代表非常通顺）。为确定读者对词划分的一致性，由 12 名大学生被试对句子中词边界的划分进行评定，结果显示一致性百分数达到 91%。

---

① 白学军、孟红霞、王敬欣、田静、臧传丽、闫国利：《阅读障碍儿童与其年龄和能力匹配儿童阅读空格文本的注视位置效应》，《心理学报》2011 年第 8 期。

② Rayner, K., Yang, J., Schuett, S., Slattery, T. J., "Eye Movements of Older and Younger Readers When Reading Unspaced Text", *Experimental Psychology*, Vol. 60, No. 5, 2013, pp. 354 - 361.

③ 白学军、郭志英、曹玉肖、顾俊娟、闫国利：《词切分对老年人阅读效率促进作用的眼动心理》，《中国老年学杂志》2012 年第 6 期。

（1）正常无空格条件

星期天下午我和爸爸去公园散步。

（2）词间空格条件

星期天 下午 我 和 爸爸 去 公园 散步。

图 9 - 3 实验材料举例

（三）实验设计

本实验采用 2（被试类型：老年人、青年人）×2（呈现条件：正常无空格、词间空格）混合实验设计。其中被试类型是组间变量，呈现条件是组内变量。

（四）实验仪器

实验采用由加拿大 SR Research 公司开发的 EyeLink 2000 眼动仪，采样率为 1000 次/秒。在实验过程中被试双眼注视屏幕，但只记录其右眼的眼动轨迹。

实验材料呈现于 19 英寸纯平 Dell 显示器上，显示器的刷新率为 150Hz，分辨率为 1024×768。全部实验材料以白底黑字呈现在屏幕上，每一屏幕呈现一个句子，句子只占一行。被试眼睛与屏幕之间的距离为 75cm。汉字为宋体，21 号，每个汉字约成 0.63°视角。

（五）实验程序

每个被试单独施测。

（1）实验前，主试或助手给被试详细介绍本实验目的、所用仪器、施测程序以及注意事项。

（2）被试进入实验室，熟悉环境，然后坐在距离眼动仪 75cm 处，将下颌放在下颌托上并将前额贴在前方，告知被试在实验过程中尽量保持不动。

（3）主试对被试进行眼校准，以保障被试眼动轨迹记录的准确性。

（4）正式实验前有练习，整个实验大约需要20分钟。

（六）兴趣区划分

《现代汉语词典》使用频率最高的8000个常用词中有71%的词为双字词（现代汉语频率词典，1986）。因此，本研究对实验材料句中的双字词进行分析（位于句子开始和结尾的双字词不分析）。基于以往研究，①②③ 我们将双字词分为4个区域，具体如图9-4所示。将落在4个区域的注视位置进行编码，分别为0—1，1—2，2—3，3—4。以下分析中，我们称区域1为双字词的词首，区域2和区域3是双字词的中间，区域4为双字词的词尾部分。

图9-4　双字词兴趣区划分举例

（七）分析指标

考察注视位置效应的指标有两种：一是早期加工阶段的指标，包括平均首次注视位置及首次注视位置分布；单次注视中的平均首次注视位

---

① 白学军、梁菲菲、闫国利、田瑾、臧传丽、孟红霞：《词边界信息在中文阅读眼跳目标选择中的作用：来自中文二语学习者的证据》，《心理学报》2012年第7期。

② 白学军、孟红霞、王敬欣、田静、臧传丽、闫国利：《阅读障碍儿童与其年龄和能力匹配儿童阅读空格文本的注视位置效应》，《心理学报》2011年第8期。

③ 臧传丽：《儿童和成人阅读中的眼动控制：词边界信息的作用》，博士学位论文，天津师范大学，2010年。

置及注视位置分布；多次注视中的平均首次注视位置及注视位置分布；
二是晚期加工阶段指标，首次注视位置上的再注视概率和首次注视位置
上的再注视位置。

采用如下指标对老年人和青年人汉语文本阅读的注视位置进行
分析。①②③④⑤⑥

（1）平均首次注视位置（在目标词的第一次注视但不管在该词上总
共有多少次注视）及首次注视位置分布；

（2）单次注视（在目标词的第一遍注视中有且仅有一次注视的视为
单次注视）中的平均首次注视位置及注视位置分布；

（3）多次注视（在目标词的第一遍注视中有两个或多于两个注视点
称为多次注视）中的平均首次注视位置及注视位置分布；

（4）首次注视位置上的再注视概率，即首次注视在词的不同位置上
发生再注视的概率有多大；

（5）首次注视位置上的再注视位置，即当在词的不同位置上发生再
注视时，第二次注视位置与第一次注视位置的关系。

————————

① Joseph, H. , Liversedge, S. P. , Blythe, H. I. , et al. , "Word Length and Landing Position Effects During Reading in Children and Adults", *Vision research*, Vol. 49, No. 16, 2009, pp. 2078 – 2086.

② Li, X. S. , Liu, P. P. , Rayner, K. , "Eye Movement Guidance in Chinese Reading", Paper Presented at the 4th China International Conference on Eye Movement, Tianjin, May, 2010.

③ Sainio, M. , Hyönä, J. , Bingushi, K. , Bertram, R. , "The Role of Interword Spacing in Reading Japanese: An Eye Movement Study", *Vision Research*, No. 20, 2007, pp. 2575 – 2584.

④ Tsai, J. L. , McConkie, G. W. , "Where do Chinese Readers Send Their Eyes?", in J. Hyönä, R. Radach, H. Deubel, eds. , *The Mind's Eye*: *Cognitive and Applied Aspects of Eye Movement Research*, Oxford, UK: Elsevier, 2003, pp. 159 – 176.

⑤ Winskel, H. , Radach, R. , Luksaneeyanawin, S. , "Eye Movements When Reading Spaced and Unspaced Thai and English: A Comparison of Thai-English Bilinguals and English Monolinguals", *Journal of Memory and Language*, Vol. 61, 2009, pp. 339 – 351.

⑥ Yan, M. , Kliegl, R. , Richter, E. M. , Nuthmann, A. , Shu, H. , "Flexible Saccade-target Selection in Chinese Reading", *Quarterly Journal of Experimental Psychology*, Vol. 63, 2010, pp. 705 – 725.

三　实验结果

两组被试在阅读理解题中的总正确率为 90.18%，其中老年人的正确率为 88.39%，青年人为 91.96%。表明被试认真阅读并理解实验句子。删除被试追踪丢失，单次注视的持续时间小于 80ms 大于 1200ms 的项目。总共剔除的无效数据占总数据的 5.54%。

两组被试在两种呈现条件下的平均首次注视位置、单次注视的平均首次注视位置和多次注视中的平均首次注视位置的结果如表 9 – 3 所示。

表9 – 3　　　　　两组被试两种呈现条件下的平均首次注视位置

（单位：半字区域）

被试类型	呈现条件	平均首次注视位置	单次注视的平均首次注视位置	多次注视的平均首次注视位置
老年组	正常无空格	2.15 (0.27)	2.40 (0.23)	1.64 (0.29)
	词间空格	2.40 (0.32)	2.47 (0.35)	1.85 (0.59)
青年组	正常无空格	2.38 (0.24)	2.44 (0.22)	1.74 (0.85)
	词间空格	2.34 (0.29)	2.36 (0.30)	1.47 (1.32)

（一）平均首次注视位置及首次注视位置分布

为了考察两组被试两种呈现条件下阅读过程中的偏向位置，首先对两组被试在呈现条件下的平均首次注视位置进行重复测量方差分析。结果显示，呈现条件主效应和被试类型的主效应不显著（$F_s < 3$，$p_s > 0.05$）；呈现条件与被试类型之间的交互作用显著，$F(1, 26) = 5.06$，$p < 0.05$，$\eta^2 = 0.163$。简单效应结果显示，老年人在正常无空格汉语文本和词间空格汉语文本中的平均首次注视位置差异显著 $[F(1, 26) = 7.53$，$p < 0.05]$，具体表现为老年人在正常无空格条件中的平均首次注视位置要更偏向于双字词的中心部分。正常无空格呈现条件下，老年人和青年人差异显著 $[F(1, 26) = 5.66$，$p < 0.05]$。结果表明，老年人比青年人的首次注视位置更倾向于双字词的中心位置。

对落在四个区内首次注视的百分比进行分析，两组被试在两种呈现条件下的首次注视位置分布如图9-5所示。

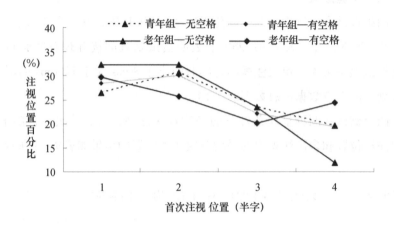

图9-5　两组被试在两种呈现条件下的首次注视位置分布

注：无空格即正常无空格条件；有空格即词间空格条件。以下同

对每一个汉字区域进行重复测量的方差分析（以下同）。结果显示，呈现条件的主效应在区域2达到显著水平，$F(1, 26) = 5.10$，$p < 0.05$，$\eta^2 = 0.164$。表明，在区域2内被试在正常无空格条件下做出更多的首次注视。在区域4内，呈现条件和被试类型的交互作用显著，$F(1, 26) = 6.62$，$p < 0.05$，$\eta^2 = 0.203$。简单效应结果显示，在区域4内，老年人在词间空格条件下的注视显著多于正常无空格条件 $[F(1, 26) = 7.45, p < 0.05]$。

总之，平均首次注视位置和首次注视位置分布的结果表明，老年组被试在正常无空格条件下平均首次位置更偏于双字词中心；当文本以正常无空格形式呈现时，老年组被试往往更多注视双字词的中心部分。相反，当在词间空格条件下阅读时，老年组被试的首次注视更多在双字词的尾部。青年组在两种呈现条件下显示出相似的首次注视位置效应。

（二）单次注视中的平均首次注视位置及注视位置分布

本研究考察两组被试单次注视及其分布，我们对两组被试单次注视中的平均首次注视位置进行统计，结果如表9-3所示。对单次注视的位置（分布见图9-6）进行重复测量方差分析。结果显示，呈现条件主效应、被试类型的主效应以及他们的交互作用不显著（$F_s < 2$，$p_s > 0.05$）。

表明，两种被试在两种呈现条件下单次注视中的平均首次注视位置相同。

对落在四个区内单次注视的百分比进行分析，两组被试在两种呈现条件下的首次注视位置分布如图9-6所示。

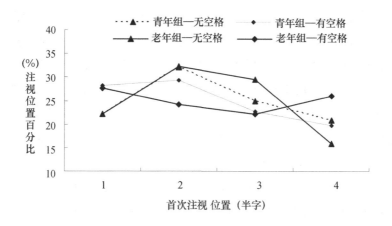

图9-6　两组被试在两种呈现条件下的单次注视中首次注视位置分布

对每一个汉字区域进行重复测量的方差分析。结果显示，被试的主效应在区域2达到显著水平，$F(1, 26) = 4.59$，$p < 0.05$，$\eta^2 = 0.150$。老年组被试在区域2的首次注视显著多于青年组即老年人在两种呈现条件下的单次注视落在双字词中间的机会大于青年组被试。在区域4内，呈现条件和被试类型的交互作用显著，$F(1, 26) = 6.17$，$p < 0.05$。简单效应结果显示，在区域4内，在正常无空格汉语文本呈现条件下，老年人和青年组人的首次注视次数差异显著［$F(1, 26) = 92.17$，$p < 0.05$］，老年组被试的首次注视次数多于青年组；老年人在词间空格条件下的注视显著多于正常无空格条件［$F(1, 26) = 7.27$，$p < 0.05$］。区域1、区域2和区域3内，呈现条件和被试类型的交互作用都不显著（$F_s < 1$，$p_s > 0.05$）。这表明，与平均首次注视位置一样，两种被试在双字词中心和词尾部的平均首次注视存在差异，其他区域的注视模式一致。

总之，单次注视中的平均首次位置和分布的结果表明，和前人的研究一样，当被试只有一次注视时，该词的中间部分是眼跳定位的有效目标；单次注视位置的分布中，相对于青年组被试，老年组被试注视词中心和词尾部的概率更大。

（三）多次注视中的平均首次注视位置及注视位置分布

多次注视中的第一次注视在所有首次注视中（包括单次注视和多次注视）所占比例为 16.13%，其中老年组数据占 21.51%，青年组数据 10.38%。为了考察两组被试在多次注视中的首次注视及其分布，我们统计两组被试在多次注视中的平均首次注视（见表 9 − 3 和图 9 − 7）。

对多次注视中的平均首次注视位置进行重复测量方差分析。结果显示，呈现条件主效应、被试类型的主效应以及呈现条件与被试类型之间的交互作用不显著（$F_s < 2$，$p_s > 0.05$）。表明，两种被试在两种呈现条件下多次注视中的平均首次注视位置相同。

对落在四个区内多次注视中的平均首次注视位置的百分比进行分析，两组被试在两种呈现条件下的首次注视位置分布如图 9 − 7 所示。

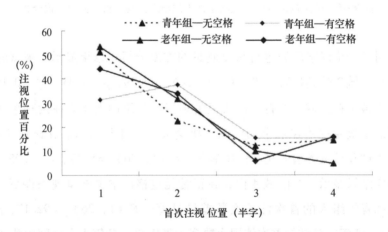

图 9 − 7 两组被试在两种呈现条件下的多次注视中首次注视位置分布

对每一个汉字区域进行重复测量的方差分析。结果显示，呈现条件的主效应在区域 1、区域 2 和区域 3 达到显著水平。被试的主效应在区域 1 和区域 2 达到显著水平。在区域 1 内，呈现条件和被试类型的交互作用显著，$F(1, 26) = 4.95$，$p < 0.05$，$\eta^2 = 0.160$。简单效应结果显示，在区域 1 内，老年人在正常无空格条件下的注视显著多于词间空格条件

$[F(1, 26) = 21.35, p < 0.001]$；正常无空格汉语文本条件下，老年组被试的注视时间显著多于青年组 $[F(1, 26) = 9.50, p < 0.05]$；词间空格汉语文本条件下，老年组被试的注视时间也显著多于青年组 $[F(1, 26) = 4.42, p < 0.05]$。在区域 2 内，呈现条件和被试类型的交互作用显著，$F(1, 26) = 7.10, p < 0.05, \eta^2 = 0.214$。简单效应结果显示，在区域 2 内，老年人在正常无空格条件下的注视显著多于词间空格条件 $[F(1, 26) = 13.08, p < 0.05]$；正常无空格汉语文本条件下，老年组被试的注视时间显著多于青年组 $[F(1, 26) = 9.50, p < 0.05]$；词间空格汉语文本条件下，青年组被试的注视时间显著多于老年组 $[F(1, 26) = 4.42, p < 0.05]$。在区域 3 内，呈现条件和被试类型的交互作用显著，$F(1, 26) = 4.23, p < 0.05, \eta^2 = 0.140$。简单效应结果显示，在区域 3 内，老年人在正常无空格条件下的注视显著多于词间空格条件 $[F(1, 26) = 10.44, p < 0.05]$。区域 4 内，呈现条件和被试类型的交互作用不显著 $[F(1, 26) = 1.11, p > 0.05, \eta^2 = 0.041]$。

以上结果表明，和前人研究一样，多次注视的平均首次注视位置倾向于双字词的开始部分，而非词尾部分。趋势与首次注视位置（包括单次注视和多次首次的首次注视）一致。本研究考察空格对老年人与青年人文本阅读的眼动模式，相比于正常无空格汉语文本，词间空格汉语文本中的平均首次注视落在双字词的中间部分以及结尾的比例较高，即出现了典型的词间空格效应。因此，低水平的视觉空间信息部分有效引导老年人和青年人汉语文本阅读的眼动轨迹。

（四）首次注视位置上的再注视概率

最佳注视位置（OVP）的衡量指标是词内再注视概率。[1][2] 如引言中所述，英语中，OVP 接近单词的中心，也就是说，读者的首次注视位置

---

① McConkie, G. W. , Kerr, P. W. , Reddix, M. D. , Zola, D. , "Eye Movement Control During Reading: Ⅰ. The Location of Initial Fixations in Words", *Vision Research*, Vol. 28, 1988, pp. 1107 – 1118.

② McConkie, G. W. , Kerr, P. W. , Reddix, M. D. , Zola, D. , Jacobs, A. M. , "Eye Movement Control During Reading. Ⅱ. Frequency of Refixation a Word", *Perception & Psychophysics*, Vol. 46, 1989, pp. 245 – 253.

落在最佳注视位置时，对该词的再注视率最小。①② 本研究考察老年人和青年人被试在两种条件下汉语阅读的最佳注视位置，我们对两种被试的词内再注视率与首次注视位置的关系进行分析（见图9-8）。

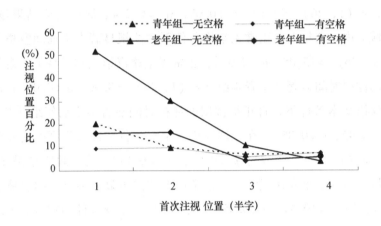

图9-8 两组被试在两种呈现条件下的词内再注视率与首次注视位置的关系

对不同首次注视位置上的再注视率进行方差分析，结果表明，被试类型的主效应在区域1和区域2上显著 $[F (1, 26) = 12.03, p < 0.01;$ $F (1, 26) = 8.49, p < 0.01]$，在区域3和区域4上不显著 $[F (1, 26) = 0.00, p > 0.05; F (1, 26) = 0.96, p > 0.05]$。呈现条件的主效应在区域1和区域2上显著 $[F (1, 26) = 19.49, p < 0.001; F (1, 26) = 10.05, p < 0.01]$，在区域3和区域4上不显著 $[F (1, 26) = 0.72, p > 0.05; F (1, 26) = 0.195, p > 0.05]$。呈现条件和被试类型的交互作用在区域2内显著 $[F (1, 26) = 8.88, p < 0.01]$，在其他三个区域上不显著 $[F_s < 2.53, p_s > 0.05]$。简单效应结果发现，在区域2内，老年人在词间空格条件下的再注视概率都要显著低于正常无空格条

---

① Rayner, K., Fischer, M. H., "Mindless Reading Revisited: Eye Movements During Reading and Scanning are Different", *Perception & Psychophysics*, Vol. 58, 1996, pp. 734 – 747.

② Joseph, H. S. S. L., Liversedge, S. P., Blythe, H. I., White, S. J., Rayner, K., "Word Length and Landing Position Effects During Reading in Children and Adults", *Vision Research*, Vol. 49, 2009, pp. 2078 – 2086.

件下的再注视概率 [F (1, 26) = 18.92, $p < 0.001$]。该结果表明，当首次注视位置落在双字词的词首时，词内的再注视概率较高。

（五）再注视位置与首次注视位置的关系

基于前人的研究，①② 我们探讨了再注视与首次注视的位置关系，如图 9 - 9 所示。由于没有足够的数据，我们没有进一步统计分析。从图 9 - 9 中可以看出，两种不同呈现方式下，青年人正常无空格汉语文本下阅读中再注视位置与第一次注视位置之间的关系模式是一致的，即当读

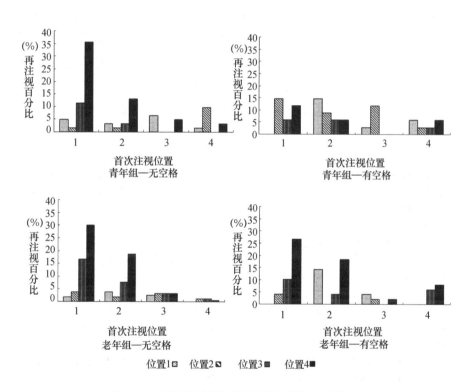

图 9 - 9 两组被试首次注视和再注视的位置关系

① Joseph, H. S. S. L. , Liversedge, S. P. , Blythe, H. I. , White, S. J. , Rayner, K. , "Word Length and Landing Position Effects During Reading in Children and Adults", *Vision Research*, Vol. 49, 2009, pp. 2078 - 2086.

② 臧传丽：《儿童和成人阅读中的眼动控制：词边界信息的作用》，博士学位论文，天津师范大学，2010 年。

者对双字词的首次注视位置落在双字词的开头时，其对词的再注视转向词的尾部，词内再注视的概率加大。老年组被试在两种条件下的模式也是一致的。

四 讨论

（一）老年人和青年人阅读过程中的眼动控制特点

眼动控制包括两个基本问题：一是什么因素决定读者何时（when）启动眼跳；二是什么因素决定读者跳向何处（where）。对于老年人和青年人来说，关于第一个基本问题已有大量的研究，相比于青年人，老年人的注视次数更多、注视时间更长;[1][2][3][4][5][6] 老年人比青年人的眼跳更长、跳读率更高;[7][8] 老年人的阅读知觉广度比青年人小。[9] 目前关于第二个问题的研究是以英语为研究对象的，研究结果表明，老年人的眼跳

① Kemper, S., Crow, A., Kemtes, K., "Eye Fixation Patterns of High-and Low-span Young and Older Adults: Down the Garden Path and Back Again", *Psychology and Aging*, Vol. 19, 2004, pp. 157 – 170.

② Kemper, S., Liu, C. J., "Eye Movements of Young and Older Adults During Reading", *Psychology and Aging*, Vol. 22, 2007, pp. 84 – 93.

③ Kliegl, R., Grabner, E., Rolfs, M., Engbert, R., "Length, Frequency, and Predictability Effects of Words on Eye Movements in Reading", *European Journal of Cognitive Psychology*, Vol. 16, 2004, pp. 262 – 284.

④ McGowan, V. A., White, S. J., Jordan, T. R., Paterson, K. B., "Aging and the Use of Interword Spaces During Reading: Evidence from Eye Movements", *Psychonomic Bulletin & Review*, Vol. 21, No. 3, 2013, pp. 1 – 8.

⑤ Rayner, K., Castelhano, M. S., Yang, J., "Eye Movements and the Perceptual Span in Older and Younger Readers", *Psychology and Aging*, Vol. 24, No. 3, 2009, pp. 755 – 760.

⑥ Rayner, K., Reichle, E. D., Stroud, M. J., Williams, C. C., Pollatsek, A., "The Effect of Word Frequency, Word Predictability, and Font Difficulty on the Eye Movements of Young and Older Readers", *Psychology and Aging*, Vol. 21, 2006, pp. 448 – 465.

⑦ Laubrock, J., Kliegl, R., Engbet, R., "SWIFT Explorations of Age Differences in Eye Movements During Reading", *Neuroscience and Biobehavioral Reviews*, Vol. 30, 2006, pp. 872 – 884.

⑧ Rayner, K., Reichle, E. D., Stroud, M. J., Williams, C. C., Pollatsek, A., "The Effect of Word Frequency, Word Predictability, and Font Difficulty on the Eye Movements of Young and Older Readers", *Psychology and Aging*, Vol. 21, 2006, pp. 448 – 465.

⑨ Rayner, K., Castelhano, M. S., Yang, J., "Eye Movements and the Perceptual Span in Older and Younger Readers", *Psychology and Aging*, Vol. 24, No. 3, 2009, pp. 755 – 760.

起跳幅度显著大于青年人。① 以汉语为研究对象的研究很少。

　　本章以老年人和青年人为研究对象，探讨第二个问题。研究结果发现，在平均首次注视位置、单次注视的首次注视位置和多次注视的首次注视位置，两组被试的注视位置效应比较相似。具体表现为两组被试在单次注视中首次注视位置定位与双字词的中心，而多次注视的首次注视定位为双字词的开头。当首次注视位于双字词的开头时，其词内再注视往往落于双字词的词尾。通过分析两组被试首次注视位置的分布，发现其注视位置曲线也比较相似。不同之处在于，老年人在单次注视中的平均首次注视对双字词中间位置和多次注视的首次注视中对词开头和中间的注视次数显著多于青年人；老年人阅读正常无空格汉语文本对双字词的词尾注视次数较少。这表明相比于青年人，随着年龄的增加，老年人的词切分变得困难，他们为了更好地理解文本需要反复加工，这可能是老年人和青年人在认知加工上存在着年龄特征差异。上述结果表明，老年人和青年人具有相似的眼动控制特性，此结果与同样以成年人为被试的前人的研究一致。②③④

　　关于汉语眼跳目标选择的研究结果表明，儿童、成人以及中文二语者（韩国、美国、日本和泰国）的眼跳目标选择采取的策略可能是"战略—战术"（strategy-tactics）策略。⑤⑥⑦ 阅读过程中被试采用一种词间眼跳的策略，该策略指导读者注视每个双字词的最佳注视位置，即双字词

　　① Rayner, K., Yang, J., Schuett, S., Slattery, T. J., "Eye Movements of Older and Younger Readers When Reading Unspaced Text", *Experimental Psychology*, Vol. 60, No. 5, 2013, pp. 354 –361.

　　② Li, X. S., Liu, P. P., Rayner, K., "Eye Movement Guidance in Chinese Reading", Paper Presented at the 4th China International Conference on Eye Movement, Tianjin, May, 2010.

　　③ Yan, M., Kliegl, R., Richter, E. M., Nuthmann, A., Shu, H., "Flexible Saccade-target Selection in Chinese reading", *Quarterly Journal of Experimental Psychology*, Vol. 63, 2010, pp. 705 –725.

　　④ 臧传丽：《儿童和成人阅读中的眼动控制：词边界信息的作用》，博士学位论文，天津师范大学，2010 年。

　　⑤ 白学军、孟红霞、王敬欣、田静、臧传丽、闫国利：《阅读障碍儿童与其年龄和能力匹配儿童阅读空格文本的注视位置效应》，《心理学报》2011 年第 8 期。

　　⑥ 白学军、梁菲菲、闫国利、田瑾、臧传丽、孟红霞：《词边界信息在中文阅读眼跳目标选择中的作用：来自中文二语学习者的证据》，《心理学报》2012 年第 7 期。

　　⑦ 臧传丽：《儿童和成人阅读中的眼动控制：词边界信息的作用》，博士学位论文，天津师范大学，2010 年。

的中间，如果眼跳未落在该位置，读者需要进行词内再注视，以增加成功识别该词汇的概率。本研究发现，与青年人一样，老年人在阅读过程中的眼跳目标选择中，词起着引导的作用，老年人也采用"战略—战术"策略。

（二）空格对老年人和青年人注视位置的影响

空格在英语中有重要的作用。有研究表明，英语中删除词间空格对老年人的影响大于青年人。[1][2] Rayner 等人删除英语中的词间空格后，发现老年人和青年人的注视位置倾向于词首，眼跳的起跳位置更接近词首，老年人的眼跳起跳幅度显著大于青年人。[3] 汉语中没有空格，插入词间空格对老年人和青年人汉语文本阅读的注视位置有怎样的影响呢？

实验结果分析显示，与正常无空格条件相比，被试在平均首次注视位置指标上，对于双字词中间的注视次数显著多于空格条件，表明词间空格有效引导词的眼跳，被试只需要较少的注视就可以对双字词进行加工，即出现了词间空格效应。在多次注视的首次注视位置指标上，被试在双字词的开头即区域 1 和双字词的中间部分即区域 3 也存在词间空格效应。但是在区域 2 上，被试在正常无空格条件下的注视次数多于词间空格条件，进一步分析发现，此区域上，空格条件下青年人的注视显著多于老年人；正常无空格条件下，老年人的注视次数多于青年人；在平均首次注视位置和单次注视的首次注视位置指标上，老年人在双字词的词尾即区域 4 的注视分布存在显著差异，老年人在正常无空格汉语文本的注视显著少于词间空格汉语文本，注视分布的减少导致老年人阅读速度降低的主要原因。表明，空格对于老年人的眼跳目标定位作用大于对青年人的。这与沈德立等人以小学三年级学生为被试的研究结果一致，阅

①　Rayner, K. , Yang, J. , Schuett, S. , Slattery, T. J. , "Eye Movements of Older and Younger Readers When Reading Unspaced Text", *Experimental Psychology*, Vol. 60, No. 5, 2013, pp. 354 – 361.

②　McGowan, V. A. , White, S. J. , Jordan, T. R. , Paterson, K. B. , "Aging and the Use of Interword Spaces During Reading: Evidence from Eye Movements", *Psychonomic Bulletin & Review*, Vol. 21, No. 3, 2013, pp. 1 – 8.

③　Rayner, K. , Yang, J. , Schuett, S. , Slattery, T. J. , "Eye Movements of Older and Younger Readers When Reading Unspaced Text", *Experimental Psychology*, Vol. 60, No. 5, 2013, pp. 354 – 361.

读技能低的三年级学生在阅读过程中更依赖于文本的视觉呈现方式。青年人和老年人的再注视与首次注视的位置关系存在的趋势与前人研究结果保持一致。①②③ 此外，相比于青年人，老年人在词间空格条件下的首次注视位置落在词首的概率大于正常无空格条件，说明词间空格促进老年人眼跳目标的选择。

相比于青年人，老年人有更多的阅读经验。白学军和郭志英等人研究词切分对老年人阅读的影响，说明阅读经验在阅读中的重要作用并未随着认知的老化而减弱。由于增加空格后在视觉上使得字符之间存在一定的空间，对于青年人和老年人来说，人为增加的空间改变了阅读模式，词间空格汉语文本虽然改变了文本呈现的视觉方式，这种不熟悉度在某种程度上阻碍他们的阅读，空格形式的阻碍作用被已切分的词汇的促进作用进行了权衡。④ 李寿欣、徐增杰和陈慧媛认为，相比于老年人，青年人的抑制能力好于老年人。⑤ 对于青年人来说，老年人的经验和青年人的抑制能力也进行了权衡。所以使得两组被试阅读词间空格汉语文本和正常无空格汉语文本一样容易。

（三）老年人和青年人阅读空格汉语文本的注视位置效应研究的价值

本实验通过研究老年人和青年人在空格条件下阅读的注视位置效应，进一步从理论上分析老年人的阅读特点及有利于老年人阅读的方式，并为老年人阅读领域相关问题的解决提供理论指导和研究手段，例如老年人读物的呈现方式。老年人对于实验探测问题回答的正确率和青年人一样高，说明老年人阅读虽然存在老化现象，但是在很大程度上对于阅读

① Zang, C. L., Liang, F. F., Bai, X. J., Yan, G. L., Liversedge, S. P., "Interword Spacing and Landing Position Effects During Chinese Reading in Children and Adults", *Journal of Experimental Psychology*: *Human Perception and Performance*, Vol. 39, No. 3, 2013, pp. 720 – 734.

② 白学军、孟红霞、土敬欣、田静、臧传丽、闫国利：《阅读障碍儿童与其年龄和能力匹配儿童阅读空格文本的注视位置效应》，《心理学报》2011 年第 8 期。

③ 白学军、梁菲菲、闫国利、田瑾、臧传丽、孟红霞：《词边界信息在中文阅读眼跳目标选择中的作用：来自中文二语学习者的证据》，《心理学报》2012 年第 7 期。

④ 白学军、郭志英、曹玉肖、顾俊娟、闫国利：《词切分对老年人阅读效率促进作用的眼动心理》，《中国老年学杂志》2012 年第 6 期。

⑤ 李寿欣、徐增杰、陈慧媛：《不同认知方式个体在语篇阅读中抑制外部干扰的眼动研究》，《心理学报》2010 年第 5 期。

的需求是有着很高的要求。本研究的价值体现在：（1）理论上为阅读中眼跳策略即"战略—战术策略"扩展到老年群体。（2）研究发现了老年人的注视位置效应和儿童、成年人一样的注视模式。（3）老年人阅读文本形式上的建议，比如印刷品采用词切分的方式帮助其进行有效阅读。

五 结论

本实验条件下可得出。

（1）在阅读词间空格文本和正常无空格文本时，老年人与青年人都表现出单次注视的首次注视是位于词的中心，多次注视的首次注视是位于词的开头。

（2）老年人阅读正常无空格文本时注视词尾的概率显著低于词间空格文本，而青年人则没有差异。结果表明，老年人与青年人在阅读空格文本时存在注视位置效应。

第 十 章

词切分对阅读的促进作用

第一节　词切分对日—汉双语者汉语阅读
　　影响的眼动研究[①]

一　引言

阅读是语言学习中非常重要的一个部分，是一个复杂的认知过程，Gough 提出的阅读模式主张，阅读是一个从辨识字、词开始到理解篇章意义为止的一个自下而上构建意义的过程。[②] 在这一过程中，词汇识别是其中的关键一环。Bai 等人分别以空格和灰条作为汉语的边界标记，探讨插入词空格对汉语句子阅读理解的影响。结果发现，句子的阅读时间在词空格条件和正常条件下没有显著差异，表明用空格和灰条来界定词边界，对阅读既没有阻碍作用，也没有促进作用。他们认为，文本呈现方式的熟悉性以及有无词边界信息所产生的促进和干扰效应存在权衡。虽然读者对平时阅读的那种无空格文本极为熟悉，但是词语之间没有标记词边界的信息，所以在词汇识别的过程中会出现一定的难度；相反读者对不常见的有词间空格（或用灰条标记）的文本不熟悉，但是因为这种文本能给读者提供明确的词边界信息，所以有利于读者的词汇识别过程。因而被试阅读词间空格句子和正常条件句子没有显著差异。与此同时，研

---

① 白学军、郭志英、顾俊娟、曹玉肖、闫国利:《词切分对日—汉双语者汉语阅读影响的眼动研究》,《心理学报》2011 年第 11 期。

② Gough, P. B. , "One Second of Reading", in J. F. Kavanagh, I. G. Mattingly, eds. , *Language by Eye and Ear*, Cambridge: MIT Press, 1972, pp. 331 –358.

究者还发现与正常条件和词间空格呈现的句子相比，被试阅读字间空格和非词空格呈现的句子时阅读速度明显减慢。① 为了控制熟悉性因素的作用，沈德立等人以阅读经验少的小学三年级学生为被试，结果发现小学三年级学生在阅读有词间空格的文本和正常的无空格文本一样容易，表明小学三年级学生经过三年正规汉语学习后，也已熟悉了中文没有空格的呈现方式。②

李馨等人认为，不管是以有空格的语言为研究对象，还是以无空格的语言为研究对象，空格在母语阅读中的作用对第二语言的学习有影响，即跨语言迁移的问题。跨语言迁移是指个体在第二语言学习的过程中，学习第一种语言所习得的学习能力对第二语言学习的影响。③④ 还有研究考察了美国留学生阅读汉语有、无空格材料的理解过程。结果发现，对于只有初级汉语水平的美国留学生来说，在汉语句子中插入词间空格能促进他们的汉语阅读理解。⑤⑥⑦

双语者的母语与第二语言存在四种情况：（1）母语有空格，第二语言也有空格；（2）母语无空格，第二语言有空格；（3）母语有空格，第二语言无空格；（4）母语无空格，第二语言也无空格。前三种情况已有

---

① Bai, X. J., Yan, G. L., Liversedge, S. P., Zang, C. L., Rayner, K., "Reading Spaced and Unspaced Chinese Text: Evidence from Eye Movements", *Journal of Experimental Psychology: Human Perception and Performance*, Vol. 34, 2008, pp. 1277 – 1287.

② 沈德立、白学军、臧传丽、闫国利、冯本才、范晓红：《词切分对初学者句子阅读影响的眼动研究》，《心理学报》2010 年第 2 期。

③ 李馨、白学军、闫国利、臧传丽、梁菲菲：《空格在文本阅读中的作用》，《心理科学进展》2010 年第 9 期。

④ Genesee, F., Geva, E., Dressler, C., Kamil, M. L., "Synthesis: Cross Linguistic Relationships", in D. August, T. Shanahan, eds., *Developing Literacy in Second-language Learners: Report of the National Literacy Panel on Language-minority Children and Youth*, Mahwah, NJ: Erlbaum, 2006, pp. 153 – 183.

⑤ 白学军、田瑾、闫国利、王天琳：《词切分对美国大学生汉语阅读影响的眼动研究》，《南开语言学刊》2009 年第 1 期。

⑥ 田瑾：《词切分对韩国、泰国留学生汉语阅读影响的眼动研究》，硕士学位论文，天津师范大学，2009 年。

⑦ 白学军、张涛、田丽娟、梁菲菲、王天林：《词切分对美国留学生汉语阅读影响的眼动研究》，《心理研究》2010 年第 5 期。

大量的研究，①②③④⑤ 结果发现空格对阅读有促进作用。但对第四种情况的研究很少。对此问题的探讨，需要选母语没有空格，且其学习的第二语言也没有空格的被试。我们认为日语和汉语都是没有空格的语言，以日—汉双语者为被试，可对此问题做出问答。因为：（1）日语文本是由日本汉字、平假名、片假名构成，日语文本本身是无空格的。Kajii、Nazir 和 Osaka 考察了在没有字间空格下日本读者是如何加工文本的。结果发现，日本汉字作为词素要比平假名和片假名更能吸引读者的注视。⑥ Sainio、Hyöna、Bingushi & Bertram 研究日本读者在阅读纯平假名（表音文本）和日本汉字与平假名混合（表意加表音文本）的正常无空格文本或词间空格文本时的特点。结果发现插入词间空格后，促进了日本汉字文本的阅读理解，但对混合文本的阅读没有起到促进作用。⑦（2）汉语的书写方式是方块形，字与字之间没有空格，是连续呈现的。每个汉字所占的空间相同，通过笔画数的多少和结构方式来变化其复杂性。

对于日—汉双语者来说，汉语是第二语言，他们的汉语水平不高，与母语为汉语的人相比，日—汉双语者阅读汉语的经验相对有限，他们对有词切分和无词切分汉语文本熟悉度接近。因而，以日—汉双语者为被试，可很好地控制文本呈现方式的熟悉性对阅读的影响。另外，由于日—汉双语者的词汇量有限，他们在阅读过程中不能正确地切分词，会

---

① Bassetti, B., "Effects of Adding Interword Spacing on Chinese Reading: A Comparison of Chinese Native Readers and English Readers of Chinese as a Second Language", *Applied Psycholinguistics*, Vol. 30, 2009, pp. 757 – 775.

② Epelboim, J., Booth, J. R., Steinman, R. M., "Reading Unspaced Text: Lmplications for Theories of Eye Movements", *Vision Research*, Vol. 34, 1994, pp. 1735 – 1766.

③ Kohsom, C., Gobet, F., "Adding Spaces to Thai and English: Effects on Reading", *Proceedings of the Cognitive Science Society*, Vol. 19, 1997, pp. 388 – 393.

④ 高珊：《词边界信息对留学生汉语阅读的影响》，硕士学位论文，北京语言人学，2006年。

⑤ 白学军、田瑾、闫国利、王天琳：《词切分对美国大学生汉语阅读影响的眼动研究》，《南开语言学刊》2009 年第 1 期。

⑥ Kajii, N., Nazir, T. A., Osaka, N., "Eye Movement Control in Reading Unspaced Text: The Case of Japanese Script", *Vision Research*, Vol. 41, No. 19, 2001, pp. 2503 – 2510.

⑦ Sainio, M., Hyöna, J., Bingushi, K., Bertram, B., "The Role of Interword Spacing in Reading Japanese: An Eye Movement Study", *Vision Research*, No. 47, 2007, pp. 2575 – 2584.

造成阅读上的困难。因此，我们推测，如果人为地在汉语文本的词之间插入空格，将有利于日—汉双语者汉语阅读。这种促进作用将表现在总的句子阅读时间、总注视次数、平均注视时间、向前眼跳次数等反映总体加工难度的眼动指标上。具体为，与无词切分文本相比，日—汉双语者在有词切分文本中的阅读时间更短、注视次数更少。

二　实验一

（一）被试

选择南开大学 12 名日—汉双语者作为被试，他们的平均年龄为 23.1 ±4.69 岁。参加实验的双语者有两年的学习汉语的经验，均过 HSK 六级。所有被试都从未参加过眼动实验，视力或矫正视力正常。实验结束后得 25 元报酬。

（二）实验材料

1. 材料的编制

在沈德立等人在田谨研究材料的基础上增编 36 个句子，构成 100 个句子。[1][2]

从《汉语水平词汇与汉字等级大纲》（2001 年修订版）的甲级词表中选取词语造句，且均为陈述句。正式实验材料中，句子长度为 13—16 个汉字（平均为 13.89 ±0.97 个）。

2. 材料的评定

请天津师范大学 20 名中国大学生对句子通顺性进行五点量表评定（M =4.59，SD =0.17，5 代表非常通顺），再请 10 名日—汉双语者对句子难度进行五点量表评定（M =2.01，SD =0.38，1 代表非常简单）。所有对句子难度进行评定的学生均未参加正式实验。

为确定读者对词划分的一致性，由 12 名中国大学生被试对句子中词边界的划分进行评定，结果显示一致性百分数达到 91%。

---

[1]　沈德立、白学军、臧传丽、闫国利、冯本才、范晓红：《词切分对初学者句子阅读影响的眼动研究》，《心理学报》2010 年第 2 期。

[2]　田瑾：《词切分对韩国、泰国留学生汉语阅读影响的眼动研究》，硕士学位论文，天津师范大学，2009 年。

（三）实验设计

实验为单因素被试内设计，共有四种不同的空格呈现条件：（1）正常条件；（2）词间空格条件；（3）非词空格条件；（4）字间空格条件。

实验材料举例如图 10 - 1 所示。

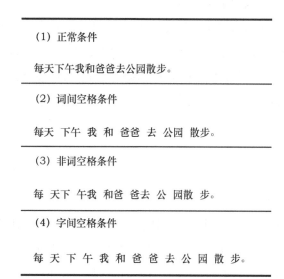

（1）正常条件

每天下午我和爸爸去公园散步。

（2）词间空格条件

每天 下午 我 和 爸爸 去 公园 散步。

（3）非词空格条件

每 天下 午我 和爸 爸去 公 园散 步。

（4）字间空格条件

每 天 下 午 我 和 爸 爸 去 公 园 散 步。

图 10 - 1 汉语实验材料举例

实验共有 4 组材料，每一组包括 100 个正式实验句子。每种条件下有 25 个句子，实验条件按照拉丁方顺序进行轮组。在每一组内句子随机呈现。

（四）仪器

实验采用由加拿大 SR Research 公司开发的 EyeLink 2000 眼动仪记录被试右眼眼动数据。该设备由两台计算机组成，通过以太网连接。其中一台计算机呈现材料，另一台计算机记录眼动数据。被试眼睛的注视情况通过微型摄像机输入计算机，采样率为 1000 次/秒。在实验过程中被试双眼注视屏幕，但只记录其右眼的眼动轨迹。

实验材料呈现于 19 英寸纯平 Dell 显示器上，显示器的刷新率为 150Hz，分辨率为 1024 × 768。全部实验材料以白底黑字呈现在屏幕上，每一屏幕呈现一个句子，句子只占一行。被试眼睛与屏幕之间的距离为 75cm。汉字为宋体，21 号，每三个汉字的大小是 2°视角。

（五）程序

（1）在被试进入实验室之前，主试或助手给被试一份眼动实验的说明，详细介绍本实验目的、所用仪器、施测程序以及注意事项。如被试仍有疑问，主试或助手予以解答。

（2）被试进入实验室，熟悉实验室环境，然后坐在距离眼动仪 75cm 处，将下颌放在下颌托上并将前额贴在前方，主试告知被试在实验过程中尽量保持不动。如果实验过程中觉得眼睛疲劳，可以告诉主试要求休息。

（3）主试对被试进行校准，以保障被试眼动轨迹记录的准确性。

（4）校准成功后，进行练习，为了让被试熟悉实验流程。练习之后是正式实验，全部实验大约需要 20 分钟。

（六）分析指标

1. 整体分析指标

在阅读的研究过程中，用不同的眼动参数来反映即时的认知加工，主要从时间、距离、次数等方面进行考察。[1][2][3] 本实验采用以句子为单位的整体测量（global measure），选用指标具体如下。

平均注视时间（mean fixation durations）：落在句子上的所有注视点的持续时间的平均值。

平均眼跳距离（mean saccade lengths）：句子上发生的所有眼跳距离的平均值。

向前眼跳次数（number of forward saccades）：句子上发生的所有从左到右的眼跳的次数。

总注视次数（total number of fixations）：落在句子上的注视点个数。

回视眼跳次数（number of regressive saccades）：句子上发生的所有从

① 张仙峰、叶文玲：《当前阅读研究中眼动指标述评》，《心理与行为研究》2006 年第 4 期。

② 白学军、田瑾、闫国利、王天琳：《词切分对美国大学生汉语阅读影响的眼动研究》，《南开语言学刊》2009 年第 1 期。

③ 沈德立、白学军、臧传丽、闫国利、冯本才、范晓红：《词切分对初学者句子阅读影响的眼动研究》，《心理学报》2010 年第 2 期。

右到左眼跳的次数。

总句子阅读时间（total sentence reading time）：阅读一句话所用的时间。

2. 局部分析指标

除整体分析之外，针对被试所读句子某一部分（即兴趣区）的注视还采用了五种不同的局部分析，采用如下指标。

首次注视时间（first fixation duration）：指落在兴趣区内第一个注视点的持续时间。

凝视时间（gaze duration）：指从注视点第一次落入兴趣区到离开的这段时间，被试对兴趣区的注视时间的总和。

总阅读时间（total reading time）：指落在兴趣区包括回视在内的所有注视时间的总和。

第一遍阅读次数（number of first pass fixations）：指从注视点第一次落入兴趣区开始到离开的时间内，落在兴趣区的所用注视点的总数。

总注视次数（fixation count）：落在兴趣区内注视点的个数。

（七）结果与分析

12 名被试在阅读理解题中的总正确率为 90.6%。根据以下标准对有效项目进行筛选：①②③（1）被试过早按键或错误按键导致句子呈现中断；（2）追踪丢失（实验中因被试头动等偶然因素导致眼动仪记录数据丢失）；（3）注视时间小于 80ms 或大于 1200ms；（4）平均数大于或小于三个标准差。总共剔除无效数据占总数据的 3.56%。

用 EyeLink 2000 提供的数据分析软件将数据导出，使用 SPSS13.0 for Windows 对数据进行处理。所有变量进行被试分析（F_1，t_1）和项目分析

① Bai, X. J., Yan, G. L., Liversedge, S. P., Zang, C. L., Rayner, K., "Reading Spaced and Unspaced Chinese Text: Evidence from Eye Movements", *Journal of Experimental Psychology: Human Perception and Performance*, Vol. 34, 2008, pp. 1277 – 1287.

② Rayner, K., Liversedge, S. P., White, S. J., "Eye Movements When Reading Disappearing Text: The Importance of the word to the Right of Fixation", *Vision Research*, Vol. 46, No. 3, 2006, pp. 310 – 323.

③ 沈德立、白学军、臧传丽、闫国利、冯本才、范晓红：《词切分对初学者句子阅读影响的眼动研究》，《心理学报》2010 年第 2 期。

（F_2，t_2）的重复测量方差分析。

1. 整体结果分析

对日—汉双语者汉语文本阅读进行整体分析，结果如表 10 − 1 所示。

表 10 − 1　　　　　四种空格呈现条件下的总体眼动特征 （$M \pm SD$）

	空格呈现条件			
	正常条件	词间空格	非词空格	字间空格
平均注视时间（ms）	249 ± 20	229 ± 21	238 ± 24	221 ± 24
平均眼跳距离（度）	2.40 ± 0.40	3.46 ± 0.52	3.07 ± 0.47	3.71 ± 0.59
向前眼跳次数	10.22 ± 1.72	11.04 ± 1.84	12.57 ± 2.58	13.02 ± 3.05
总注视次数	14.51 ± 3.33	14.98 ± 3.19	17.57 ± 4.22	16.66 ± 4.32
回视眼跳次数	3.55 ± 1.73	3.78 ± 1.77	4.50 ± 2.18	3.71 ± 1.54
总句子阅读时间（ms）	4359 ± 1246	4184 ± 1067	5043 ± 1461	4585 ± 1434

（1）平均注视时间。空格呈现条件的主效应显著，F_1（3，33）= 42.341，$p_1 < 0.001$；F_2（3，297）= 27.412，$p_2 < 0.001$。为考察各呈现条件之间的差异，进一步分析发现，每两种条件下的平均注视时间均存在显著差异，$p_s < 0.05$。其中，正常条件下的平均注视时间最长，显著长于其他三种有空格的条件。Liversedge 和 Findlay 以及 Rayner 等认为注视时间的延长意味着加工难度的增大。[1][2] 相对于有空格条件，正常条件下单位空间内的信息密度较大，被试需要加工的信息量较多，因此平均注视时间延长。

（2）平均眼跳距离。空格呈现条件的主效应显著，F_1（3，33）= 98.715，$p_1 < 0.001$；F_2（3，297）= 119.784，$p_2 < 0.001$。进一步检验表明，每两种条件下的平均眼跳距离均存在显著差异，$p_s < 0.01$。其中，正常条件下的平均眼跳幅度最短，显著短于其他三种条件。指标与文本

---

① Liversedge, S. P., Findlay, J. M., "Saccadic Eye Movements and Cognition", *Trends in Cognitive Science*, Vol. 4, 2000, pp. 6 − 14.

② Rayner, K., Fischer, M. H., Pollatsek, A., "Unspaced Text Interferes with Both Word Identification and Eye Movement Control", *Vision Research*, Vol. 38, 1998, pp. 1129 − 1144.

的水平分布情况有关，反映阅读效率和加工难度。插入空格后，水平空间分布上汉字的密度逐渐减小，阅读的单位信息量减少，所以要获取同等信息量，被试需要做出较长距离的眼跳。非词条件和词间条件的句子插入相同数量的空格，句子长度是一样的。非词条件的平均眼跳距离显著短于词间空格条件，说明相比于词间条件，非词空格条件下加工难度更大。

（3）向前眼跳次数。空格呈现条件的主效应显著，F_1（3，33）= 17.783，$p_1 < 0.001$；F_2（3，297）= 27.321，$p_2 < 0.001$。进一步检验表明，除字间和非词差异不显著外，其他条件在两种条件下的向前眼跳次数均存在显著差异，$p_s < 0.05$。其中，正常条件下的向前眼跳次数最少，字间空格条件下的向前眼跳次数最多，因为在字间条件下句子的水平空间分布最大。被试在字间和非词条件下比正常和词间条件做出更多的向前眼跳。与具有同等句子长度的词间空格条件相比，被试在非词条件下的平均眼跳距离小、向前眼跳次数多，这反映了非词空格条件下阅读加工更为困难。

（4）总注视次数。空格呈现条件的主效应显著，F_1（3，33）= 17.240，$p_1 < 0.001$；F_2（3，297）= 15.575，$p_2 < 0.001$。进一步检验表明，正常条件下的总注视次数显著少于非词空格和字间空格条件，$p_s < 0.05$；词间空格条件下的总注视次数显著少于非词空格和字间空格条件，$p_s < 0.05$；然而，正常条件与词间空格条件差异不显著，$p > 0.05$。字间空格与非词空格条件之间存在显著差异，$p < 0.05$。该结果表明，在总注视次数上，词间空格与正常无空格条件下数据模式相似。这些数据表明，被试在词间空格条件下的阅读与正常无空格条件下的阅读一样容易，而字间空格条件和非词空格条件将对阅读加工产生更大的干扰，需要反复多次注视才能达到同等程度的理解。

（5）回视眼跳次数。空格呈现条件的主效应显著，F_1（3，33）= 6.486，$p_1 < 0.01$；F_2（3，297）= 5.081，$p_2 < 0.01$。进一步检验表明，被试在正常条件、词间空格条件和字间空格条件下的回视眼跳次数显著少于非词条件，$p_s < 0.05$。正常条件和词间空格条件差异未达到显著，$p > 0.05$。词间空格与字间空格条件也无显著差异，$p > 0.05$。这些数据表明，被试在词间空格条件下的阅读与正常条件下的阅读一样容易，非词条件下的加工难度增加，需要多次回视。

（6）总句子阅读时间。空格呈现条件的主效应显著，F_1（3，33）= 10.630，$p_1 < 0.001$；F_2（3，297）= 9.248，$p_2 < 0.001$。进一步检验表明，词间空格条件下的总句子阅读时间最短，与正常条件差异不显著，$p > 0.05$。非词空格条件下总句子阅读时间最长，并显著长于其他三种条件，$p_s < 0.05$。正常条件和字间空格差异不显著，$p > 0.05$。词间空格显著少于字间空格条件，$p < 0.05$。说明被试在词间空格和字间空格条件下的阅读与正常条件下的阅读一样容易，词间空格条件优于字间空格条件，非词条件下的加工难度增加。

2. 局部结果分析

局部分析是指从不同空格呈现条件下的句子中选择目标词（只选位于句子中间的词）作为兴趣区来分析的。这种分析的目的是探讨在相同空间信息条件下的词汇识别。

局部分析的兴趣区如图 10－2 所示。

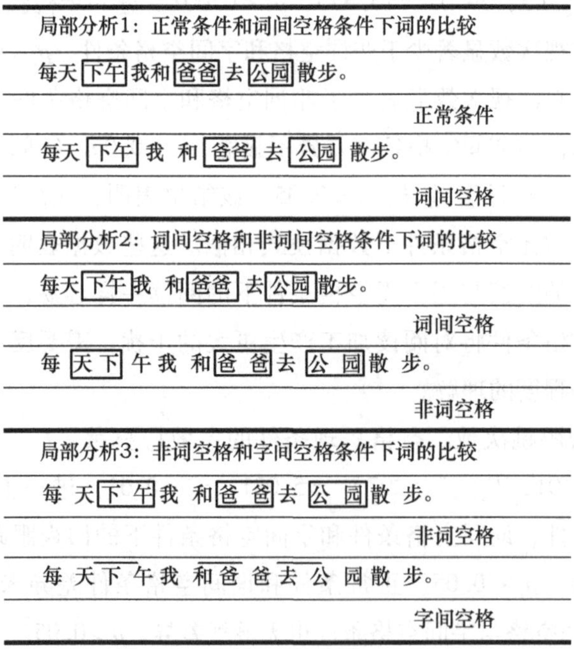

图 10－2 局部分的兴趣区样例（图中方框代表兴趣区）

对日—汉双语者汉语文本阅读进行局部分析，结果如表10-2所示。

表10-2　　日—汉双语者汉语文本阅读局部分析结果（$M \pm SD$）

局部分析	条件	首次注视时间	凝视时间	总注视时间	第一遍阅读次数	总注视次数
1	正常	260 ± 19	385 ± 67	609 ± 153	1.5 ± 0.2	2.4 ± 0.5
	词间空格	244 ± 27	291 ± 41	437 ± 112	1.2 ± 0.1	1.8 ± 0.4
2	词间空格	241 ± 28	368 ± 64	567 ± 150	1.6 ± 0.2	2.4 ± 0.6
	非词空格	246 ± 30	414 ± 98	677 ± 218	1.7 ± 0.3	2.8 ± 0.7
3	非词空格	246 ± 30	414 ± 98	677 ± 218	1.7 ± 0.3	2.8 ± 0.7
	字间空格	230 ± 33	322 ± 72	496 ± 164	1.4 ± 0.2	2.2 ± 0.6

（1）正常条件与词间空格条件下的词进行比较

通过进一步比较相同空间包含的信息，来考察正常条件与词间空格条件下的词汇识别。

在首次注视时间、凝视时间和总注视时间上，正常条件和词间空格条件均存在显著差异，具体为，在首次注视时间上，t_1（11）= 3.02，$p_1 < 0.05$，t_2（99）= 3.29，$p_2 < 0.01$；在凝视时间上，t_1（11）= 5.95，$p_1 < 0.001$，t_2（99）= 8.04，$p_2 < 0.001$；在总注视时间上，t_1（11）= 5.44，$p_1 < 0.001$，t_2（99）= 6.93，$p_2 < 0.001$。在第一遍阅读次数和总注视次数指标上，两种条件存在显著差异。正常无空格条件比词间空格条件下需要更多的注视次数。具体为，在第一遍阅读次数上，t_1（11）= 6.95，$p_1 < 0.001$，t_2（99）= 8.81，$p_2 < 0.001$；在总注视次数上，t_1（11）= 5.95，$p_1 < 0.001$，t_2（99）= 7.01，$p_2 < 0.001$。

（2）词间空格和非词空格条件下的词进行比较

通过进一步比较相同空间包含的信息，来考察词间空格和非词空格条件下的词汇识别。

在首次注视时间上，正常条件和词间空格条件差异不显著，t_1（11）=

-0.97，$p_1 > 0.05$，$t_2 (99) = -1.05$，$p_2 > 0.05$；在凝视时间和总注视时间上，正常条件和词间空格条件均存在显著差异，具体为，在凝视时间上，$t_1 (11) = -2.65$，$p_1 < 0.05$，$t_2 (99) = -2.66$，$p_2 < 0.01$；在总注视时间上，$t_1 (11) = -3.13$，$p_1 < 0.05$，$t_2 (99) = -3.48$，$p_2 < 0.01$。在第一遍阅读次数和总注视次数指标上，两种条件存在显著差异。非词空格条件比词间空格条件下需要更多的注视次数。具体为，在第一遍阅读次数上，$t_1 (11) = -3.61$，$p_1 < 0.05$，$t_2 (99) = -3.42$，$p_2 < 0.05$；在总注视次数上，$t_1 (11) = -3.48$，$p_1 < 0.05$，$t_2 (99) = -4.27$，$p_2 < 0.05$。该结果与总体分析的结果相一致，这些数据表明，非词空格条件对被试的阅读加工造成更大的干扰。

（3）非词空格条件与字间空格条件下的词进行比较

通过进一步比较相同空间包含的信息，来考察非词空格条件与字间空格条件下的词汇识别。

在首次注视时间、凝视时间和总注视时间上，非词空格条件和字间空格条件均存在显著差异，具体为，在首次注视时间上，$t_1 (11) = 3.24$，$p_1 < 0.01$，$t_2 (99) = 3.38$，$p_2 < 0.01$；在凝视时间上，$t_1 (11) = 6.58$，$p_1 < 0.001$，$t_2 (99) = 6.07$，$p_2 < 0.001$；在总注视时间上，$t_1 (11) = 5.45$，$p_1 < 0.001$，$t_2 (99) = 6.01$，$p_2 < 0.001$。在第一遍阅读次数和总注视次数指标上，两种条件存在显著差异。非词空格条件比字间空格条件下需要更多的注视次数。具体为，在第一遍阅读次数上，$t_1 (11) = 8.31$，$p_1 < 0.001$，$t_2 (99) = 6.35$，$p_2 < 0.001$；在总注视次数上，$t_1 (11) = 5.37$，$p_1 < 0.001$，$t_2 (99) = 6.60$，$p_2 < 0.001$。

上述结果表明，词间插入空格有助于日—汉双语者的句子阅读。平均注视时间这一指标在总体分析和局部分析中，正常条件下都显著长于词间空格条件，该效应的方向在两种分析方式中是一致的。在总句子阅读时间和总注视次数上，总体分析中正常条件与词间空格条件没有差异，局部分析中差异达到显著水平。综合两种分析结果，发现尽管词间空格条件在视觉呈现上对被试来说并不熟悉，但该条件并没有对阅读产生干扰，而是起了促进作用。

三　实验二

实验一中，在阅读材料中插入词间空格后，对被试的阅读没有起干扰作用，而是起到了促进作用。但是在实验一中，有一个因素没有控制，即四种词切分条件导致句子空间分布不同（即句子长度不同），其中，正常条件下句子最短，其次是词间空格和非词空格，字间空格条件下的句子最长。为了排除因不同空格条件下句子空间分布的差异对实验结果的影响，实验二采用灰条标记作为字、词或非词的边界，确保四种条件下句子的空间分布相同。

（一）被试

选择的南开大学 12 名日—汉双语者，平均年龄为 23.5 ± 8.37 岁。参加实验的日—汉双语者有两年的学习汉语的经验，均过 HSK 六级。所有被试都从未参加过眼动实验，视力或矫正视力正常。实验结束后得 25 元报酬。

（二）材料和设计

材料和设计与实验一相同，不同之处在于空间信息的操纵。实验二采用灰条标记，产生四种条件：正常文本（正常条件）；使用灰条标记每一个词（词条件）；使用灰条标记不同的字以形成非词（非词条件）；使用灰条标记每一个字（字条件）。

实验材料举例如图 10-3 所示。

（三）仪器

实验采用由加拿大 SR Research 公司开发的 EyeLink 2000 眼动仪记录被试右眼眼动数据。该设备由两台计算机组成，通过以太网连接。其中一台计算机呈现材料，另一台计算机记录眼动数据。被试眼睛的注视情况通过微型摄像机输入计算机，采样率为 1000 次/秒。在实验过程中被试双眼注视屏幕，但只记录其右眼的眼动轨迹。

实验材料呈现于 19 英寸纯平 Dell 显示器上，显示器的刷新率为 150Hz，分辨率为 1024×768。全部实验材料以白底黑字呈现在屏幕上，每一屏幕呈现一个句子，句子只占一行。被试眼睛与屏幕之间的距离为 75cm。汉字为宋体，21 号，每三个汉字的大小是 2°视角。

(1) 正常条件

每天下午我和爸爸去公园散步。

(2) 词条件

每天下午我和爸爸去公园散步。

(3) 非词条件

每天下午我和爸爸去公园散 步。

(4) 字条件

每天下午我和爸爸去公园散步。

图 10 - 3 汉语实验材料举例

（四）程序

（1）在被试进入实验室之前，主试或助手给被试一份眼动实验的说明，详细介绍本实验目的、所用仪器、施测程序以及注意事项。如被试仍有疑问，主试或助手予以解答。

（2）被试进入实验室，熟悉实验室环境，然后坐在距离眼动仪 75cm 处，将下颌放在下颌托上并将前额贴在前方，主试告知被试在实验过程中尽量保持不动。如果实验过程中觉得眼睛疲劳，可以告诉主试要求休息。

（3）主试对被试进行校准，以保障被试眼动轨迹记录的准确性。

（4）校准成功后，进行练习，为了让被试熟悉实验流程。练习之后是正式实验，全部实验大约需要 20 分钟。

（五）结果

12 名被试在阅读理解题中的总正确率为 91.4% ，表明被试认真阅读并理解了实验句子。根据实验一的标准，对无效项目进行剔除，剔除数据占总数据的 3.6% 。

由于实验二的主要目的是验证实验一的结论是否因空间信息分布的不同而存在差异，因此在该实验中只报告总体分析，采用的具体指标同实验一。结果如表 10 – 3 所示。

表 10 – 3　　　四种加灰呈现条件下的总体眼动特征（$M \pm SD$）

	呈现条件			
	正常条件	词条件	非词条件	字条件
平均注视时间（ms）	257 ± 26	247 ± 26	259 ± 26	260 ± 25
平均眼跳距离（度）	2.29 ± 0.31	2.38 ± 0.27	2.22 ± 0.31	2.26 ± 0.33
向前眼跳次数	9.21 ± 2.02	9.36 ± 1.83	10.13 ± 1.91	9.71 ± 1.90
总注视次数	13.39 ± 2.97	13.67 ± 2.53	15.19 ± 2.61	13.80 ± 2.41
回视眼跳次数	3.08 ± 1.37	3.60 ± 1.26	4.12 ± 1.51	3.44 ± 1.17
总句子阅读时间（ms）	4021 ± 1017	4075 ± 848	4664 ± 904	4271 ± 809

经重复测量的方差分析，结果显示，在平均注视时间、平均眼跳距离、向前眼跳次数和回视眼跳次数上，不同灰条标记呈现条件下均存在显著差异。具体如下。

在平均注视时间上，呈现条件的效应显著，F_1（3，33）= 10.970，$p_1 < 0.001$，F_2（3，297）= 9.370，$p_2 < 0.001$。进一步检验表明，词条件下平均注视时间显著少于正常条件、非词条件和字条件，$p_s < 0.05$。说明词条件有助于被试汉语阅读。

在平均眼跳距离上，呈现条件的效应显著，F_1（3，33）= 5.274，$p_1 < 0.01$，F_2（3，297）= 4.853，$p_2 < 0.01$。进一步检验表明，词条件下眼跳距离显著大于正常条件、非词条件和字条件（$p_s < 0.05$）。平均眼跳距离大，说明被试一次注视所获得的信息多，阅读效率较高。

在向前眼跳次数上，呈现条件的效应显著，F_1（3，33）= 5.912，$p_1 < 0.01$，F_2（3，297）= 3.117，$p_2 < 0.05$。进一步检验表明，词条件和正常条件差异不显著（$p_s > 0.05$）。正常条件和词条件均显著少于非词条件和字条件（$p_s < 0.05$）。

在回视眼跳次数上，呈现条件的效应显著，F_1（3，33）= 12.194，$p_1 < 0.001$，F_2（3，297）= 7.253，$p_2 < 0.001$。进一步检验表明，正常条件下回视眼跳次数显著少于词条件和非词条件（$p_s < 0.05$）。词条件下回视眼跳次数显著少于非词条件（$p_s < 0.05$）。

在总注视次数和总句子阅读时间上，呈现条件的效应均显著。在总注视次数上，F_1（3，33）= 10.500，$p_1 < 0.001$，F_2（3，297）= 5.956，$p_2 < 0.01$。在总句子阅读时间上，F_1（3，33）= 14.836，$p_1 < 0.001$，F_2（3，297）= 7.650，$p_2 < 0.001$。进一步检验表明，词条件下的总注视次数和总句子阅读与正常条件差异不显著，$p_s > 0.05$。与非词条件相比，词条件下的注视时间更短，注视次数更少。

这些结果表明，去除空格空间分布影响的结果与空格条件的研究结果趋于一致。

四 讨论

（一）词切分对日—汉双语者汉语阅读的影响

本研究探讨词切分对日—汉双语者汉语句子阅读的影响，被试是日—汉双语者。与英语不同，日语文本中虽然没有空格作为词切分的线索，但是与日本汉字一起构成日语文本的平假名、片假名使得汉字的显著特征提供了词切分的线索。汉语文本本身没有任何词切分线索。本研究探讨对于母语没有空格，第二语言也没有空格的日—汉双语者来说，人为地提供词切分线索对日—汉双语者汉语文本阅读的作用。

在引言中，我们假设在阅读汉语句子时，因日—汉双语者的阅读经验较少，汉语句子插入空格，有利于他们对汉语句子的理解。

实验一总体分析的结果表明，日—汉双语者在词间空格条件下平均注视时间显著少于正常条件。在总注视次数和总的句子阅读时间上，词间空格条件与正常条件下的阅读没有显著差异，而且与字间空格和非词空格条件相比，被试在词间空格条件和正常无空格条件下的阅读速度快。日—汉双语者从学习汉语阅读就在正常的无空格文本呈现条件下进行阅读，不熟悉词间空格的呈现方式，所以被试在这两种条件下的眼动模式没有差异。在字间空格条件和非词空格条件下呈现句子可能会干扰正常的阅读过程，因为在这两种条件下被试需要更多的时间、更多的注视次数和眼跳次数。结果表明，日—汉双语者在词间空格条件下的句子阅读和正常条件下的句子阅读一样好，词间空格促进阅读中的词汇识别。实验一局部分析的结果表明，与正常条件相比，被试在词间空格条件下对词的注视时间（包括凝视时间和总注视时间）显著变短、注视次数（包括第一遍阅读次数和总注视次数）显著减少，词间空格会使词清晰地凸显出来，显著地减少阅读时间，因此，词切分的确可以促进日—汉双语者汉语阅读的词汇识别。这与沈德立等人以小学三年级学生为被试的研究结果一致。①

实验二采用灰条标记词的边界，使不同条件下句子的空间分布保持一致。实验结果表明，在平均注视时间、平均眼跳距离、向前眼跳次数和回视眼跳次数上，不同灰条标记呈现条件差异显著；在总的句子阅读时间和总注视次数这两个能够反映被试总体阅读情况且有效而重要的指标上，结果趋势与实验一非常相似。即被试在词标记条件下的阅读显著优于非词条件，与正常阅读条件没有差异。日—汉双语者在非词条件下阅读时间最长。

（二）词切分对双语者汉语学习的启示

对于母语有空格的汉语学习者，比如英—汉双语者，汉语文本插入词间空格有利于他们汉语的学习。英语文本中包含词间空格，所以对母语是英语的英—汉双语者来说，丰富的阅读经验更多地来源于有空格文本，阅读包含词切分标记的文本相对容易些。在汉语文本中插入词间空格的词切分形式形成了一种与其母语文本更接近的视觉形式。白学军等人以汉语阅读经验少的美国留学生为被试，结果发现插入词间空格，对初级汉语水平的美国大学生的汉语阅读起到促进作用。② 白学军等考察了在不同测试阶段词切分对美国留学生汉语阅读的影响，前测是在被试学习汉语一个半月时进行，后测是在被试学习汉语三个月时进行的。结果

---

① 沈德立、白学军、臧传丽、闫国利、冯本才、范晓红：《词切分对初学者句子阅读影响的眼动研究》，《心理学报》2010 年第 2 期。

② 白学军、田瑾、闫国利、王天琳：《词切分对美国大学生汉语阅读影响的眼动研究》，《南开语言学刊》2009 年第 1 期。

发现加入词空格有利于美国留学生汉语文本阅读,这种促进作用在初学汉语阶段更为明显。[①] 田瑾考察词切分对韩国和泰国留学生汉语阅读的影响,结果发现,韩国被试和泰国被试在汉语阅读中有相似的眼动情况,词切分在一定程度上促进了韩、泰两国留学生的汉语阅读。韩国留学生属于母语有空格,第二语言无空格情况;泰国留学生则属于母语和第二语言都没有空格,汉语文本插入词间空格促进汉语阅读。[②]

对于母语和第二语言都没有空格的日—汉双语者来说,日语文本中没有空格作为词切分的线索,但是与日本汉字一起构成日语文本的平假名、片假名使得汉字的显著特征发挥词切分线索的作用。汉语文本本身没有任何词切分线索,插入空格后有了明显的词切分线索,在一定程度上和母语提供线索是相似的。本研究结果发现,插入空格和以灰条作为词边界两种条件下的阅读显著优于非词条件,说明插入空格对于日—汉双语者来说,有利于他们对汉语词汇的识别。

总之,在汉语文本中插入与拼音文字书写形式相类似的词间空格,在一定程度上使日—汉双语者更容易识别所读汉语文本中的词,从而促进了他们对句子的阅读理解;插入非词空格后则增加日—汉双语者识别汉语句子中词汇的难度,干扰了他们对句子的阅读理解。

五 结论

在本实验条件下,可以得出以下结论。

(1) 日—汉双语者在阅读汉语词间空格文本和正常无空格文本一样容易。

(2) 词切分对日—汉双语者识别汉语词汇有促进作用。

(3) 在汉语阅读中,词是重要的加工单位。

---

① 白学军、张涛、田丽娟、梁菲菲、王天林:《词切分对美国留学生汉语阅读影响的眼动研究》,《心理研究》2010 年第 5 期。

② 田瑾:《词切分对韩国、泰国留学生汉语阅读影响的眼动研究》,硕士学位论文,天津师范大学,2009 年。

第二节　词切分对日—汉和汉—日双语者日语阅读影响的眼动研究[①]

一　引言

文本阅读是一个从辨识字、词开始到理解篇章意义为止的一个自下而上构建意义的过程。在这一过程中，词汇识别是其中的关键一环。[②] 文本包括不同的语言和语体。其中，有的语言（如英语）有空格，空格可以为其提供词切分信息；有的语言（如日语）本身没有空格，但是其语言构成特点的形式提供部分的物理线索；还有的语言（如汉语）没有空格，语言本身没有提供词切分的物理线索。读者阅读没有词切分线索的文本则需要更多的认知资源进行词汇识别。

英语是有空格的拼音文字，其眼跳目标是基于词，阅读过程受词汇长度、[③][④][⑤] 空间密度水平[⑥]等低水平的视觉因素的影响。因此，空格就是英语单词间有效的词边界信息，可以帮助读者单词识别和眼跳目标的选择。[⑦]

与拼音文字（如英语）不同，汉语的书写方式是方块形，字与字之

---

① 郭志英、白学军、谷莉、王永胜、王丽红：《词切分对日—汉和汉—日双语者日语阅读影响的眼动研究》，《心理与行为研究》2014 年第 6 期。

② Gough, P. B., "One Second of Reading", in J. F. Kavanagh I. G. Mattingly, eds., *Language by Eye and Ear*, Cambridge：MIT Press, 1972, pp. 331 – 358.

③ McConkie, G. W., Kerr, P. W., Reddix, M. D., Zola, D., "Eye Movement Control During Reading：Ⅰ. The Location of Initial Fixations in Words", *Vision Research*, Vol. 28, 1988, pp. 1107 – 1118.

④ Reilly, R. G., O'Regan, J. K., "Eye Movement Control During Reading：A Simulation of Some Word-targeting Strategies", *Vision Research*, Vol. 38, 1998, pp. 303 – 317.

⑤ Reichle, E. D., Rayner, K., Pollatsek, A., "Eye Movement Control In Reading：Accounting for Initial Fixation Location and Refixations Within the E-Z Reader Model", *Vision Research*, Vol. 39, 1999, pp. 4403 – 4411.

⑥ McGowan, V. A., White, S. J., Jordan, T. R., Paterson, K. B., "Aging and the Use of Interword Spaces During Reading：Evidence from Eye Movements", *Psychonomic Bulletin & Review*, Vol. 21, No. 3, 2013, pp. 1 – 8.

⑦ Rayner, K., Fischer, M. H., Pollatsek, A., "Unspaced Text Interferes with Both Word Identification and Eye Movement Control", *Vision Research*, Vol. 38, 1998, pp. 1129 – 1144.

间没有空格，是连续呈现的，每个汉字所占的空间相同，通过笔画数的多少和结构方式来变化其复杂性。① 汉语文本中词与词之间没有明显的词边界信息，那么在汉语阅读过程中，读者是怎样对文本进行词汇识别的？大量研究表明，在汉语文本的词语之间插入空格对于汉语阅读的词汇识别有促进作用。②③④⑤ Bai 等人分别以空格和灰条作为汉语的边界标记，探讨插入词空格对汉语句子阅读理解的影响。结果发现，句子的阅读时间在词间空格条件和正常条件下没有显著差异，表明用空格和灰条来界定词边界，对阅读既没有阻碍作用，也没有促进作用。他们认为，文本呈现方式的熟悉性以及有无词边界信息所产生的促进和干扰效应存在权衡。⑥ 有研究考察了美国留学生阅读汉语有无空格材料的理解过程。结果发现，对于只有初级汉语水平的美国留学生来说，在汉语句子中插入词间空格能促进他们的汉语阅读理解。⑦⑧

母语和第二语言有无空格对语言学习有影响吗？李馨等认为，不管是以有空格的语言为研究对象，还是以无空格语言为研究对象，空格在

---

① 白学军、郭志英、顾俊娟、曹玉肖、闫国利：《词切分对日—汉双语者汉语阅读影响的眼动研究》，《心理学报》2011 年第 11 期。

② Bai, X. J., Yan, G. L., Liversedge, S. P., Zang, C. L., Rayner, K., "Reading Spaced and Unspaced Chinese Text：Evidence from Eye Movements", *Journal of Experimental Psychology*：*Human Perception and Performance*, Vol. 34, 2008, pp. 1277 – 1287.

③ Liu, P. P., Li, X. S., "Inserting Spaces before and after Words Affect Word Processing Differently in Chinese：Evidence from Eye Movements", *British Journal of Psychology*, Vol. 105, 2014, pp. 57 – 68.

④ 沈德立、白学军、臧传丽、闫国利、冯本才、范晓红：《词切分对初学者句子阅读影响的眼动研究》，《心理学报》2010 年第 2 期。

⑤ Zang, C. L., Liang, F. F., Bai, X. J., Yan, G. L., Liversedge, S. P., "Interword Spacing and Landing Position Effects During Chinese Reading in Children and Adults", *Journal of Experimental Psychology*：*Human Perception and Performance*, Vol. 39, No. 3, 2013, pp. 720 – 734.

⑥ Bai, X. J., Yan, G. L., Liversedge, S. P., Zang, C. L., Rayner, K., "Reading Spaced and Unspaced Chinese Text：Evidence from Eye Movements", *Journal of Experimental Psychology*：*Human Perception and Performance*, 34, 2008, pp. 1277 – 1287.

⑦ 白学军、田瑾、闫国利、王天琳：《词切分对美国大学生汉语阅读影响的眼动研究》，《南开语言学刊》2009 年第 1 期。

⑧ 田瑾：《词切分对韩国、泰国留学生汉语阅读影响的眼动研究》，硕士学位论文，天津师范大学，2009 年。

母语阅读中的作用对第二语言的学习有影响，即跨语言迁移的问题。跨语言迁移是指个体在第二语言学习的过程中，学习第一种语言所习得的学习能力对第二语言学习的影响。①② 美国留学生的母语是有空格的英语，第二语言是没有空格的汉语，在汉语句子中插入词间空格能促进他们的汉语阅读理解。③ 日语和汉语都是没有空格的语言，日—汉双语者在阅读有空格的汉语文本时，词间空格和正常无空格文本一样容易，词间空格促进了汉语阅读的词汇识别。④ 这两种研究的共同点：无论母语文本中是否存在空格，词间空格促进其学习二外的词汇识别。那么对于文本中没有空格，但是存在部分词切分线索的语言，空格的影响是怎样的呢？这个问题的考察对象要求：（1）母语文本中无空格但存在部分词切分线索、二语文本无空格也不存在词切分线索；（2）母语文本中无空格也不存在词切分线索、二语文本无空格但存在部分词切分线索。

日语文本是由日本汉字、平假名和片假名组成的，其中日本汉字和中国汉字一样是表意形式，平假名则是表音形式。日语文本这种表音和表意混合的文本组合形式在视觉形式上可提供一定的边界信息。Sainio 等研究日本读者阅读纯平假名（表音文本）和日本汉字与平假名混合（表意加表音文本）的正常无空格文本和词间空格文本时的特点。⑤ 结果发现，词间空格促进了纯平假名文本的阅读理解，但对混合文本的阅读没有起到促进作用。日本读者对日语形式熟悉，已经具有阅读无空格文本日语的经验，习惯混合文本在视觉上提供的词边界信息。对于那些母语

① 李馨、白学军、闫国利、臧传丽、梁菲菲：《空格在文本阅读中的作用》，《心理科学进展》2010 年第 9 期。

② Genesee, F., Geva, E., Dressler, C., Kamil, M. L., "Synthesis: Cross Linguistic Relation-ships", in D. August, T. Shanahan, eds., *Developing Literacy in Second-language Learners: Report of the National Literacy Panel on Language-minority Children and Youth*, Mahwah, NJ: Erlbaum, 2006, pp. 153 – 183.

③ 白学军、田瑾、闫国利、王天琳：《词切分对美国大学生汉语阅读影响的眼动研究》，《南开语言学刊》2009 年第 1 期。

④ 白学军、郭志英、顾俊娟、曹玉肖、闫国利：《词切分对日—汉双语者汉语阅读影响的眼动研究》，《心理学报》2011 年第 11 期。

⑤ Sainio, M., Hyönä, J., Bingushi, K., Bertram, R., "The Role off Interword Spacing in Reading Japanese: An Eye Movement Study", *Vision Research*, Vol. 20, 2007, pp. 2575 – 2584.

中无空格，以日语为二语的学习者来说，如果在混合文本中插入空格，是否能获取更多的词切分信息，从而帮助他们日语的学习呢？

对于汉—日双语者来说，日语是第二语言，与母语为日语的人相比，汉—日双语者阅读日语的经验相对有限，日语初学者（包括日本人和外国初学者）的教材中日本汉字是以纯平假名的形式表示的，且纯平假名文本之间有空格，但是只限于日语的初级读本。汉—日双语者对有词切分和无词切分日语文本熟悉度接近。因而，以汉—日双语者为被试，可以很好地控制文本呈现方式的熟悉性对文本阅读的影响。本研究采用 Bai 等人以空格和灰条作为日语的边界标记，[①] 由于汉—日双语者的词汇量有限，他们在阅读过程中不能正确地切分词，会造成阅读上的困难。我们预测，相对于日语为母语的日—汉双语者来说，对于没有阅读空格文本经验的汉—日双语者来说，在日语学习的初级阶段，在日本汉字—平假名混合文本中插入空格将有助于他们学习日语。

二　空格对日—汉和汉—日双语者日语阅读影响的眼动研究

（一）被试

12 名日—汉双语者是来自天津市某高校日本留学生，平均年龄为 23.1±4.69 岁，具有两年的学习汉语的经验，均过汉语水平考试（HSK）六级。12 名汉—日双语者是来自天津市某高校日语专业大三学生，平均年龄为 20.92±0.90 岁，具有至少三年的学习日语的经验，均过日语水平等级考试 N1 或 N2。

所有被试都从未参加过眼动实验，视力或矫正视力正常。实验结束后得 25 元报酬。

（二）实验材料

第一步：编制 200 个句子。所有句子由 2 名不参加正式实验的日本留

___

① Bai, X. J., Yan, G. L., Liversedge, S. P., Zang, C. L., Rayner, K., "Reading Spaced and Unspaced Chinese Text: Evidence from Eye Movements", *Journal of Experimental Psychology: Human Perception and Performance*, Vol. 34, 2008, pp. 1277–1287.

学生认真阅读，并标出用词不规范或者理解有困难的句子。所有做标记的句子都被删除。

第二步：产生 90 个正式实验句子。句子由日本汉字和平假名组成。长度为 17—25 个字符（平均为 21.92 ± 1.74 个单词）。5 名不参加正式眼动实验的日本留学生在一个五点量表（1 = 非常不通顺，5 = 非常通顺）上对句子的通顺性进行了评定，评分结果为 4.39 分。

实验中包括三种呈现方式，每个呈现方式下有 30 个句子。将三种呈现方式以拉丁方顺序进行平衡，构成三组实验材料，每个被试只接受其中一组实验材料，所有句子均为随机呈现。

（三）实验设计

本实验采用 2（被试类型：日—汉双语者、汉—日双语者）×3（呈现条件：正常条件、词间空格条件和非词条件）混合实验设计。其中被试类型是组间变量，呈现条件是组内变量。

实验材料与条件如图 10 - 4 所示。

（1）正常条件
発展途上国における貧富の差が年々広がっている。

（2）词间空格条件
発展途上国に　おける　貧富の　差が　年々　広がって　いる。

（3）非词条件
発　展途　上国における貧　富の　差が年　々広が　っている。

图 10 - 4　日语实验材料举例

注：句子的汉语意思是"发展中国家的差距在逐年增大"。

（四）实验仪器

实验采用由加拿大 SR Research 公司开发的 EyeLink 2000 眼动仪记录被试右眼眼动数据。

（五）结果与分析

两组被试在阅读理解题中日—汉双语者的正确率为 93.5%，汉—日双语者为 91.27%。表明被试认真阅读并理解实验句子。

　　根据以下标准对有效项目进行筛选:①②③（1）被试过早按键或错误按键导致句子呈现中断;（2）追踪丢失（实验中因被试头动等偶然因素导致眼动仪记录数据丢失）;（3）注视时间小于80ms或大于1200ms。总共剔除无效数据占总数据的3.49%。

　　用EyeLink 2000提供的数据分析软件将数据导出，使用SPSS16.0 for Windows对数据进行处理。所有变量进行被试分析（F_1）和项目分析（F_2）的重复测量方差分析。

　　对两类被试日语文本阅读进行整体分析，表10-4是句子水平的眼动分析指标，表10-5是方差分析的统计值。

表10-4　　　　　两组被试三种空格呈现条件下的总体眼动特征

被试类型 （双语者）	呈现条件	平均注视时间 （ms）	平均眼跳距离 （度）	总注视次数	总句子阅读时间 （ms）
日—汉	正常条件	218（18）	2.84（0.28）	10.43（4.55）	2894（1570）
	词间空格	212（20）	3.52（0.27）	11.27（5.14）	3048（1694）
	非词条件	213（20）	3.08（0.35）	12.98（4.75）	3502（1473）
汉—日	正常条件	230（29）	2.46（0.48）	23.31（8.10）	6829（2680）
	词间空格	222（32）	3.05（0.55）	21.07（4.90）	5970（1572）
	非词条件	227（33）	2.76（0.58）	25.66（8.48）	7477（2919）

---

　　① Rayner, K., Liversedge, S. P., White, S. J., "Eye Emovements When Reading Disappearing Text: The Importance of the Word to the Right of Fixation", *Vision Research*, Vol. 46, 2006, pp. 310 - 323.

　　② Bai, X. J., Yan, G. L., Liversedge, S. P., Zang, C. L., Rayner, K., "Reading Spaced and Unspaced Chinese Text: Evidence from Eye Movements", *Journal of Experimental Psychology: Human Perception and Performance*, Vol. 34, 2008, pp. 1277 - 1287.

　　③ 沈德立、白学军、臧传丽、闫国利、冯本才、范晓红:《词切分对初学者句子阅读影响的眼动研究》,《心理学报》2010年第2期。

表10-5　　　　　　　　日—汉双语者和汉—日双语者阅读三种空格
条件日语文本眼动特征的统计值

	F_1			F_2		
	df	F_1	η^2	df	F_2	η^2
平均注视时间						
呈现条件	2, 44	15.95 ***	0.420	2, 356	8.13 ***	0.044
被试类型	1, 22	1.31	0.056	1, 178	87.28 ***	0.329
交互作用	2, 44	1.36	0.266	2, 356	0.71	0.004
平均眼跳距离						
呈现条件	2, 44	90.68 **	0.805	2, 356	107.14 ***	0.376
被试类型	1, 22	5.36 *	0.196	1, 178	81.86 ***	0.315
交互作用	2, 44	1.34	0.057	2, 356	1.35	0.008
总注视次数						
呈现条件	2, 44	9.71 ***	0.306	2, 356	16.00 ***	0.082
被试类型	1, 22	24.49 ***	0.527	1, 178	225.96 ***	0.559
交互作用	2, 44	17.76	0.107	2, 356	4.34 *	0.024
总句子阅读时间						
呈现条件	2, 44	8.10 **	0.269	2, 356	14.57 ***	0.076
被试类型	1, 22	20.62 ***	0.484	1, 178	195.66 ***	0.524
交互作用	2, 44	2.93	0.117	2, 356	8.10 **	0.269

注：* $p < 0.05$，** $p < 0.01$，*** $p < 0.001$，以下同。

在三种空格呈现条件下，汉—日双语者比日—汉双语者总句子阅读时间更长，注视次数更多。在总句子阅读时间和总注视次数指标上，呈现条件和被试类型存在交互作用（其中被试分析在这两个指标上是边缘显著，p 分别为 0.064 和 0.083）。简单效应分析的结果表明，日—汉双语者在正常条件下和词间空格条件下的总句子阅读时间和总注视次数（$p_s < 0.05$）。这个结果与前人研究一致。[①] 相比于正常条件，在非词条件下有更长的总句子阅读时间和更多的总注视次数（$p_s < 0.05$）。汉—日双语者

① Sainio, M., Hyönä, J., Bingushi, K., Bertram, R., "The Role off Interword Spacing in Reading Japanese: An Eye Movement Study", *Vision Research*, Vol. 20, 2007, pp. 2575-2584.

在词间空格条件下的总句子阅读时间最短，总注视次数最少；在正常条件下的总句子阅读时间和总注视次数少于非词条件（$p_s < 0.05$）。

日—汉双语者和汉—日双语者在三种条件下平均注视时间的呈现条件主效应显著，被试类型主效应和交互作用都不显著。多重比较结果表明，双语者在词间空格条件和非词条件下的平均注视时间一样，显著少于正常无空格文本（$p_s < 0.05$）。Liversedge 和 Findlay 认为注视时间的延长意味着加工难度的增大。[1]

两种双语者在三种条件下平均眼跳距离的呈现条件主效应显著，被试类型主效应和呈现类型主效应显著，交互作用不显著。多重比较结果表明，双语者在词间空格条件下的平均眼跳距离最长，其次是非词条件，最短的是正常条件（$p_s < 0.05$）。这一指标与文本的水平分布情况有关，反映阅读效率和加工难度。

三　灰条对日—汉和汉—日双语者日语阅读影响的眼动研究

（一）研究目的

在实验一中，在日语空格文本中加入词间空格后，汉—日双语者的总句子阅读时间更短，总注视次数更少，有效促进他们阅读日语文本。但是，在正常的无空格文本中加入空格后，增加了日语文本的自然长度。为了确保三种条件下句子的空间分布相同，我们采用 Bai 等人对空间信息的操纵方式，采用灰条标记作为词和非词的边界。

（二）研究对象

24 名被试同实验一来自相同的群体，不同之处在于 12 名日—汉双语者平均年龄为 22.6 ± 3.69 岁，12 名汉—日双语者平均年龄为 21.1 ± 1.24 岁。

（三）实验材料和设计

材料和设计与实验一相同，不同之处在于空间信息的操纵。实验二采用灰条标记，产生三种条件：正常文本（正常条件）；使用灰条标记每

---

① Liversedge, S. P., Findlay, J. M., "Saccadic Eye Movements and Cognition", *Trends in Cognitive Science*, Vol. 4, 2000, pp. 6 – 14.

一个词（灰条词条件）；使用灰条标记不同的字以形成非词（灰条非词条件）。实验材料举例如图 10 – 5 所示。

(1) 正常条件
発展途上国における貧富の差が年々広がっている。
(2) 灰条词条件
発展途上国における貧富の差が年々広がっている。
(3) 灰条非词条件
発展途上国における貧富の差が年々広がっている。

图 10 – 5　日语实验材料举例

（四）实验仪器

实验采用由加拿大 SR Research 公司开发的 EyeLink 2000 眼动仪记录被试右眼眼动数据。

（五）结果分析

两组被试在阅读理解题中日—汉双语者的正确率为 91.4%，汉—日双语者为 90.55%。表明被试认真阅读并理解实验句子。根据实验一参照的标准共剔除无效数据占总数据的 4.12%。

对两类被试日语文本阅读进行整体分析，表 10 – 6 是句子水平的分析指标，表 10 – 7 是方差分析的统计值。

表 10 – 6　　　两组被试三种灰条呈现条件下的总体眼动特征

被试类型（双语者）	呈现条件	平均注视时间（ms）	平均眼跳距离（度）	总注视次数	总句子阅读时间（ms）
日—汉	正常条件	215 (17)	2.84 (0.85)	9.48 (1.83)	2512 (534)
	灰条词	210 (13)	2.95 (0.68)	9.41 (1.88)	2445 (509)
	灰条非词	215 (14)	2.82 (0.79)	10.46 (2.69)	2806 (780)
汉—日	正常条件	237 (22)	2.27 (0.36)	27.93 (8.69)	8267 (2542)
	灰条词	236 (23)	2.26 (0.32)	27.98 (6.97)	8210 (1897)
	灰条非词	240 (22)	2.16 (0.29)	28.70 (5.98)	8558 (1808)

表 10 - 7　　　　　日—汉双语者和汉—日双语者阅读三种
灰条条件日语文本眼动特征的统计值

	F_1			F_2		
	df	F_1	η^2	df	F_2	η^2
平均注视时间						
呈现条件	2, 44	6. 18 **	0. 219	2, 356	4. 40 *	0. 024
被试类型	1, 22	10. 37 **	0. 320	1, 178	298. 722 ***	0. 627
交互作用	2, 44	1. 11	0. 048	2, 356	0. 758	0. 004
平均眼跳距离						
呈现条件	2, 44	3. 33 *	0. 131	2, 356	1. 44	0. 008
被试类型	1, 22	7. 28 *	0. 249	1, 178	168. 30 ***	0. 486
交互作用	2, 44	1. 05	0. 045	2, 356	0. 434	0. 002
总注视次数						
呈现条件	2, 44	1. 28	0. 055	2, 356	1. 26	0. 007
被试类型	1, 22	79. 10 ***	0. 782	1, 178	409. 55 ***	0. 697
交互作用	2, 44	0. 36	0. 002	2, 356	0. 036	0. 000
总句子阅读时间						
呈现条件	2, 44	1. 63	0. 069	2, 356	1. 98	0. 011
被试类型	1, 22	96. 41 ***	0. 814	1, 178	402. 46 ***	0. 693
交互作用	2, 44	0. 001	0. 000	2, 356	0. 001	0. 000

　　与实验一的结果不同，在总句子阅读时间和总注视次数指标上被试类型主效应显著，呈现条件的主效应和交互作用差异不显著。进一步多重比较，结果表明，相比于日—汉双语者，汉—日双语者在三种灰条呈现条件下的总句子阅读时间更长，总注视次数更多（$p_s < 0.05$）。日—汉双语者在三种灰条条件下的总句子阅读时间和总注视次数一样多（$p_s < 0.05$）；汉—日双语者在三种灰条条件下的总句子阅读时间和总注视次数一样多（$p_s < 0.05$）。

　　日—汉双语者和汉—日双语者在三种条件下的平均注视时间的呈现条件主效应显著和被试类型主效应显著，交互作用不显著。两种双语者在三种条件下平均眼跳距离的呈现条件主效应显著和被试类型主效应显著，交互作用不显著。多重比较结果表明，双语者在灰条词条件的平均眼跳距离显著大于灰条非词条件（$p < 0.05$）。汉—日双语者在三种条件下的平均眼跳距离显著小于日—汉双语者（$p < 0.05$）。灰条非词条件和灰条词条件的句子插入相同数量的空格，句子长度是一样的。灰条非词条件的平均眼跳距离显著短于灰条词条件，说明相比于灰条词条件，灰条非词条件下加工难度更大。

四　讨论

（一）空格对日—汉双语者和汉—日双语者日语阅读的影响

眼动控制包括两个基本问题：一是什么因素决定读者何时（when）启动眼跳；二是什么因素决定读者跳向何处（where）。本研究对第一个问题进行了研究。已有研究认为，词切分问题是指在汉语阅读过程中读者如何确定所读的哪些字构成一个词。[1][2] 阅读中通过空格帮助阅读者将词汇单元从文本中辨认出来即切分，是汉语阅读的一个必然的过程。它是阅读心理学研究的基本问题之一。

本研究探讨词切分对日—汉双语者和汉—日双语者日语句子阅读的影响，日语文本中虽然没有空格作为词切分的线索，但是与日本汉字一起构成日语文本的平假名、片假名使得汉字的显著特征提供了词切分的线索。相比之下，汉语文本本身没有任何词切分线索。本研究探讨对于母语没有空格，第二语言也没有空格的日—汉和汉—日双语者来说，人为地提供词切分线索对其日语文本阅读的作用。

实验一结果表明，日—汉双语者的平均注视时间显著少于汉—日双语者；日—汉双语者和汉—日双语者在三种条件下的平均注视时间差异显著；由于被试类型和呈现条件的交互作用不显著。平均注视时间的延长意味着文本加工难度的增大，相比于日—汉双语者来说，汉—日双语者对于日语文本加工的难度较大。两种被试在总注视次数和总阅读时间两个指标上的趋势是一致的。被试类型和呈现条件的交互作用都是边缘

① 白学军、郭志英、曹玉肖、顾俊娟、闫国利：《词切分对老年人阅读效率促进作用的眼动心理》，《中国老年学杂志》2012 年第 6 期。
② 李兴珊、刘萍萍、马国杰：《中文阅读中词切分的认知机理述评》，《心理科学进展》2011 年第 4 期。

显著，显示有交互的趋势，原因可能是由于被试量较少。对两个指标进一步分析发现，日—汉双语者的总注视次数和总阅读时间在三种条件下的差异不显著；汉—日双语者词间空格条件下的总注视次数和总阅读时间少于正常条件和非词条件，相比于正常条件，非词条件下需要更多的注视次数和更长的时间。这些数据表明，日—汉双语者在词间空格条件下的阅读与正常无空格条件下的阅读一样容易，而非词空格条件将对阅读加工产生更大的干扰，需要更多的阅读时间和多次注视才能达到同等程度的理解。因此，日—汉双语者的研究结果与 Sainio 等人以日本读者为被试的研究结果一致。① 汉—日双语者研究表明，词切分的确可以促进其日语阅读的词汇识别。对于日语初学者来说，在日语文本中插入词间空格对于阅读是有促进作用的。

（二）灰条对日—汉双语者和汉—日双语者日语阅读的影响

在没有空格的文本中加入空格后增加了文本的长度，为了控制空间信息的分布，有研究通过对词进行标颜色的切分方式来标记词边界。②

为了确保三种词切分条件下句子的空间分布一致，实验二采用 Bai 等人以灰条作为日语的边界标记。③ 实验结果表明，在总句子阅读时间和总注视次数这两个能够反映被试总体阅读情况的有效而重要的指标上，日—汉双语者和汉—日双语者的结果趋势非常相似。即两类被试在三种词标记条件下的总句子阅读时间和总注视次数一样。在汉语文本中与空格同样提供词切分线索的灰条，在日语文本中没有促进效应，可能的原因有两个：（1）日语文本的混合组成形式已经提供一定的词切分信息，空格增大了空间密度，而灰条不仅没有增大空间密度，反而降低了空间密度，使得未发生切分的线索作用；（2）日本人学习日语以及外国学习

① Sainio, M., Hyönä, J., Bingushi, K., Bertram, R., "The Role off Interword Spacing in Reading Japanese: An Eye Movement Study", *Vision Research*, Vol. 20, 2007, pp. 2575 - 2584.

② Ma, G. J., Li, X. S., "The Null Relationship between Preferred Viewing Location and Word Segmentation in Chinese Reading", Paper Presented at the 6th China International Conference on Eye Movement, Beijing, 2014, May.

③ Bai, X. J., Yan, G. L., Liversedge, S. P., Zang, C. L., Rayner, K., "Reading Spaced and Unspaced Chinese Text: Evidence from Eye Movements", *Journal of Experimental Psychology*: *Human Perception and Performance*, Vol. 34, 2008, pp. 1277 - 1287.

日语的初学者的教材中日语文本是以有空格的平假名的形式出现的，对于日语学习者来说，无论母语中有无空格，已经对空格有熟悉性，所以对汉—日双语者来说，阅读有空格的日语文本出现了词间空格效应。

（三）词切分对双语者日语学习的启示

Shen 等人要求中文二语者（来自英国、韩国、日本和泰国的留学生）阅读插入词间空格的汉语文本，来考察空格对他们母语和汉语共性的调节作用。结果发现词间空格作为词边界降低非母语阅读者对于汉语构词的不确定性，因而加速词汇识别，进而影响他们对汉语文本的阅读。① 对于母语有空格的汉语学习者，比如英—汉双语者，汉语文本插入词间空格有利于他们汉语的学习。② 韩国留学生属于母语有空格，第二语言无空格情况，泰国留学生则属于母语和第二语言都没有空格。田瑾考察词切分对韩国和泰国留学生汉语阅读的影响，结果发现，他们在汉语阅读中有相似的眼动情况，词切分在一定程度上促进了韩、泰两国留学生的汉语阅读。汉语文本插入词间空格促进汉语阅读。③

本研究与上述研究的共同之处在于被试所学的第二语言都无空格。对于汉—日双语者而言，日语阅读的经验相对较少，对于日语文本形式上提供的词切分的信息的习得经验较少，而已有的教材是为初学者在纯平假名文本中插入空格帮助学习，如果在混合文本中插入词间空格可以更有效地帮助日语初学者的日语学习。

总之，在日语文本中插入与拼音文字书写形式相类似的词间空格，对于日语为母语的日—汉双语者没有促进效应。对于汉—日双语者来说，在一定程度上使汉—日双语者阅读句子中的单词识别更为容易，促进了他们对句子的阅读；而插入非词空格，增加了日语句子中的单词识别的

① Shen, D., Liversedge, S. P., Tian, J., Zang, C., Cui, L., Bai, X., Yan, G., Rayner, K., "Eye Movements of Second Language Learners When Reading Spaced and Unspaced Chinese Text", *Journal of Experimental Psychology: Applied*, Vol. 18, 2012, pp. 192–202.

② 白学军、田瑾、闫国利、王天琳：《词切分对美国大学生汉语阅读影响的眼动研究》，《南开语言学刊》2009 年第 1 期。

③ 田瑾：《词切分对韩国、泰国留学生汉语阅读影响的眼动研究》，硕士学位论文，天津师范大学，2009 年。

难度，从而干扰了汉—日双语者的日语文本阅读过程。

五　结论

本研究条件下可得出以下结论：（1）日—汉双语者阅读正常无空格条件和词间空格条件的日语文本一样容易；（2）空格可以促进汉—日双语者日语文本的阅读。

第三节　词切分对印—英双语者阅读
影响的眼动研究①

一　引言

在人们使用的语言文字中，有些语言（如汉语）的书写系统中词与词之间没有词切分的标记，有些语言（如英语）的书写系统中词与词之间有词切分的标记。研究发现，②③④⑤⑥ 在没有词切分的语言中（如汉语）中，插入词间空格会促进阅读理解；而在有词切分的语言（如英语）中，删除词切分标记（即空格）会干扰阅读理解。近年来，研究者探讨的一个重要问题是：对于双语者来说，对他们阅读的材料中插入词空格或删除词空格后，会产生什么样的影响。如 Winskel 等人在控制目标词词

① 白学军、郭志英、曹玉肖、顾俊娟、闫国利、臧传丽：《词切分对印—英双语者阅读影响的眼动研究》，《心理科学》2012 年第 3 期。

② Perea, M., Acha, J., "Space Information is Important for Reading", *Vision Research*, Vol. 49, 2009, pp. 1994 - 2000.

③ Bai, X. J., Yan, G. L., Liversedge, S. P., Zang, C. L. Rayner K., "Reading Spaced and Unspaced Chinese Text: Evidence from Eye Movements", *Journal of Experimental Psychology: Human Perception and Performance*, Vol. 34, 2008, pp. 1277 - 1287.

④ Kajii, N., Nazir, T. A., Osaka, N., "Eye Movement Control in Reading Unspaced Text: The Case of Japanese Script", *Vision Research*, Vol. 41, No. 19, 2001, pp. 2503 - 2510.

⑤ Sainio, M., Hyöna, J., Bingushi, K., Bertram, B., "The Role of Interword Spacing in Reading Japanese: An Eye Movement Study", *Vision Research*, Vol. 47, 2007, pp. 2575 - 2584.

⑥ Rayner, K., Fischer, M. H., Pollatsek, A., "Unspaced Text Interferes with Both Word Identification and Eye Movement Control", *Vision Research*, Vol. 38, 1998, pp. 1129 - 1144.

频的情况下，考察插入空格对泰—英双语者阅读泰语文本的影响。① 结果发现，尽管正常的泰语文本不包含空格，但是加入词间空格会促进词汇识别，但并不影响眼动控制和词切分。泰—英双语者在凝视时间和总注视时间上表现出空格效应，但是首次注视时间并没有此效应，这表明插入词间空格明显促进了词汇加工的后期阶段包括词汇通达，但没有促进（或干扰）瞄准词汇和早期的词切分。在空格条件和无空格条件下，目标词的首次注视位置是在词中间偏左的位置，这与拼音文字中的普遍现象类似，同时也证实了 Reilly 等人的研究结果，即泰语阅读的眼动控制是以词为单位进行的。② 白学军等人以具有初级汉语水平、母语为英语的美国大学生为对象，结果发现被试阅读非词空格句子的阅读时间明显比正常无空格句子要长，同时也发现正常无空格句子的阅读时间明显比词空格句子的长。③ 仔细比较 Winskel 等④人和白学军等⑤人的研究有以下几点不同：第一，在 Winskel 等人的研究中，双语者（泰—英）的母语是无空格的泰语；白学军等的研究中，双语者（英—汉）的母语是有空格的英语；第二，对被试来说，在 Winskel 等人的研究中，要求他们阅读的材料（泰语）是用母语写成的，所以相对容易；而在白学军等的研究中，要求他们阅读的材料（汉语）是用第二语言写成的，所以比较难；第三，在 Winskel 等人的研究中，双语者不习惯插入词间空格的阅读材料呈现方式；而在白学军等人的研究中，双语者习惯于插入词间空格的阅读材料

---

① Winskel, H., Radach, R., Luksaneeyanawin, S., "Eye Movements When Reading Spaced and Unspaced Thai and English: A Comparison of Thai-English Bilinguals and English Monolinguals", *Journal of Memory and Language*, Vol. 613, 2009, pp. 339 – 351.

② Reilly, R. G., Radach, R., Corbic, D., Luksaneeyanawin, S., "Comparing Reading in English and Thai: The Role of Spatial Word Unit Segmentation in Distributed Processing and Eye Movement-control", in Proceedings of the 13th European Conference on Eye Movements, University of Bern, Switzerland, 2005, August.

③ 白学军、田瑾、闫国利、王天琳：《词切分对美国大学生汉语阅读影响的眼动研究》，《南开语言学刊》2009 年第 1 期。

④ Winskel, H., Radach, R., Luksaneeyanawin, S., "Eye Movements When Reading Spaced and Unspaced Thai and English: A Comparison of Thai-English Bilinguals and English Monolinguals", *Journal of Memory and Language*, Vol. 613, 2009, pp. 339 – 351.

⑤ 白学军、田瑾、闫国利、王天琳：《词切分对美国大学生汉语阅读影响的眼动研究》，《南开语言学刊》2009 年第 1 期。

呈现方式。对于以上三点不同，可通过以下办法解决。具体为：选择双语者的母语都是有空格或都是无空格的；双语者阅读母语和第二语言能力相同；双语者阅读两种语言材料时的习惯相近。要实现上述目标，只能选择生活在官方语言有两种的双语者。因此，本研究选择官方语言是两种的印度在华留学生为被试，探讨不同词切分方式下，印—英双语者阅读印地语和英语眼动模式是否相同。采用三种词切分方式：正常条件（即有词间空格）、无空格隔词加灰条件和无空格条件（即删除词间空格）。由于无空格条件下句子的长度变短，为了控制句子长度这一因素，我们采用无空格隔词加灰的方式做到句子长度上的匹配。研究的假设有二：（1）删除印地语和英语阅读材料中的词间空格，会阻碍被试的阅读，即无空格条件下印地语和英语的阅读时间长于有空格条件，阅读次数多于有空格条件；（2）无空格隔词加灰条件是一种特殊的词切分标记，会促进被试对印地语和英语的阅读，即相比于无空格隔词加灰条件，无空格条件下印地语和英语的阅读时间较长，阅读次数较多。

二 实验一

（一）实验目的

在本研究中，通过采用删除词间空格的方式，考察不同词切分方式对印—英双语者阅读印地语的影响。

（二）被试

天津市某高校 25 名印度留学生（平均年龄 21.4 岁，标准差为 2.16）。印地语是印度人的母语，同时和英语都作为印度的官方语言。参加实验的印度留学生自中学后受教育环境均是英语。

为了考察印度留学生的英语水平，在实验前要求他们完成一项英语单词测试，25 名被试的平均成绩为 75.86 分。选择 20 名通过国家六级英语水平考试的中国大学生，让他们完成本测试，他们的平均成绩是 63 分。表明印度留学生英语水平较高。

（三）实验材料的编制

第一步：先编制 200 个句子。所有句子由两名不参加正式实验的印度留学生认真阅读，并标出可能不习惯用的单词或者理解有困难的句子。

所有做标记的句子都被删除。

第二步：最后产生 54 个正式实验句子。句子长度为 7—13 个单词（平均为 9.4 ±1.8 个单词）。10 名不参加正式眼动实验的印度留学生在一个五点量表上对句子的通顺性和合理性进行评定，结果是通顺性为 4.39（1 = 非常不通顺，5 = 非常通顺），合理性为 4.21（1 = 非常不合理，5 = 非常合理）。

（四）实验设计

采用单因素被试内设计，自变量为呈现方式，分为 3 个水平：正常条件、无空格隔词加灰条件和无空格条件。实验材料举例如图 10－6 所示。

（1）正常条件

एक छोटी सी किताबों की दुकान पहली मंजिल है।

（2）无空格隔词加灰条件

एकछोटीसीकिताबोंकीदुकानपहलीमंजिलहै।

（3）无空格条件

एकछोटीसीकिताबोंकीदुकानपहलीमंजिलहै।

图 10－6　印地语实验材料举例

实验共有 3 组材料，每一组包括 54 个正式实验句子。

每种条件下有 18 个句子，实验条件按照拉丁方顺序进行轮组，每一组内句子随机呈现。

三种呈现方式下有 14 个句了附理解问题，要求被试认真阅读每一个句子，读完后按手柄的下翻键阅读下一句，如有问题，需要判断问题与所阅读过句子的内容是否一致，一致则按左键，不一致则按右键，三组实验材料的问题都是相同的，7 个问题的答案为“是”，7 个问题的答案为“否”。正式实验前有 12 个练习句和 3 个理解问题，让被试进行练习，以熟悉实验程序。

（五）仪器

实验采用由加拿大 SR Research 公司开发的 EyeLink 2000 眼动仪记录被试右眼眼动数据。该设备由两台计算机组成，通过以太网连接。其中一台计算机呈现材料，另一台计算机记录眼动数据。采样率为每秒 1000次。在实验过程中被试双眼注视屏幕，但只记录其右眼的眼动轨迹。实验材料呈现于 19 英寸纯平 Dell 显示器，显示器的刷新率为 150Hz，分辨率为 1024×768。全部实验材料以白底黑字呈现在屏幕上，每一屏幕呈现一个句子，句子只占一行，句首的位置在屏幕上的坐标为（96，376）。显示器与屏幕之间的距离为 75cm。印地语字体 Mangal，18 号，三个字母的大小是 2°视角。

（六）程序

（1）在被试进入实验室之前，主试或助手给被试一份眼动实验的英语版说明书，详细介绍本实验目的、所用仪器、施测程序以及注意事项。如被试仍有疑问，主试或助手予以解答。（2）被试进入实验室，熟悉实验室环境，然后坐在距离眼动仪 75cm 处，将下颌放在下颌托上并将前额贴在前方，主试告知被试在实验过程中尽量保持不动。如果实验过程中觉得眼睛疲劳，可以告诉主试要求休息。（3）主试对被试进行校准，以保障被试眼动轨迹记录的准确性。（4）校准成功后，进行练习，为了让被试熟悉实验流程。练习之后是正式实验，全部实验大约需要 20 分钟。

（七）分析指标

本实验采用以句子为单位的整体测量指标,[1][2] 主要包括：平均注视时间：落在句子上的所有注视点的持续时间的平均值。平均眼跳距离：句子上发生的所有眼跳距离的平均值。注视次数：落在句子上的注视点个数。句子阅读时间：阅读一句话所花费的时间。阅读速度：指每分钟读的单词数。

---

①　张仙峰、叶文玲：《当前阅读研究中眼动指标述评》，《心理与行为研究》2006 年第 3期。

②　白学军、田瑾、闫国利、王天琳：《词切分对美国大学生汉语阅读影响的眼动研究》，《南开语言学刊》2009 年第 1 期。

（八）结果与分析

25 名被试对阅读理解题回答的正确率为 91.5%，表明他们在实验过程中是认真完成实验任务的。根据以下标准对有效项目进行筛选：①②③（1）被试过早按键或错误按键导致句子呈现中断；（2）追踪丢失（实验中因被试头动等偶然因素导致眼动仪记录数据丢失）；（3）注视时间小于 80ms 或大于 1200ms；（4）平均数大于或小于三个标准差。总共剔除无效数据占总数据的 2.42%。

用 EyeLink 2000 提供的数据分析软件将数据导出，使用 SPSS13.0 for Windows 对数据进行统计处理。所有变量进行被试分析（F_1，t_1）和项目分析（F_2，t_2）的重复测量方差分析。

对印—英双语者阅读印地语文本时的眼动数据进行整体分析，结果如表 10 - 8 所示。

表 10 - 8　印—英双语者阅读印地语文本时的整体眼动特征（$M \pm SD$）

眼动指标	空格呈现条件		
	正常条件	无空格隔词加灰条件	无空格条件
平均注视时间（ms）	235 ± 34	255 ± 30	260 ± 31
平均眼跳距离（度）	2.6 ± 0.5	2.1 ± 0.4	1.9 ± 0.4
注视次数	22.9 ± 8.9	25.7 ± 10.6	24.7 ± 8.3
句子阅读时间（ms）	6424 ± 3299	7529 ± 3880	7560 ± 3218
阅读速度（单词数/分钟）	122 ± 50	101 ± 38	100 ± 39

---

①　Rayner, K., Liversedge, S. P., White, S. J., "Eye Movements When Reading Disappearing Text: The Importance of the word to the Right of Fixation", *Vision Research*, Vol. 46, 2006, pp. 310 - 323.

②　Bai, X. J., Yan, G. L., Liversedge, S. P., Zang, C. L., Rayner, K., "Reading Spaced and Unspaced Chinese Text: Evidence from Eye Movements", *Journal of Experimental Psychology: Human Perception and Performance*, Vol. 34, 2008, pp. 1277 - 1287.

③　沈德立、白学军、臧传丽、闫国利、冯本才、范晓红：《词切分对初学者句子阅读影响的眼动研究》，《心理学报》2010 年第 2 期。

1. 平均注视时间

经检验，在三种空格条件下的平均注视时间有显著差异，F_1（2，48）= 111.438，$p < 0.001$；F_2（2，106）= 37.961，$p < 0.001$。进一步分析发现，无空格条件下的平均注视时间显著长于正常条件和无空格隔词加灰条件下的（$p_s < 0.001$）；无空格隔词加灰条件下的平均注视时间显著长于正常条件下的（$p < 0.001$）。Liversedge 和 Findlay 以及 Rayner 等人认为注视时间的延长意味着加工难度的增大。[1][2] 删除印地语文本中的空格后，使单位空间内的信息密度变大，被试需要加工的信息变多，所以被试的平均注视时间延长。

2. 平均眼跳距离

经检验，在三种空格呈现条件下的平均眼跳距离有显著差异，F_1（2，48）= 190.818，$p < 0.001$；F_2（2，106）= 109.517，$p < 0.001$。进一步分析发现，无空格条件下的平均眼跳距离显著短于正常条件和无空格隔词加灰条件（$p_s < 0.001$）；无空格隔词加灰条件下的平均眼跳距离显著短于正常条件（$p < 0.001$）。平均眼跳距离这一指标反映阅读效率和加工难度。因为文本中删除空格后，文本水平空间分布的密度增加，使平均眼跳距离缩短。

3. 注视次数

经检验，在三种空格呈现条件下的注视次数有显著差异，F_1（2，48）= 4.031，$p < 0.05$；在项目分析上差异不显著 F_2（2，106）= 2.484，$p > 0.05$。进一步分析发现，正常条件下的注视次数显著少于无空格条件和无空格隔词加灰条件（$p_s < 0.05$）；无空格隔词加灰条件和无空格条件下的注视次数差异不显著（$p > 0.05$）。

4. 句子阅读时间

经检验，在三种空格呈现条件下的句子阅读时间有显著差异，F_1

① Liversedge, S. P., Findlay, J. M., "Saccadic Eye Movements and Cognition", *Trends in Cognitive Science*, Vol. 4, 2000, pp. 6 – 14.

② Rayner, K., Fischer, M. H., Pollatsek, A., "Unspaced Text Interferes with Both Word Indentification and Eye Movement Control", *Vision Research*, Vol. 38, 1998, pp. 1129 – 1144.

$(2, 48) = 8.497$，$p < 0.05$；$F_2 (2, 106) = 5.021$，$p < 0.05$。进一步分析发现，正常条件下的句子阅读时间显著少于无空格条件和无空格隔词加灰条件（$p_s < 0.05$）；无空格隔词加灰条件和无空格条件下的句子阅读时间差异不显著（$p > 0.05$）。

5. 阅读速度

经检验，在三种空格呈现条件下的阅读速度有显著差异，$F_1 (2, 48) = 8.633$，$p < 0.001$；$F_2 (2, 106) = 12.188$，$p < 0.001$。进一步分析发现，被试在正常条件下的阅读速度显著快于无空格隔词加灰条件和无空格条件（$p_s < 0.05$）。无空格隔词加灰条件和无空格条件下的阅读速度差异不显著（$p > 0.05$）。与正常条件相比，在无空格条件下被试的阅读速度下降了17.7%。

三　实验二

（一）实验目的

通过采用删除词间空格的方式，考察不同词切分方式对印—英双语者英语阅读的影响。

（二）被试

天津市某高校 25 名印度留学生（平均年龄为 21.4 岁，标准差为 2.16）。印地语是印度人的母语，同时和英语都作为印度的官方语言。参加实验的印度留学生自中学后受教育环境均是英语。

为了考察印度留学生的英语水平，在实验前要求他们完成一项英语单词测试，25 名被试的平均成绩为 75.86 分。选择 20 名通过国家六级英语水平考试的中国大学生，让他们完成本测试，他们的平均成绩是 63 分。表明印度留学生英语水平较高。

（三）材料

先编制 200 个英语句子，经过筛选最后产生 60 个正式实验句子。句子长度为 8—12 个单词（平均为 8.6 ± 0.8 个单词）。10 名不参加正式眼动实验的印度大学生在一个五点量表上对句子的通顺性和合理性进行了评定，评分结果：通顺性为 4.04（1 = 非常不通顺，5 = 非常通顺），合理性为 4.19（1 = 非常不合理，5 = 非常合理）。

（四）实验设计

采用单因素被试内设计，自变量为呈现方式，分为 3 个水平：正常条件、无空格隔词加灰条件和无空格条件。实验材料举例如图 10 - 7 所示。

---

(1) 正常条件

There is a small park next to their school.

---

(2) 无空格隔词加灰条件

Thereisasmallparknexttotheirschool.

---

(3) 无空格条件

Thereisasmallparknexttotheirschool.

图 10 - 7 三种实验条件下英语实验材料举例

三种实验条件下材料举例如下所示。

实验共有 3 组材料，每一组包括 60 个正式实验句子。每种条件下有 20 个句子，实验条件按照拉丁方顺序进行轮组，每一组内句子随机呈现。英语字体为 Courier New，20 号，每三个字母的大小是 2°视角。三种呈现方式下有 16 个句子带有理解问题，要求被试认真阅读每一个句子，读完后按手柄的下翻键阅读下一句，如有问题需要判断问题与所阅读过句子的内容是否一致，一致则按手柄的左键，不一致则按右键，三组实验材料的问题都是相同的，8 个问题的答案为"是"，8 个问题的答案为"否"。正式实验前有 12 个练习句和 3 个理解问题，让被试进行练习，以熟悉实验程序。

（五）结果与分析

25 名被试在阅读理解题中的总正确率为 90.5%，表明被试认真阅读并理解了实验句子。总共剔除无效数据占总数据的 1.79%。

对印—英双语者英语文本阅读进行整体分析，结果如表 10 - 9 所示。

表 10 - 9　　　　英语文本三种条件下的整体眼动特征（*M* ± *SD*）

眼动指标	空格呈现条件		
	正常条件	无空格隔词加灰条件	无空格条件
平均注视时间（ms）	201 ± 17	226 ± 19	244 ± 19
平均眼跳距离（度）	4.48 ± 0.90	3.04 ± 0.65	2.58 ± 0.48
注视次数	13.3 ± 3.4	16.8 ± 3.7	21.7 ± 5.5
句子阅读时间（ms）	3261 ± 997	4407 ± 1101	6607 ± 1573
阅读速度（单词数/分钟）	185 ± 50	142 ± 3	106 ± 34

1. 平均注视时间

在三种空格呈现条件下的平均注视时间有显著差异，F_1（2，48）= 150.719，$p < 0.001$；F_2（2，118）= 209.272，$p < 0.001$。进一步分析发现，无空格条件下的平均注视时间显著长于正常条件和无空格隔词加灰条件（$p_s < 0.001$）；无空格隔词加灰条件下的平均注视时间显著长于正常条件（$p < 0.001$）。删除原本的空格信息后，单位空间内的信息密度变大，被试需要加工的信息变多，因此平均注视时间延长。

2. 平均眼跳距离

经检验，在三种空格呈现条件下的平均眼跳距离有显著差异，F_1（2，48）= 173.056，$p < 0.001$；F_2（2，118）= 319.681，$p < 0.001$。进一步分析发现，正常条件下平均眼跳距离显著长于无空格隔词加灰条件和无空格条件（$p_s < 0.001$）。无空格隔词加灰条件的平均眼跳距离显著长于无空格条件（$p < 0.001$）。

3. 注视次数

在三种空格呈现条件下的注视次数有显著差异，F_1（2，48）= 53.267，$p < 0.001$；F_2（2，118）= 110.038，$p < 0.001$。进一步分析发现，正常条件下的注视次数显著少于无空格条件和无空格隔词加灰条件（$p_s <$

0.001)。无空格隔词加灰条件注视次数显著少于无空格条件（$p <$ 0.001)。

4. 句子阅读时间

在三种空格呈现条件下的句子阅读时间有显著差异，F_1（2，48）= 75.221，$p < 0.001$；F_2（2，118）= 128.479，$p < 0.001$。进一步分析发现，正常条件下的句子阅读时间显著少于无空格条件和无空格隔词加灰条件（$p_s < 0.001$）；无空格隔词加灰条件和无空格条件下的句子阅读时间差异显著（$p < 0.001$）。

5. 阅读速度

在三种空格呈现条件下的阅读速度有显著差异，F_1（2，48）= 69.333，$p < 0.001$；F_2（2，118）= 121.669，$p < 0.001$。进一步分析发现，被试在正常条件下的阅读速度显著快于无空格隔词加灰条件和无空格条件（$p <$ 0.001）。无空格隔词加灰和无空格条件的阅读速度差异显著（$p <$ 0.001）。无空格英语文本的阅读速度下降43%，下降速度接近于前人研究。

四 讨论

本研究选择官方语言为印地语和英语的印度留学生为被试，其对印地语和英语掌握的水平相近。印地语和英语同属于拼音文字，在正常书写文本中，词与词之间有空格。通过删除空格信息的方法，造成印—英双语者都不熟悉的文本呈现方式，考察不同的词切分方式下印—英双语者阅读的眼动模式。结果发现：印—英双语者在三种不同的词切分方式下阅读印地语和英语文本时，在平均注视时间和平均眼跳距离有显著的差异。具体为：在平均注视时间上，无空格条件下的显著长于正常条件和无空格隔词加灰条件下的，无空格隔词加灰条件下的显著长于正常条件下的；在平均眼跳距离上，正常条件下的显著长于无空格隔词加灰条件和无空格条件下的，无空格隔词加灰条件的显著长于无空格条件下的。这是因为删除印地语和英语中的空格后，被试无法直接获得词切分的信息，词汇识别难度增加，这与已有研究一致。①② 表明对于那些原本用空格作为词切分信息的语言来说，空格在被试阅读过程中有非常重要的作用。

但是本研究还发现，印—英双语者在阅读印地语时，在总注视次数、阅读时间和阅读速度三个指标上没有差异。而印—英双语者在阅读英语时，在总注视次数、阅读时间和阅读速度这三个指标上，无空格隔词加灰条件下和无空格条件存在显著的差异。具体为，无空格隔词加灰条件的总注视次数显著少于无空格条件；无空格隔词加灰条件的句子阅读时间显著少于无空格条件；无空格隔词加灰条件下的阅读速度显著快于无空格条件。

在阅读速度上，印—英双语者在阅读印地语和英语时有明显的差异。（1）印—英双语者在阅读英语时，在无空格条件下的阅读速度比正常有空格条件下的下降了 43%，这与前人对拼音文字的研究结果是一致的，删除英语和西班牙语文本中的空格后，被试的阅读速度下降近 50%，③④ 在无空格隔词加灰条件下的阅读速度比正常有空格条件下的下降了 23.2%。这表明对于英语阅读来说，采用隔词加灰这种词切分方式，能够对词汇识别起到一定的促进作用，但与正常有空格相比，还是有一定的干扰作用。Malt 和 Seamon 通过让被试充分练习阅读替换词间空格的文本，结果发现被试的阅读速度依然低于阅读正常有空格的文本。⑤ 如果采用无空格隔词加灰这种词标记方式，通过训练印—英双语者在阅读无空格隔词加灰的英语材料，其阅读速度是否会达到正常有空格文本的阅读

① Rayner, K., Fischer, M. H., Pollatsek, A., "Unspaced Text Interferes with Both Word Identification and Eye Movement Control", *Vision Research*, Vol. 38, 1998, pp. 1129 – 1144.

② Perea, M., Acha, J., "Space Information is Important for Reading", *Vision Research*, Vol. 49, 2009, pp. 1994 – 2000.

③ Rayner, K., Fischer, M. H., Pollatsek, A., "Unspaced Text Interferes with Both Word Identification and Eye Movement Control", *Vision Research*, Vol. 38, 1998, pp. 1129 – 1144.

④ Perea, M., Acha, J., "Space Information is Important for Reading", *Vision Research*, Vol. 49, 2009, pp. 1994 – 2000.

⑤ Malt, B. C., Seamon, J. G., "Peripheral and Cognitive Components of Eye Guidance in Filled-space Reading", *Perception & Psychophysics*, Vol. 23, 1978, pp. 399 – 402.

速度呢？此问题还需要进一步探讨。（2）印—英双语者在阅读印地语时，与正常有空格条件下的阅读速度相比，在无空格条件和无空格隔词加灰条件下的阅读速度分别下降了17.7%和17.2%。为什么在无空格条件下和无空格隔词加灰条件下的英语阅读速度要比阅读印地语的速度下降得多？可能是两种语言的不同特点所引起的。Kumar等认为印地语和英语有两点不同：第一，英语是元音和辅音字母按照一定规则线性排列的语言；印地语是按照字母读音非线性排列的语言，且用天城体书写。第二，英语中形—音映射是模糊的，印地语中的天城体的形—音映射是显而易见的。[①] 即在英语中，当单词间的空格被删除后，同一个字母的发音会因其后面的字母不同而发生变化。但在印地语中，某一个字母的发音不会因其后面字母的不同而发生变化。这可能是造成在删除空格后，印—英双语者阅读英语时的速度下降要比印地语大的原因。

五　结论

在本实验条件下，可以得出以下结论：（1）对印—英双语者在阅读两种官方语言时，空格在其阅读中发挥着积极作用，删除空格会明显影响他们的阅读；（2）在无空格隔词加灰条件和无空格条件下，印—英双语者的英语阅读速度的下降明显大于阅读印地语的速度下降，这表明空格因素的作用会受语言特点的制约。

---

① Kumar, U., Das, T., Bapi, R. S., Padakannaya, P., Joshi, R. M., Singh, N. C., "Reading Different Orthographies: An fMRI Study of Phrase Reading in Hindi-English Bilinguals", *Reading and Writing*, Vol. 23, No. 2, 2009, pp. 239–255.

参考文献

白学军、曹玉肖、顾俊娟、郭志英、闫国利：《窗口大小、呈现速度和字号对引导式文本阅读的影响》，《心理科学》2011年第2期。

白学军、郭志英、曹玉肖、顾俊娟、闫国利：《词切分对老年人阅读效率促进作用的眼动心理》，《中国老年学杂志》2012年第6期。

白学军、郭志英、曹玉肖、顾俊娟、闫国利、臧传丽：《词切分对印—英双语者阅读影响的眼动研究》，《心理科学》2012年第3期。

白学军、郭志英、顾俊娟、曹玉肖、闫国利：《词切分对日—汉双语者汉语阅读影响的眼动研究》，《心理学报》2011年第11期。

白学军、郭志英、王永胜、高晓雷、闫国利：《老年人与青年人阅读空格文本的注视位置效应》，《心理发展与教育》2015年第2期。

白学军、梁菲菲、闫国利、田瑾、臧传丽、孟红霞：《词边界信息在中文阅读眼跳目标选择中的作用：来自中文二语学习者的证据》，《心理学报》2012年第7期。

白学军、孟红霞、王敬欣、田静、臧传丽、闫国利：《阅读障碍儿童与其年龄和能力匹配儿童阅读空格文本的注视位置效应》，《心理学报》2011年第8期。

白学军、田瑾、闫国利、王天琳：《词切分对美国大学生汉语阅读影响的眼动研究》，《南开语言学刊》2009年第1期。

白学军、王永胜、郭志英、高晓雷、闫国利：《汉语阅读中词N+2的预视对高频词N+1加工影响的眼动研究》，《心理学报》2015年第2期。

白学军、张涛、田丽娟、梁菲菲、王天林：《词切分对美国留学生汉语阅读影响的眼动研究》，《心理研究》2010 年第 5 期。

曹传泳、沈晔：《在速视条件下儿童辨认汉字字形的试探性研究——Ⅰ.
字体大小照明条件和呈现及反应方式对辨认时间的影响》，《心理学报》
1963 年第 3 期。

陈庆荣、王梦娟、刘慧凝、谭顶良、邓铸、徐晓东：《语言认知中眼动和
ERP 结合的理论、技术路径及其应用》，《心理科学进展》2011 年第
2 期。

郭志英、白学军、谷莉、王永胜、王丽红：《词切分对日—汉和汉—日双
语者日语阅读影响的眼动研究》，《心理与行为研究》2014 年第 6 期。

郭志英、谭珂、宋星、彭国慧、白学军：《视觉复杂性和字间距调节汉语
发展性阅读障碍儿童的视觉拥挤效应：来自眼动的证据》，《心理与行
为研究》2018 年第 5 期。

高珊：《词边界信息对留学生汉语阅读的影响》，硕士学位论文，北京语
言大学，2006 年。

黄旭、吴汉荣、静进、邹小兵、王梦龙、李秀红等：《汉语阅读障碍儿童
在快速命名时的眼动特征》，《中国心理卫生杂志》2007 年第 6 期。

李馨、白学军、闫国利、臧传丽、梁菲菲：《空格在文本阅读中的作用》，
《心理科学进展》2010 年第 9 期。

李兴珊、刘萍萍、马国杰：《中文阅读中词切分的认知机理述评》，《心理
科学进展》2011 年第 4 期。

李寿欣、徐增杰、陈慧媛：《不同认知方式个体在语篇阅读中抑制外部干
扰的眼动研究》，《心理学报》2010 年第 5 期。

李秀红、静进、邹小兵、黄旭、陈学彬、杨斌让：《汉语阅读障碍儿童阅
读文章的眼动试验研究》，《中国心理卫生杂志》2007 年第 6 期。

李力红、刘宏艳、刘秀丽：《汉字结构对汉字识别加工的影响》，《心理学
探新》2005 年第 1 期。

冷选英：《老年读者的阅读心理》，《科技情报开发与经济》2006 年第
21 期。

梁菲菲：《中文词切分认知机制的眼动研究》，博士学位论文，天津师范
大学，2013 年。

刘婷婷：《视觉拥挤效应神经机制的研究》，博士学位论文，复旦大学，
　　2009 年。

罗燕：《北京师范大学心理学部教授李虹：阅读能力，是可以培养的》，
　　《民生周刊》2021 年第 9 期。

孟红霞：《走进阅读障碍》，天津社会科学院 2021 出版。

孟红霞：《汉语发展性阅读障碍儿童筛选方法回顾与前瞻》，《天津市教科
　　院学报》2021 年第 4 期。

孟红霞：《中文阅读中注视位置效应研究》，博士学位论文，天津师范大
　　学，2012 年。

孟红霞、白学军、闫国利、姚海娟：《汉字笔画数对注视位置效应的影
　　响》，《心理科学》2014 年第 4 期。

孟红霞、白学军、谭珂等：《间距和语义对阅读障碍儿童拥挤效应的影
　　响》，《心理与行为研究》2020 年第 4 期。

孟祥芝、舒华：《汉语儿童阅读障碍研究》，《心理发展与教育》1999 年
　　第 4 期。

彭聃龄、王春茂：《汉字加工的基本单元：来自笔画数效应和部件数效应
　　的证据》，《心理学报》1997 年第 1 期。

彭春花、张明：《拥挤效应的特征加工机制》，《心理科学进展》2011 年
　　第 6 期。

沙淑颖、周晓林：《发展性阅读障碍的康复及其神经基础》，《中国临床康
　　复》2003 年第 27 期。

沈德立、白学军、臧传丽、闫国利、冯本才、范晓红：《词切分对初学者
　　句子阅读影响的眼动研究》，《心理学报》2010 年第 2 期。

沈模卫、朱祖祥：《对汉字字形识别层次模型的实验验证》，《心理学报》
　　1997 年第 4 期。

沈模卫、李忠平、张光强：《词切分与字间距对引导式汉语文本阅读工效
　　的影响》，《心理学报》2001 年第 5 期。

舒华、孟祥芝：《汉语儿童阅读困难初探——来自阅读困难儿童的统计数
　　据》，《语言文字应用》2000 年第 3 期。

宋星：《字号和字间距对发展性阅读障碍儿童句子阅读的影响》，硕士学

位论文，天津师范大学，2016 年。

隋雪、姜娜、钱丽：《汉语发展性阅读障碍儿童词汇阅读的眼动研究》，《中国特殊教育》2010 年第 3 期。

谭力海、彭聃龄：《关于语义情境与汉语单字词特征分析之间关系的实验研究》，《心理学动态》1990 年第 2 期。

田瑾：《词切分对韩国、泰国留学生汉语阅读影响的眼动研究》，硕士学位论文，天津师范大学，2009 年。

王敬欣、李莎、郝立莎等：《空格减少汉语发展性阅读障碍儿童的视觉拥挤效应：来自眼动的证据》，《心理科学》2019 年第 4 期。

王孝玲、陶保平：《小学生识字量测试题库及评价量表》，上海教育出版社 1996 年版。

王丽红、石凤妍、吴捷、白学军：《老年人汉语阅读时知觉广度的眼动变化》，《中国老年学杂志》2010 年第 2 期。

王丽红：《老年人词频与语境效应及知觉广度的眼动研究》，硕士学位论文，天津师范大学，2009 年。

王文静：《中文阅读过程中信息提取时间及词频效应的眼动研究》，硕士学位论文，天津师范大学，2007 年。

王久菊、孟祥芝、李虹等：《汉语发展性阅读障碍诊断与干预的专家意见》，《中国心理卫生杂志》2023 第 3 期。

巫金根、闫国利、刘志方：《大小字号的文本对中文读者阅读知觉广度和眼动模式的影响》，《心理科学》2014 年第 1 期。

闫国利、刘妮娜、梁菲菲、刘志方、白学军：《中文读者词汇视觉信息获取速度的发展——来自消失文本的证据》，《心理学报》2015 年第 3 期。

喻柏林、曹河圻：《笔画数配置对汉字认知的影响》，《心理科学》1992 年第 4 期。

臧传丽、孟红霞、闫国利、白学军：《阅读过程中的注视位置效应》，《心理科学》2013 年第 4 期。

臧传丽：《儿童和成人阅读中的眼动控制：词边界信息的作用》，博士学位论文，天津师范大学，2010 年。

张承芬、张景焕、殷荣生、周静、常淑敏:《关于我国学生汉语阅读困难的研究》,《心理科学》1996 年第 4 期。

张承芬、张景焕、常淑敏、周晶:《汉语阅读困难儿童认知特征研究》,《心理学报》1998 年第 1 期。

张涛:《词切分对美国留学生汉语阅读影响的眼动研究》,硕士学位论文,天津师范大学,2010 年。

张学新:《汉字拼义理论:心理学对汉字本质的新定性》,《华南师范大学学报》(社会科学版)2011 年第 4 期。

张仙峰、叶文玲:《当前阅读研究中眼动指标述评》,《心理与行为研究》2006 年第 3 期。

张厚粲、王晓平:《瑞文标准推理测验手册(中国城市修订版)》,北京师范大学出版社 1985 年版。

张兰兰:《不同语法知识掌握水平对词切分的影响》,硕士学位论文,天津师范大学,2009 年。

周晓林、孟祥芝、陈宜张:《发展性阅读障碍的脑功能成像研究》,《中国神经科学杂志》2002 年第 2 期。

周晓林、孟祥芝:《中文发展性阅读障碍研究》,《应用心理学》2001 年第 1 期。

祝莲、王晨晓、贺极苍、陈湘君、郭迎暄、吕帆:《中文字体大小、笔画数和对比度对阅读速度的影响》,《眼视光学杂志》2008 年第 10 卷第 2 期。

中华人民共和国国家统计局编:《中国统计年鉴 2015》,中国统计出版社 2015 年版。

Ablinger, I. , Heyden, K. , Vorstius, C. , Halm, K. , Huber, W. , Radach, R. , "An Eye Movement Based Reading Intervention in Lexical and Segmental Readers with Acquired Dyslexia", *Neuropsychological Rehabilitation*, Vol. 24, No. 6, 2014.

Aghdaee, S. M. , "Adaptation to Spiral Motion in Crowding Condition", *Perception*, Vol. 34, No. 2, 2005.

Agnew, J. A. , Dorn, C. , Eden, G. F. , "Effect of Intensive Training on Auditory Processing and Reading Skills", *Brain & Language*, Vol. 88, No. 1, 2004.

Alotaibi, A. Z., "The Effect of Font Size and Type on Reading Performance with Arabic Words in Normally Sighted and Simulated Cataract Subjects", *Clinical and Experimental Optometry*, Vol. 90, No. 3, 2007.

Andrea, F., Anna Noemi, T., Milena, R., Maria Luisa, L., Carmen, C., Raffaella, G., et al., "Multisensory Spatial Attention Deficits are Predictive of Phonological Decoding skills in Developmental Dyslexia", *Journal of Cognitive Neuroscience*, Vol. 22, No. 5, 2010.

Atkinson, J., "Review of Human Visual Development: Crowding and Dyslexia", in Stein, J. F., ed., *Vision and Visual Dyslexia*, Houndmills, CO: MacMillan Press, 1991.

Bai, X., Yan, G., Liversedge, S. P., Zang, C., Rayner, K., "Reading Spaced and Unspaced Chinese Text: Evidence from Eye Movements", *Journal of Experimental Psychology: Human Perception and Performance*, Vol. 34, No. 5, 2008.

Bar, M., Kassam, K. S., Ghuman, A. S., Boshyan, J., Schmid, A. M., Dale, A. M., Hämäläinen, M. S., Marinkovic, K., Schacter, D. L., Rosen, B. R., Halgren, E., "Top-down Facilitation of Visual Recognition", *Proceedings of the National Academy of Sciences of the United States of America*, Vol. 103, No. 2, 2006.

Bassetti, B., "Effects of adding interword spacing on Chinese reading: A comparison of Chinese native readers and English readers of Chinese as a second language", *Applied Psycholinguistics*, Vol. 30, 2009.

Bayram, S., Camnalbur, M., Esgin, E., "Analysis of Dyslexic Students Reading Disorder with Eye Movement Tracking", *Cypriot Journal of Educational Sciences*, Vol. 72, No. 2, 2012.

Benasich, A. A., Tallal, P., "Infant Discrimination of Rapid Auditory Cues Predicts Later Language Impairment", *Behavioural Brain Research*, Vol. 136, No. 1, 2002.

Benasich, A. A., Thomas, J. J., Choudhury, N., Leppänen, P. H. T., "The Importance of Rapid Auditory Processing Abilities to Early Language Development: Evidence from Converging Methodologies", *Developmental Psychobiology*, Vol. 40, No. 3, 2002.

Bex, P. J., Dakin, S. C., Simmers, A. J., "The Shape and Size of Crowding for Moving Targets", *Vision Research*, Vol. 43, No. 27, 2003.

Bi, T. Y., Cai, P., Zhou, T. G., Fang, F., "The Effect of Crowding on Orientation-selective Adaptation in Human Early Visual Cortex", *Journal of Vision*, Vol. 9, No. 11, 2009.

Boden, C., Giaschi, D., "M-Stream Deficits and Reading-Related Visual Processes in Developmental Dyslexia", *Psychological Bulletin*, Vol. 133, No. 2, 2007.

Bolzani, R., Benassi, M., Facoetti, A., Giovagnoli, S. Gummel, K. K., Vicari, S., "Developmental Dyslexia is a Multifactor Disorder: *The Neuropsychological Approach*", *Perception*, No. 35, 2006.

Bouma, H., "Interaction Effects in Parafoveal Letter Recognition", *Nature*, No. 226, 1970.

Bouma, H., "Visual Interference in the Parafoveal Recognition of Initial and Final Letters of Words", *Vision Research*, Vol. 13, No. 4, 1973.

Bouma, H., Legein, C. P., "Foveal and Parafoveal Recognition of Letters and Words by Dyslexics and by Average Readers", *Neuropsychologia*, Vol. 15, No. 1, 1977.

Bradley, L., Bryant, P. E., "Categorizing Sounds and Learning to Read-A Causalconnection", *Nature*, No. 301, 1983.

Callens, M., Whitney, C., Tops, W., Brysbaert, M., "No Deficiency in Left-to-right Processing of Words in Dyslexia but Evidence for Enhanced Visual Crowding", *The Quarterly Journal of Experimental Psychology*, Vol. 6, No. 99, 2013.

Castles, A., Coltheart, M., "Varieties of Developmental Dyslexia", *Cognition*, Vol. 47, No. 2, 1993.

Castles, A., Coltheart, M., "Is There a Causal Link from Phonological Awareness to Success in Learning to Read?", *Cognition*, Vol. 99, No. 1, 2004.

Chan, C. K. K., Siegel, L., "Phonological Processing in Reading Chinese among Normally Achieving and Readers", *Journal of Experimental Child Psychology*, Vol. 80, No. 1, 2001.

Chen, M., Ko, H., "Exploring the Eye-movement Patterns as Chinese Children Read Texts: A Developmental Perspective", *Journal of Research in Reading*, Vol. 34, No. 2, 2011.

Chuang, C. R., "Effects of Inter-word and Inter-line Space on Reading Chinese", *Acta Psychologica Taiwanica*, Vol. 24, No. 2, 1982.

Chung, S. T. L., Li, R. W., Levi, D. M., "Crowding between First-and Second-order Letters in Amblyopia", *Vision Research*, Vol. 48, 2008.

Chung, S. T. L., Li, R. W., Levi, D. M., "Crowding between First-and Second-order Letter Stimuli in Normal Foveal and Peripheral Vision", *Journal of Vision*, Vol. 7, No. 2, 2007.

Chung, H. K. S., Liu, J. Y. W., & Hsiao, J. H., "How does reading direction modulate perceptual asymmetry effects?", *Quarterly Journal of Experimental* Psychology, Vol. 70, No. 8, 2017.

Coltheart, M., Rastle, K., Perry, C., Langdon, R., Ziegler, J., "DRC: a Dual Route Cascaded Model of Visual Word Recognition and Reading Aloud", *Psychological Review*, No. 108, 2007.

Conlon, E. G., Sanders, M. A., Wright, C. M., "Relationships between Global Motion and Global form Processing, Practice, Cognitive and Visual Processing in Adults with Dyslexia or Visual Discomfort", *Neuropsychologia*, Vol. 47, No. 3, 2009.

Coslett, H. B., "Acquired Dyslexia", *Seminars in Neurology*, Vol. 20, No. 4, 2000.

DeLamater, W. E., "How Larger Font size Impacts Reading and the Implications for Educational use of Digital Text Readers", *Retrieved November*,

No. 23, 2010.

Enbert, R., Logtin, A., & Kliegl, R., "A dynamical model of saccade generation in reading based on spatially distributed lexical processing", *Vision Research*, Vol. 42, 2002.

Everatt, J., Bradshaw, M. F., Hibbard, P. B., "Visual Processing and Dyslexia", *Perception*, Vol. 28, No. 2, 1998.

Epelboim, J., Booth, J. R., & Steinman, R. M., "Reading unspaced text: Implications for theories of eye movements", *Vision Research*, *Vol.* 34, 1994.

Frith U., "Brain, Mind and Behaviour in Dyslexia", in C. Hulme, M. Snowling, eds., *Dyslexia: Biology, Cognition and Intervention*, UK, CO: Whurr Publishers, 1997.

Felisbert, F. M., J. A. Solomon, M. J. Morgan., "The Role of Target Salience in Crowding", *Perception*, Vol. 34, No. 7, 2005.

Feng, G., Miller, K., Shu, H., Zhang, H., "Orthography and the Development of Reading Process: An Eye-movement Study of Chinese and English", *Child Development*, Vol. 80, No. 3, 2009.

Gabrieli, J. D., "Dyslexia: A New Synergy between Education and Cognitive Neuroscience", *Science*, Vol. 325, No. 5938, 2009.

Galaburda, A., Livingstone, M. S., "Evidence for a Magnocellular Defect in Developmental Dyslexia", *Annals of the New York Academy of Sciences*, Vol. 682, No. 1, 1996.

Galuschka, K., Ise, E., Krick, K., Schulte-Körne, G., "Effectiveness of Treatment Approaches for Children and Adolescents with Reading Disabilities: A Meta-analysis of Randomized Controlled Trials", *PLOS One*, Vol. 9, No. 2, 2014.

Genesee, F., Geva, E., Dressler, C., & Kamil, M. L., "Synthesis: Cross Linguistic Relationships". in D. August, T. Shanahan, eds., Developing Literacy in Second-language Learners: Report of the National Literacy Panel on Language-minority Children and Youth, Mahwah, NJ: Erlbaum, 2006.

Gori, S., Facoetti, A., "How the Visual Aspects can be Crucial in Reading

Acquisition? The Intriguing Case of Crowding and Developmental Dyslexia", *Journal of Vision*, Vol. 5, No. 1, 2015.

Gori, S., Facoetti, A., "Perceptual Learning as a Possible New Approach for Remediation and Prevention of Developmental Dyslexia", *Vision Research*, Vol. 34, No. 99, 2014a.

Gori, S., Cecchini, P., Bigoni, A., Molteni, M., Facoetti, A., "Magno-cellular-Dorsal Pathway and Sub-Lexical Route in Developmental Dyslexia", *Frontiers in Human Neuroscience*, No. 8, 2014b.

Goswami, U., "Sensory Theories of Developmental Dyslexia: Three Challenges for Research", *Nature Publishing Group*, No. 16, 2015.

Goswami, U., Power, A. J., Lallier, M., Facoetti, A., "Oscillatory 'Temporal Sampling' and Development Dyslexia: Toward an Over-archid Theoretical Framework", *Frontiers in Human Neuroscience*, No. 8, 2014.

Gough, P. B., "One second of reading. In J. F. Kavanagh, I. G. Mattingly, eds., Language by Eye and Ear, Cambridge: MIT Press, 1972.

Geiger, G, Lettvin, J. Y., et al., "Peripheral Vision in Persons with Dyslexia", *New England Journal of Medicine*, Vol. 316, No. 20, 1987.

Habib, M., Espesser, R., Rey, V., Giraud, K., Bruas, P., Gres, C., "Training Dyslexics with Acoustically Modified Speech: Evidence of Improved Phonological Performance", *Brain & Cognition*, Vol. 40, No. 1, 1999.

Harrar, V., Tammam, J., Pérez-Bellido, A., Pitt, A., Stein, J., Spence, C., "Multisensory Integration and Attention in Developmental Dyslexia", *Current Biology*, Vol. 24, No. 5, 2014.

Hawelka, S., Gagl, B., Wimmer, H., "A Dual-route Perspective on Eye Movements of Dyslexic Readers", *Cognition*, No. 115, 2010.

Hess, R. S., Dakin, S. C., Kapoor, N., "The Foveal 'Crowding' Effect: Physics or Physiology?", *Vision Research*, Vol. 40, No. 4, 2000.

He, S., Cavanagh, P., Intriligator, J., "Attentional Resolution and the Locus of Visual Awareness", *Nature*, No. 383, 1996.

Ho, C. S. H., Chan, D. W. O., Lee, S. H., Tsang, S. M., Luan, V. H.,

"Cognitive Profiling and Preliminary Subtyping in Chinese Developmental Dyslexia", *Cognition*, Vol. 91, No. 1, 2004.

Huestegge, L., Radach, R., Corbic, D., Huestegge, S., "Oculomotor and Linguistic Determinants of Reading Development: A Longitudinal Study", *Vision Research*, No. 49, 2009.

Hwang, S. L., Wang, M. Y., Her, C. C., "An Experimental Study of Chinese Information Displays on VDTs", *Human Factors the Journal of the Human Factors & Ergonomics Society*, Vol. 30, No. 30, 1988.

Inhoff, A., Radach, R., & Heller, D., "Complex compounds in German: Interword spaces facilitate segmentation but hinder assignment of meaning", *Journal of Memory and Language*, Vol. 42, 2000.

Intriligator, J., Cavanagh, P., "The Spatial Resolution of Visual Attention", *Cognit Psychol*, Vol. 43, No. 3, 2001.

Joo, S J, White, A L A, Strodtman, D. J, Yeatman, J D., "Optimizing text for an individual's visual system: The contribution of visual crowding to reading difficulties", *Cortex*, Vol. 103, 2018.

Jeon, S. T., Hamid, J., Maurer, D., Lewis, T. L., "Developmental Changes During Childhood in Single-letter Acuity and Its Crowding by Surrounding Contours", *Journal of Experimental Child Psychology*, Vol. 107, No. 4, 2010.

Joseph, H., Liversedge, S. P., Blythe, H. I., et al., "Word length and landing position effects during reading in children and adults", *Vision research*, Vol. 49, No. 16, 2009.

Kemper, S., Crow, A., Kemtes, K., "Eye Fixation Patterns of High- and Low span Young and Older Adults: Down the garden path and back again", *Psychology and Aging*, Vol. 19, 2004.

Kemper, S., Liu, C. J., "Eye Movements of Young and Older Adults During Reading", *Psychology and Aging*, Vol. 22, 2007

Kirkby, J. A., Blythe, H. I., Drieghe, D., Liversedge, S. P., "Reading Text Increases Binocular Disparity in Dyslexic Children", *PLOS ONE*,

Vol. 6 No. 11, 2011.

Kliegl, R. , Grabner, E. , Rolfs, M. , Engbert, R. , "Length, Frequency, and Predictability Effects of Words on Eye Movements in Reading", *European Journal of Cognitive Psychology*, Vol. 16, 2004.

Korte, W. , "Uber die Gestaltauffassung im Indirekten Sehen", *Zeitschrift fuer Psychologie*, Vol. 107, No. 93, 1923.

Kohsom, C. , Gobet, F. , "Adding Spaces to Thai and English: Effects on Reading", *Proceedings of the Cognitive Science Society*, Vol. 19, 1997.

Kajii, N. , Nazir, T. A. , Osaka, N. , "Eye Movement Control in Reading Unspaced Text: The Case of Japanese Script", *Vision Research*, Vol. 41, No. 19, 2001.

Kujala, T. , Myllyviita, K. , Tervaniemi, M. , Alho, K. , Kallio, J. , Näätänen, R. , "Basic Auditory Dysfunction in Dyslexia as Demonstrated by Brain Activity Measurements", *Psychophysiology*, Vol. 37, No. 3, 2000.

Laubrock, J. , Kliegl, R. , Engbet, R. , "SWIFT Explorations of Age Differences in Eye Movements During Reading", *Neuroscience and Biobehavioral Reviews*, Vol. 30, 2006.

Kumar, U. , Das, T. , Bapi, R. S. , Padakannaya, P. , Joshi, R. M. , Singh, N. C. , "Reading Different Orthographies: an fMRI Study of Phrase Reading in Hindi-English Bilinguals", *Reading and Writing*, Vol. 23, No. 2, 2009.

Levi, D. M. , "Crowding-an Essential Bottleneck for Object Recognition: A Mini-review", *Vision Research*, No. 48, 2008.

Levi, D. M. , Klein, S. A. , Aitsebaomo, A. P. , "Vernier Acuity, Crowding and Cortical Magnification", *Vision Research*, No. 25, 1985.

Levi, D. M. , Hariharan, S. H. , Klein, S. A. , "Suppressive and Facilitatory Spatial Interactions in Peripheral Vision: Peripheral Crowding is Neither Size Invariant nor Simple Contrast Masking", *Journal of Vision*, Vol. 2, No. 2, 2002.

Levi, D. M. , Carney, T. , "Crowding in Peripheral Vision: Why Bigger is

Better", *Current Biology*, No. 19, 2009.

Levi, D. M., Song, S., Pelli, D. G., "Amblyopic Reading is Crowded", *Journal of Vision*, Vol. 7, No. 2, 2007.

Legge, G. E., Pelli, D. G., Rubin, G. S., Schleske, M. M., "Psychophysics of Reading in Normal Vision", *Vision Research*, No. 25, 1985.

Li, X. S., Liu P. P., & Rayner, K., "Eye Movement Guidance in Chinese Reading", Paper Presented at the 4th China International Conference on Eye Movement, Tianjin, May, 2010.

Liberman, I. Y., Shankweiler, D. P., "Phonology and the Problems of Learningto Read and Write", *Remedial and Special Education*, Vol. 6, No. 6, 1985.

Liversedge, S. P., Findlay, J. M., "Saccadic Eye Movements and Cognition", *Trends in Cognitive Science*, Vol. 4, 2000.

Livingstone, M. S., Rosen, G. D., Drislane, F. W., Galaburda, A. M., "Physiological and Anatomical Evidence for a Magnocellular Defect in Dyslexia", *Proceedings of the National Academy of Sciences of the United States of America*, Vol. 88, No. 18, 1991.

Liu, P. P., Li, X. S., "Inserting Spaces Before and After Words Affect Word Processing Differently in Chinese: Evidence From Eye Movements", *British Journal of Psychology*, Vol. 105, 2014.

Livne, T., Sagi, D., "Configuration Influence on Crowding", *Journal of Vision*, Vol. 7, No. 2, 2007.

Li, X. S., Rayner, K., Cave, K. R., "On the Segmentation of Chinese Words During Reading", *Cognitive Psychology*, No. 58, 2009.

Lorusso, M. L., ct al., "Wider Recognition in Peripheral Vision Common to Different Subtypes of Dyslexia", *Vision Research*, No. 44, 2004.

Louie, E. G., Bressler, D. W., David, W., "Holistic Crowding: Selective Interference between Configural Representations of Faces in Crowded Scenes", *Journal of Vision*, Vol. 7, No. 2, 2007.

Lyon, G. R., Shaywitz, S. E., "A Definition of Dyslexia", *Annals of Dyslexia*,

No. 53, 2003.

Ma, G. J., Li, X. S., "The Null Relationship Between Preferred Viewing Location and Word Segmentation in Chinese Reading", Paper Presented at the 6th China International Conference on Eye Movement, Beijing, 2014, May.

Malania, M., Herzong, M. H., Westheimer, G., "Grouping of Contextual Elements That Affect Vernier Thresholds", *Journal of Vision*, Vol. 7, No. 2, 2007.

Malt, B. C., Seamon, J. G., "Peripheral and Cognitive Components of Eye Guidance in Filled-space Reading", *Perception & Psychophysics*, Vol. 23, 1978.

Martelli, M., Majaj, N. J., Pelli, D. G., "Are Faces Processed Like Words? A Diagnostic Test for Recognition by Parts", *Journal of Vision*, Vol. 5, No. 1, 2005.

Martelli, M., Filippo, G. D., Spinelli, D., Zoccolotti, P., "Crowding, Reading, and Developmental Dyslexia", *Journal of Vision*, No. 9, 2009.

Mcclelland, J. L., Rumelhart, D. E., "An Interactive Activation Model of Context Effects in Letter Perception: Part 1. An Account of Basic Findings", *Psychological Review*, No. 88, 1981.

McConkie, G. W., Kerr, P. W., Reddix, M. D., Zola, D., "Eye Movement Control During Reading: I. The Location of Initial Fixations in Words" *Vision Research*, Vol. 28, 1988.

McConkie, G. W., Kerr, P. W., Reddix, M. D., Zola, D., Jacobs, A. M., "Eye Movement Control During Reading: II. Frequency of Refixation a Word", *Perception & Psychophysics*, Vol. 46, 1989.

McGowan, V. A., White, S. J., Jordan, T. R., Paterson, K. B., "Aging and the Use of Interword Spaces During Reading: Evidence from Eye Movements", Psychonomic Bulletin & Review, Vol. 21, No. 3, 2013, pp. 1 – 8.

Morgan, W. P., "A Case of Congenital Word-blindness", *British Medical Journal*, No. 2, 1896.

McBride-Chang, C. , Lam, F. , Lam, C. , Chan, B. , Fong, C. Y. , Wong, T. T. , Wong, S. W. , "Early Predictors of Dyslexia in Chinese Children: Familial History of Dyslexia, Language Delay, and Cognitive Profiles", *Journal of Child Psychology and Psychiatry*, Vol. 52, No. 2, 2011.

Meng, X. , Cheng-Lai, A. , Zeng, B. , Stein, J. F. , Zhou, X. , "Dynamic Visual Perception and Reading Development in Chinese School Children", *Annals of Dyslexia*, Vol. 61, No. 2, 2011.

Meng, X. , Lin, O. , Wang, F. , Jiang, Y. , Song, Y. , "Reading Performance is Enhanced by Visual Texture Discrimination Training in Chinese-speaking Children with Developmental Dyslexia", *Plos One*, Vol. 9, No. 9, 2013.

Melby-Lervåg, M. , Lyster, S. A. H. , Hulme, C. , "Phonological Skills and Their Role in Learning to Read: A Meta-Analytic Review", *Psychological Bulletin*, No. 138, 2012.

Menghini, D. , Finzi, A. , Benassi, M. , Bolzani, R. , Facoetti, A. , Giovagnoli, S. , Vicari, S. , "Different Underlying Neurocognitive Deficits In-developmental Dyslexia: A Comparative Study", *Neuropsychologia*, Vol. 48, No. 4, 2010.

Miller, G. A. , "The Challenge of Universal Literacy", *Sciece*, No. 241, 1988.

Moll, K. , Jones, M. , "Naming Fluency in Dyslexic and Nondyslexic Readers: Differential Effects of Visual Crowding in Foveal, Parafoveal, and Peripheral Vision", *The Quarterly Journal of Experimental Psychology*, Vol. 6, No. 11, 2013.

Morrell, R. W. , Park, D. C. , Poon, L. W. , "Effect of Labeling Techniques on Memory and Comprehension of Prescription Information in Young and Old Adults", *Journal of Gerontology: Psychological Seiences*, Vol. 45, No. 4, 1990.

Montani, V. , Facoetti, A. , Zorzi, M. , "The Effect of Decreased Interletter Spacing on Orthographic Processing", *Psychonomic Bulletin & Review*, No. 22, 2015.

Nagy, W. E. , Herman, P. A. , "Breadth and Depth of Vocabulary Knowledge: Implications for Acquisition and Instruction", in M. G. McKeown and M. E. Curtis, eds. , *The nature of vocabulary*, Hillsdale, NJ: Erlbaum, 1987.

O'Brien, B. A. , Mansfield, J. S. , Legge, G. E. , "The Effect of Print Size on Reading Speed in Dyslexia", *Journal of Research in Reading*, Vol. 28, No. 3, 2005.

O'Regan, J. K. , *"Optimal Viewing Position in Words and the Strategy-tactics Theory of Eye Movements in Reading"*, in K. Rayner, ed. , Eye Movements and Visual Cognition: Scene Perception and Reading, New York: Spring-Verlag, 1992.

O'Regan, J. K. , Jacobs, A. M. , "Optimal Viewing Position Effect in Word Recognition: A Challenge to Current Theory", *Journal of Experimental Psychology: Human Perception and Performance*, Vol. 18, 1992.

Pan, J. , Yan, M. , Laubrock, J. , Shu, H. , Kliegl R. , "Saccade-target Selection of Dyslexic Children When Reading Chinese", *Vision Research*, No. 97, 2014.

Peng, C. , Zhang, Y. , Chen, Y. , Zhang, M. , "Crowded Words Can be Processed Semantically: Evidence from an Erp Study", *International Journal of Psychophysiology Official Journal of the International Organization of Psychophysiology*, Vol. 88, No. 1, 2013.

Pelli, D. G. , Burns, C. W. , Farell, B. , Moore-Page, D. C. , "Feature Detection and Letter Identification", *Vision Research*, Vol. 46, No. 26, 2006.

Pelli, D. G. , Palomares, M. , Majaj N. J. , "Crowding is Unlike Ordinary Masking: Distinguishing Feature Integration from Detection", *Journal of Vision*, Vol. 4, No. 12, 2004.

Pelli, D. G. , Tillman, K. A. , "The Uncrowded Window of Object Recognition", *Nature Neuroscience*, Vol. 11, No. 10, 2008.

Pelli, D. G. , Tillman, K. A. , Freeman, J. , Su, M. , Berger, T. D. , Majaj, N. J. , "Crowding and Eccentricity Determine Reading Rate", *Journal of Vision*, Vol. 7, No. 2, 2007.

Perea, M. , Acha, J. , "Space Information is Important for Reading", *Vision Research*, Vol. 49, No. 15, 2009.

Perea, M. , Gómez, P. , "Increasing Interletter Spacing Facilitates Encoding of Words", *Psychonomic Bulletin and Review*, Vol. 19, No. 2, 2012b.

Perea, M. , Moret-Tatay, C. , Gómez, P. , "The Effects of Interletter Spacing in Visual-word Recognition", *Acta Psychologica*, Vol. 137, No. 3, 2011.

Perea, M. , Panadero, V. , Moret-Tatay, C. , Gómez, P. , "The Effects of Inter-letter Spacing in Visual-word Recognition: Evidence with Young Normal Readers and Developmental Dyslexics", *Learning and Instruction*, Vol. 22, No. 6, 2012a.

Põder, E. , "Crowding, Feature Integration and Two Kinds of 'Attention'", *Journal of Vision*, Vol. 6, No. 2, 2006.

Qian, Y. , Bi, H. Y. , "The Effect of Magnocellular-based Visual-motor Intervention on Chinese Children with Developmental Dyslexia", *Frontiers in Psychology*, No. 6, 2015.

Radach, R. , & Kennedy, A. , "Theoretical Perspectives on Eye Movements in Reading: Past Controversies, Current Deficits, and an Agenda for Future Research", *European Journal of Cognitive Psychology*, Vol. 16, 2004.

Rajimehr, R. , Vaziri-Pashkam, M. , Afraz, S. R. , Esteky, H. , "Adaptation to Apparent Motion in Crowding Condition", *Vision Research*, Vol. 44, No. 44, 2004.

Ramus, F. , Rosen, S. , Dakin, S. C. , Day, B. L. , Castellote, J. M. , White, S. , Frith, U. , "Theories of Developmental Dyslexia: Insights from Theories of Developmental Dyslexia: Insights from a Multiple Case Study of Dyslexic Adults", *Brain*, No. 126, 2003.

Ramus, F. , "Developmental Dyslexia: Specific Phonological Deficit or General Sensorimotor Dysfunction?", *Current Opinion in Neurobiology*, Vol. 13, No. 2, 2003.

Ramus, F. , Ahissar, M. , "Developmental Dyslexia: The Difficulties of Interpreting Poor Performance, and the Importance of Normal Performance", *Cog-*

nitive Neuropsychology, No. 29, 2012.

Rauschecker, A. M., Bowen, R. F., et al., "Visual Feature-Tolerance in the Reading Network", *Neuron*, Vol. 71, No. 5, 2011.

Rayner, K., "Eye Guidance in Reading: Fixation Locations within Words", *Perception*, *Vol.* 8, 1979.

Rayner, K., "Eye Movements and Attention in Reading, Scene Perception, and Visual Search", *The Quarterly Journal of Experimental Psychology*, No. 62, 2009.

Rayner, K., Bertera, J. H., "Reading without a Fovea", *Science*, No. 206, 1979.

Rayner, K., Castelhano, M. S., Yang, J., "Eye Movements and the Perceptual Span in Older and Younger Readers", *Psychology and Aging*, *Vol.* 24, No. 3, 2009.

Rayner, K., Fischer, M. H., Pollatsek, "Unspaced Text Interferes with Both Word Identification and Eye Movement Control", *Vision Research*, Vol. 38, 1998.

Rayner, K., Fischer, M. H., "Mindless reading revisited: Eye Movements During Reading and Scanning are Different", *Perception & Psychophysics*, *Vol.* 58, 1996.

Rayner, K., Inhoff, A. W., Morrison, R. E., Slowiaczek, M. L., Bertera, J. H., "Masking of Foveal and Parafoveal Vision During Eye Fixations in Reading", *Journal of Experimental Psychology: Human Perception and Performance*, No. 7, 1981.

Rayner, K., Reichle, E. D., Stroud, M. J., Williams, C. C., Pollatsek, A., "The Effect of Word Frequency, Word Predictability, and Font Difficulty on the Eye Movements of Young and Older Readers", *Psychology and Aging*, Vol. 21, 2006.

Rayner, K., "Eye Movements in Reading and Information Processing: 20 Years of Research", *Psychological Bulletin*, Vol. 124, No. 3, 1998.

Rayner, K., "Eye Movements in Reading and Information Processing", *Psy-*

chological Bulletin, Vol. 86, No. 3, 1978.

Rayner, K., "The 35th sir Frederick Bartlett Lecture: Eye Movements and Attention in Reading, Scene perception, and Visual Search", *The Quarterly Journal of Experimental Psychology*, Vol. 62, No. 8, 2009.

Rayner, K., Liversedge, S. P., White, S. J., "Eye Movements When Reading Disappearing Text: The Importance of the Word to the Right of Fixation", *Vision Research*, Vol. 46, No. 3, 2006.

Rayner, K., Yang, J., Schuett, S., Slattery, T. J., "Eye Movements of Older and Younger Readers when Reading Unspaced Text", *Experimental Psychology*, Vol. 60, No. 5, 2013.

Reddy, L., VanRullen, R., "Spacing Affects Some, but not all, Visual Searches: Implications for Theories of Attention and Crowding", *Journal of Vision*, Vol. 7, No. 2, 2007.

Reichle, E. D., Rayner, K., Pollatsek, A., "Eye Movement Control in Reading: Accounting for Initial Fixation Location and Refixations within the E-Z Reader Model", *Vision Research*, *Vol.* 39, 1999.

Reilly, R. G., O'Regan, J. K., "Eye Movement Control During Reading: A Simulation of Some Word-targeting Strategies", *Vision Research*, *Vol.* 38, 1998.

Reilly, R. G., Radach, R., Corbic, D., Luksaneeyanawin, S., " Comparing Reading in English and Thai: The Role of Spatial Word Unit Segmentation in Distributed Processing and Eye Movement Control", in Proceedings of the 13th European conference on eye movements, University of Bern, Switzerland, 2005, August.

Ronald, V. D. B., Roerdink, J. B. T. M., Cornelissen, F. W., "On the Generality of Crowding: Visual Crowding in Size, Saturation, and Hue Compared to Orientation", *Journal of Vision*, Vol. 7, No. 2, 2007.

Russell, M. C., Chaparro, B. S., "Exploring Effects of Speed and Font Size with RSVP", Paper Delivered to Proceedings of the Human Factors and Ergonomics Society 45th Annual Meeting, 2001.

Ruff, S. , CArdebat, D. , Marie, N. , Demonet, J. F. , "Enhanced Response of the Left Frontal Cortex to Slow Down Speech in Dyslexia: An FMRI Study", *Neuroreport*, Vol. 13, No. 10, 2002.

Sainio, M. , Hyönä, J. , Bingushi, K. , Bertram, R, "The Role off Interword Spacing in Reading Japanese: An Eye Movement Study", *Vision Research*, No. 20, 2007.

Share, D. L. , "On the Anglocentricities of Current Reading Research and Practice: The Perils of Overreliance on an 'Outlier' Orthography", *Psychological Bulletin*, No. 134, 2008.

Shen, D. , Liversedge, S. P. , Tian, J. , Zang, C. , Cui, L. , Bai, X. , Yan, G. , Rayner, K. , "Eye Movements of Second Language Learners When Reading Spaced and Unspaced Chinese Text", *Journal of Experimental Psychology: Applied*, 18, 2012, pp. 192 – 202.

Shu, H. , McBride-Chang, C. , Wu, S. Liu, H. , "Understanding Chinese Developmental Dyslexia: Morphological Awareness as a Core Cognitive Construct", *Journal of Educational Psychology*, Vol. 98, No. 1, 2006.

Snowling, M. J. , Melby-Lervåg, M. , "Oral Language Deficits in Familial Dyslexia: A Meta-analysis and Review", *Psychological Bulletin*, Vol. 142, No. 5, 2016.

Spinelli, D. , MD Luca, Judica, A. , Zoccolotti, P. , "Crowding Effects on Word Identification in Developmental Dyslexia", *Cortex*, Vol. 38, No. 2, 2002.

Stevenson, H. W. , Stigler, J. W. , Lucker, G. W. , Lee, S. Y. , Kitamura, H. S. , "Reading Disabilities: The Case of Chinese, Japanese, and English", *Child Development*, Vol. 53, No. 5, 1982.

Stein, J. Walsh, V. , "To See but not to Read: The Magnocellular Theory of Dyslexia", *Trends in Neurosciences*, No. 20, 1997.

Stein, J. , "Visual Contributions to Reading Difficulties: The Magnocellular Theory", in Stein, J. and Kapoula Z. , eds. , *Visual Aspect of Dyslexia*, Oxford, CO: Oxford University Press, 2012.

Strong, G. K. , Torgerson, C. J. , Torgerson, D. , Hulme, C. , "A Systematic

Metaanalytic Review of Evidence for the Effectiveness of the 'Fast for Word' Language Intervention Program", *Journal of Child Psychology and Psychiatry*, Vol. 52, No. 3, 2011.

Suppes P., "Eye-movement Models for Arithmetic and Reading Performance", in Kowler E., ed., Eye Movements and Their Role in Visual and Cognitive Processes, Elsevier Science Publishers BV, 1990.

Tallal, P., "Language and Reading: Some Perceptual Prerequisites", *Bulletin of the Orton Society*, Vol. 30, No. 1, 1980.

Tallal, P., "The Science of Literacy: From the Laboratory to the Classroom", *Proceedings of the National Academy of Sciences*, Vol. 97, No. 6, 2000.

Tallal, P., "Improving Language and Literacy is a Matter of Time", *Nature Reviews Neuroscience*, Vol. 5, No. 9, 2004.

Thaler, V., Urton, K., Heine, A., et al., "Different Behavioral and Eye Movement Patterns of Dyslexic Readers with and without Attentional Deficits During Single Word Reading", *Neuropsychologia*, Vol. 47, No. 12, 2009.

Toet, A., Levi, D. M., "The Two-dimensional Shape of Spatial Interaction Zones in the Parafovea", *Vision Research*, Vol. 32, No. 7, 1992.

Trauzettel-Klosinski, S., Koitzsch, A. M., Dürrwächter, U., "Eye Movements in German-speaking Children with and without Dyslexia When Reading Aloud", *Acta Ophthalmologica*, Vol. 88, No. 6, 2010.

Tsai, J. L., McConkie, G. W., "Where Do Chinese Readers Send Their Eyes?", in J. Hyönä, R. Radach, H. Deubel, eds., The Mind's Eye: Cognitive and Applied Aspects of Eye Movement Research, Oxford, UK: Elsevier, 2003.

Underwood, G., Hubbard, A., Wilkinson, H., "Eye Fixations Predict Reading Comprehension: The Relationships between Reading Skill, Reading Speed, and Visual Inspection", *Language and Speech*, Vol. 33, No. 1, 1990.

Vellutino, F. R., Fletcher, J. M., Snowling, M. J., Scanlon, D. M., "Specific Reading Disability (Dyslexia): What Have We Learned in the Past four Decades?", *Journal of Child Psychology and Psychiatry*, Vol. 45, No. 1, 2004.

Vidyasagar, T. R. , Pammer, K. , "Dyslexia: A Deficit in Visuo-spatial Attention, not in Phonological Processing", *Trends in Cognitive Sciences*, Vol. 14, No. 2, 2010.

Vitu, F. , O' Regan, J. F. , & Mittau, M. , "Optimal Landing Position in Reading Isolated Words and Continuous Text", *Attention, Perception & Psychophysics*, Vol. 47, 1990.

Wang, J. J. , Bi, H. Y. , Gao, L. Q. , Wydell, T. N. , "The Visual Magnocellular Pathway in Chinese-speaking Children with Developmental Dyslexia", *Neuropsychologia*, Vol. 48, No. 12, 2010.

Wagner, R. F. , "Rudolf Berlin: Originator of the Term Dyslexia", *Annals of Dyslexia*, Vol. 25, No. 1, 1973.

Wagner, R. K. , Torgesen, J. K. , "The Nature of Phonological Processing and Its Causal Role in the Acquisition of Reading Skills", *Psychological Bulletin*, Vol. 101, No. 2, 1987.

Wagner, R. K. , Torgesen, J. K. , Rashotte, C. A. , Hecht, S. A. , Barker, T. A. , Burgess, S. R. , et al. , "Changing Relations between Phonological Processing Abilities and Word-level Reading as Children Develop from Beginning to Skilled Readers: A 5 – Year Longitudinal Study", *Developmental Psychology*, Vol. 33, No. 3, 1997.

Whitney, D. , Levi, D. M. , "Visual Crowding: A Fundamental Limit on Conscious Perception and Object Recognition", *Trends in Cognitive Sciences*, Vol. 15, No. 4, 2011.

Wingfield, Arthur, Ducharme, et al. , "Effects of Age and Passage Difficulty on Listening-rate Preferences for Time-altered Speech", *Journals of Gerontology Series B: Psychological Sciences & Social Sciences*, Vol. 54B, No. 3, 1999.

Winskel, H. , Radach, R. , Luksaneeyanawin, S. , "Eye movements when reading spaced and unspaced Thai and English: A comparison of Thai-English bilinguals and English monolinguals", *Journal of Memory and Language*, Vol. 61, 2009.

Woo, E. Y. C. , Hoosain, R. , "Visual and Auditory Functions of Chinese Dyslexics", *Psychologia*, No. 27, 1984.

Yang, S. N. , McConkie, G. W. , "Eye Movements During Reading: A Theory of Saccade Initiation Time", *Vision Research*, Vol. 41, 2001.

Yang, H. M. , McConkie, G. W. , Wang, J. , Inhoff, A. W. , Chen, H. C. , "Reading Chinese: Some basic Eye-movement Characteristics", in H. C. Chen, ed. , Reading Chinese Script: A Cognitive Analysis . Mahwah, NJ: Lawrence Erlbaum Associates, 1999.

Yan, M. , Kliegl, R. , Richter, E. M. , Nuthmann, A. , Shu, H. , "Flexible Saccade-target Selection in Chinese Reading", *Quarterly Journal of Experimental Psychology*, Vol. 63, 2010.

Yeh, S. L. , Cavanagh, P. , "Semantic Priming from Crowded Words", *Psychological Science*, Vol. 23, No. 6, 2012.

Yu, D. , Akau, M. M. U. , Chung, S. T. L. , "The Mechanism of Word Crowding", *Vision Research*. Vol. 52, No. 1, 2012.

Yu, D. , Cheung, S. H. , Legge, G. E. , Chung, S. T. L. , "Effect of Letter Spacing on Visual Span and Reading Speed", *Journal of Vision*, Vol. 7, No. 2, 2007.

Zang, C. L. , Liang, F. F. , Bai, X. J. , Yan, G. L. , Liversedge, S. P. , "Interword Spacing and Landing Position Effects During Chinese Reading in Children and Adults", *Journal of Experimental Psychology*: *Human Perception and Performance*, Vol. 39, No. 3, 2013.

Zhang, J. , Zhang, T. , Xue, F. , Liu, L. , Yu, C. "Legibility of Chinese Characters in Peripheral Vision and the Top-down Influences on Crowding", *Vision Research*, Vol. 49, No. 1, 2009.

Zhang, J. , Zhang, G. , Liu, L. , Yu, C. , "Whole Report Uncovers Correctly Identified but Incorrectly Placed Target Information under Visual Crowding", *Journal of Vision*, Vol. 12, No. 7, 2012.

Zhao, J. , Qian, Y. , Bi, H. Y. , Coltheart, M. , "The Visual Magnocellular-dorsal Dysfunction in Chinese Children with Developmental Dyslexia Impedes

Chinese Character Recognition", *Scientific reports*, No. 4, 2014.

Zhou, J., Lee, C. L., Li, K. A., Tien, Y. H., Yeh, S. L., "Does Temporal Integration Occur for Unrecognizable Words in Visual Crowding?", *PLOS ONE*, No. 11, 2016.

Zhou, W., Shu, H., Yan, M., Kliegl, R., "Font Size Modulates Saccade-target Selection in Chinese Reading", Paper Presented at the Meeting of the 4th China International Conference on Eye Movement, Tianjin, 2010, May.

Ziegler, J. C., Castel, C., Pech-Georgel, C., George, F., Alario, F. X., Perry, C., "Developmental Dyslexia and the Dual Route Model of Reading: Simulating Individual Differences and Subtypes", *Cognition*, Vol. 107, No. 1, 2008.

Zorzi, M., Barbiero, C., Facoetti, A., et al., "Extra-large Letter Spacing Improves Reading in Dyslexia", *Proceedings of the National Academy of the Sciences of the United States of America*, Vol. 109, No. 28, 2012.

Zoubrinetzky, R., Collet, G., Serniclaes, W., Nguyen-Morel, M. A., Valdois, S., "Relationships between Categorical Perception of Phonemes, Phoneme Awareness, and Visual Attention Span in Developmental Dyslexia", *PLOS ONE*, Vol. 11, No. 3, 2016.

索　引

后 记

每个人应在自己的专业领域充分地甚至顽强地展现自己。但对个人
职务和待遇，则应看得淡些，不去计较。

——沈德立先生

《解码阅读障碍中的视觉拥挤》书稿是本人在教育部人文社会科学重
点基地（天津师范大学心理与行为研究院）和重点学科（发展与教育心
理学专业）求学期间完成的博士学位论文《汉语发展性阅读障碍儿童视
觉拥挤效应的研究》的基础上修改完成，研究成果是在白学军教授带领
的研究团队的指导下得以顺利完成，是课题组所有成员共同努力的成果，
在完成过程中获国家自然科学基金项目（汉语阅读障碍儿童行为及脑机
制的多模态研究，项目号：81471629）基金资助，一并表示感谢。

深切缅怀著名的心理学家沈德立先生，人生有幸在教育部人文社会
科学重点基地学习，成为天津师范大学发展与教育心理学专业的学生深
感无比自豪，因此我在学习和做人中严格要求自己。沈先生离我们而去
已十载，先生力行的"爱国、尊师、勤奋、认真"精神一直激励着我。

感谢我的恩师——白学军教授。幸遇恩师，受其恩泽。老师是学术
上的大家，学业上为我拨开云雾指明方向；老师是人生的智者，做人上
教我学会"吃亏"、学会感恩。感谢老师在课题研究和本书撰写过程中所
给予无条件的支持和指导。感谢老师给我们提供相对自由的学术讨论氛
围和科研环境，使得我们有机会在激烈的讨论中碰撞出更灿烂的科研火
花。老师在做学问上的严肃、严谨，在工作中的勤奋、忘我，在做人上

的大度、忍让……所有这一切足以使我受益一生。

感谢闫国利教授，于学术上踏实笃行，于生活中谦和淳厚，感谢闫老师给予我实验上的鼎力相助，我亦心怀深深敬意。感谢 Simon 教授对我实验设计的指导以及对实验程序给予的宝贵建议。感谢阴国恩教授、吕勇教授对实验设计提供的宝贵建议。

感谢杨海波老师、臧传丽老师、李馨老师、梁菲菲老师、苏娟老师、张慢慢老师、杨邵峰老师所给予的无私帮助！感谢加拿大 SR Research 的 Alex Gough 提供 EyeLink 程序技术支持！感谢团队的伙伴，难忘我们蹲守小学"霾"头苦干的实验之旅，谢谢你们！感谢中北二小、前程小学、河北实验小学、王稳庄小学的老师和同学们，感谢所有参与研究的大学生、老年朋友以及国际友人。谢谢你们的热情和无私的帮助保障实验顺利实施、研究顺利完成！感谢同窗，感谢家人……

本书的顺利出版得益于天津市教育科学研究院领导的鼎力支持，谨此向院领导给予的指导与支持表示由衷的感谢！特别感谢天津市教育科学研究院诸多同事长期以来给予我工作中的支持和鼓励！

在本书写作过程中，参阅了大量国内外同行的研究成果，难以一一列举，在此一并致谢。感谢中国社会科学出版社喻苗主任为本书的编写和出版所做的付出和努力。由于本人水平有限，对心理语言学领域的前沿研究难以全面把握，书中难免有纰漏和错误，恳请专家和读者批评指正。

郭志英

2023 年 3 月